U0909080

国家社会科学基金重大项目
“我国住房保障问题与改革创新研究”（11&ZD039）资助

廉租住房租赁补贴政策实施效果研究

——基于湖北省六市(县)6673户廉租住户的调查

Lianzu Zhufang Zulin Butie Zhengce Shishi Xiaoguo Yanjiu

邓宏乾等 著

中国社会科学出版社

图书在版编目(CIP)数据

廉租住房租赁补贴政策实施效果研究：基于湖北省六市（县）6673户廉租住户的调查/邓宏乾等著.—北京：中国社会科学出版社，2015.4

ISBN 978-7-5161-5878-4

Ⅰ.①廉… Ⅱ.①邓… Ⅲ.①住宅—社会保障—政府补贴—财政政策—研究—湖北省 Ⅳ.①D632.1②F299.233

中国版本图书馆CIP数据核字(2015)第069627号

出版人 赵剑英
责任编辑 周晓慧
责任校对 无 介
责任印制 戴 宽

出 版 中国社会科学出版社
社 址 北京鼓楼西大街甲158号
邮 编 100720
网 址 http://www.csspw.cn
发行部 010-84083685
门市部 010-84029450
经 销 新华书店及其他书店

印 刷 北京市大兴区新魏印刷厂
装 订 廊坊市广阳区广增装订厂
版 次 2015年4月第1版
印 次 2015年4月第1次印刷

开 本 710×1000 1/16
印 张 14
插 页 2
字 数 238千字
定 价 46.00元

凡购买中国社会科学出版社图书，如有质量问题请与本社联系调换
电话:010-84083683

版权所有 侵权必究

内容摘要

中国经过三十多年的住房制度改革，住房保障方式经历了 2007 年之前以货币补贴为主，以及 2007 年之后以实物保障为主的转变，即从“补人头”转变为“补砖头”。在经历了 2009—2013 年以及未来两年的保障性住房大规模建设之后，随着居民住房供求状况的变化，保障方式是不是又需要向以货币补贴为主转型？然而，货币补贴也存在一定的问题，又该如何改进和完善已有的廉租住房租赁补贴模式？为回答这两个问题，本课题组以湖北省所辖区域内的省级市、地级市和县级市的典型地区——武汉、宜昌、襄阳、黄石、麻城和兴山为调研地区，对当地政府推进和落实廉租住房政策的情况进行了实地调研，并由当地政府组织人员实地入户调研保障对象的保障现状和保障效果。这涉及如下几个方面：第一，廉租住房的制度现状、租赁补贴的具体办法、租赁补贴发放的具体程序、租赁补贴的具体实施概况；第二，基于入户调研问卷，从实物配租和租金补贴的比较，保障前和保障后的比较，不同地区之间的比较方面，深入分析了住房保障方式对保障对象住房消费支出、居住水平、非住房消费支出和就业行为的影响；第三，基于政府调研问卷，从实物配租和租金补贴的比较，不同地区之间的比较方面，深入分析了住房保障方式在送达效率、退出效率、执行成本之间的差异；第四，深入研究了美国、英国、德国和中国香港等国家和地区在低收入人群住房保障方式方面的成功经验。调研数据分析和相关研究显示，中国廉租住房政策存在如下主要问题：（1）住房补贴以户口、收入和住房面积进行划定的准入标准有待完善；（2）住房信息不对称导致廉租住房保障资源的分配不公；（3）廉租住房实物配租和租赁补贴这两种方式之间存在典型的垂直公平性问题；（4）尽管在调研中发现廉租住房实物配租保障方式并未产生社会福利陷阱，但本课题组认为实物配租的退出机制亟待完善；（5）廉租住房租赁补贴发放标准依据的是受保障家庭的补贴面积和补贴标准设计，但租赁补贴保障标准的设计偏低，也未制定依据市场租价进行动态调整的机制，因而现行租赁补贴对改善受保障对象的居住水平所起的作用十分有限；（6）租赁补贴资金外溢严重，补贴对改善目标群体居住水平所起的作用十分有限；（7）由于廉租住房租赁补贴退出机制严格，对受保障对象非住房消费的影响所产生的正向效应并不大，与实物配租对非住房消费所产生的较大的正向效应相比较而言，租赁补贴保障模式可能存在潜在的福利陷阱；（8）廉租住房保障工作所涉及的部门多，由于相关信息制度不健全，各部门之间协调性差，这导致廉租住房政策执行效率较低。

基于调研数据分析和国外经验的借鉴，对中国廉租住房补贴政策的未来转型提出如下改革方案：

（1）廉租住房政策改革的基本思路是，实现廉租住房与公租住房两房的并轨，避免现存的多层次住房保障体系中“夹心层”问题的出现，防止廉租住房这一社会标签所产生的不利影响，避免人为地造成社会阶层的隔离。

（2）廉租住房保障方式的基本改革方案是，将廉租住房实物配租与租赁补贴转变为配物补租、住房券和社会房东补贴。其中，配物补租有利于廉租住房相关政策逐步并轨于广义的公租住房政策体系中，有利于规避原有的保障模式所存在的弊端，有利于理顺政府补贴的公平性问题，有利于充分利用住房存量，也有利于调动社会力量新建租赁性住房，并防止未来可能出现的福利陷阱。住房券补贴和社会房东补贴有利于避免非限制性租赁补贴资金的外溢，使得保障对象仅能用于改变住房居住水平，促进住房保障目标的实现。各地应根据实际情况因地制宜地选择配物补租、住房券和社会房东补贴方式。

（3）与配物补租等改革模式相适应，廉租住房资金管理模式改革方案应实行租金收取与补贴支出“收支两条线”管理，促进补贴效率与管理效率的提高。

（4）加强房源信息与保障人群信息系统的建设是廉租住房政策改革的技术支撑，为廉租住房政策合理公平的实施提供基础信息数据。

（5）单独设立住房保障机构，增加专职管理人员编制，为专职人员提供一定的经费，是深化住房保障制度改革并促使其实现可持续发展的机构保障。

（6）补贴资金财政预算化，确保住房保障资金与住房保障的可持续性。地方政府应根据住房保障年度目标和财政能力，将保障住房的财政资金纳入市、区二级财政预算，实行预算管理，形成稳定、规范的资金来源，建立有利于住房保障可持续发展的财政保障机制。

目　录

第一章　引言

1998 年，中国推行住房制度改革，提出利用市场机制配置住房资源、建立廉租住房制度等政策主张，但由于过分注重住房市场化而忽视了住房保障制度建设，导致市场房价不断攀升，低收入群体的住房问题日益凸显。为此，2003 年末，建设部颁发《城镇最低收入家庭廉租住房管理办法》，开始加快推进廉租住房制度建设。2004—2007 年，中央及相关各部门相继出台了《城镇廉租住房租金管理办法》《城镇廉租住房制度建设和实施情况通报》《建设部 2006 年城镇廉租住房制度建设情况》和《关于解决城市低收入家庭住房困难的若干意见》等政策文件。这些文件表明，中央政府高度重视城镇最低收入家庭的住房问题，开始大力敦促地方政府建立廉租住房制度。随后，政府又相继出台了《2009—2011 年廉租住房保障规划》《关于保障性安居工程建设和管理的指导意见》《住房保障档案管理办法》等政策法规。

作为住房保障制度的重要组成部分，廉租住房制度已在全国各市县建立，其补贴方式也经历了 2007 年之前以租赁补贴为主以及 2007 年之后以实物配租为主的阶段。近两年来，随着公共租赁住房的大量兴建，以公共租赁住房为主体的保障体系的构建，廉租住房的补贴方式是不是又要转变为以租赁补贴为主？另外，租赁补贴也存在一定的问题，又该如何改进和完善已有的廉租住房租赁补贴方式？为回答这些问题，本课题组以湖北省所辖区域内的省级市、地级市和县级市的典型地区——武汉、宜昌、襄阳、黄石、麻城和兴山为调研地区，对当地政府推进和落实廉租住房政策的状况进行实地调研，并由当地政府组织人员实地入户调研受保障对象的保障现状和保障效果。本报告基于入户、政府调研问卷的数据分析，从住房消费支出、居住水平、非住房消费支出和就业行为等方面分析廉租住房的补贴效果，并从廉租住房建设、政策执行和退出情况等方面评述廉租住房租赁补贴政策的实施情况。在此基础上，本书深入研究了美国、英国、德国和中国香港等国家和地区租赁补贴政策的成功经验，结合当前中国的实际国情，提出廉租住房补贴政策的改革建议，为中国住房保障制度的进一步完善提供实证支持。

第一节 研究对象和方法

一 研究对象

以湖北省实施住房保障具有代表性的城市、县——武汉、宜昌、襄阳、黄石、麻城和兴山为调研地区，以这些地区受廉租住房保障的家庭为对象，从住房消费、非住房消费、居住水平和就业等方面展开分析；以这些地区的廉租住房政策实施者——政府（具体执行者——房管局）为对象，从廉租住房建设，补贴资金发放、退出情况、政策执行情况等方面展开分析。

二 研究方法

1. 抽样调查研究方法。运用随机与分层抽样相结合的调查研究方法，在湖北省武汉市、宜昌市、黄石市、襄阳市、麻城市、兴山县进行了抽样调查，在住房保障信息系统中随机抽取6000多户保障对象，开展入户调查。

2. 比较研究。主要对世界上具有代表性的国家或地区的住房租赁补贴政策进行比较研究，以期为中国廉租住房租赁补贴政策的改革提供经验借鉴。

3. 文献研究。通过阅读大量经典文献，探索廉租住房租赁补贴政策发展的一般规律。

第二节 研究思路与基本内容

一 研究思路

从课题研究的逻辑起点到问题指向的逻辑终点，本课题采用“提出问题—分析问题—解决并提出政策建议”的研究方式，具体研究思路见图 1.1。

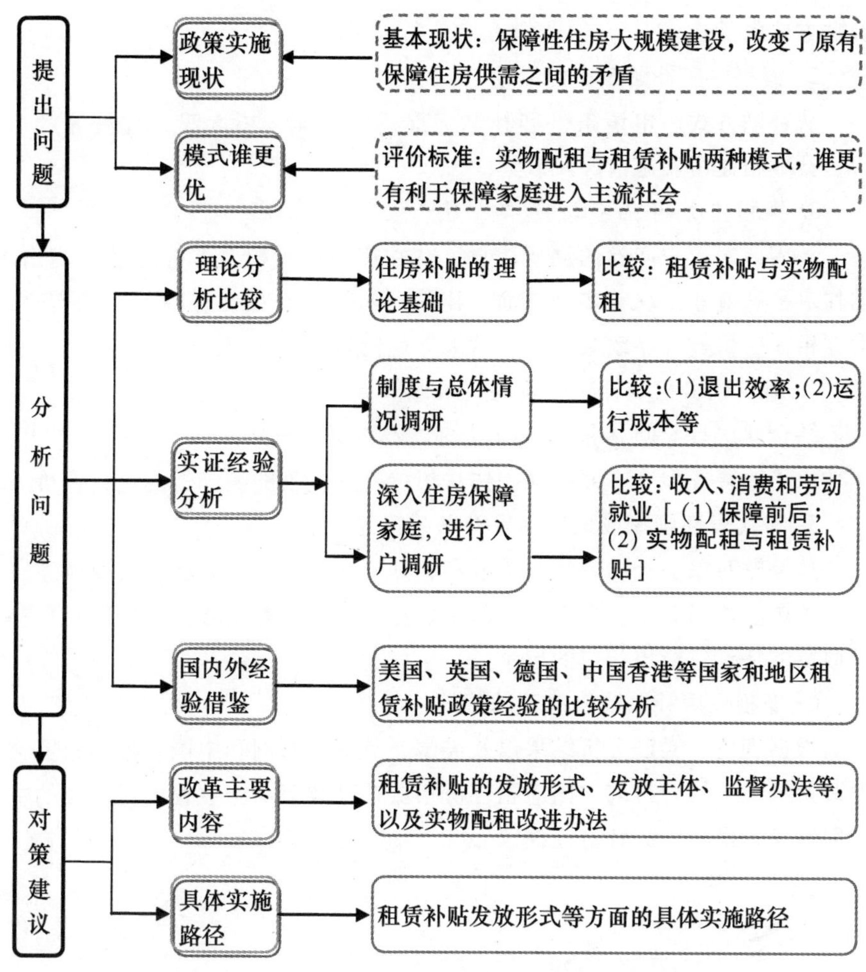

图 1.1　本书研究基本框架

二　基本内容

基于上述研究思路，本书集中于对廉租住房补贴政策实施效果的分析，探讨廉租住房补贴对受保障对象行为的影响，研究廉租住房租赁补贴政策的优化路径。具体研究可分为六个部分。

1. 廉租住房补贴政策的理论分析

界定廉租住房补贴的基本概念，在此基础上，运用经济学理论分析各种补贴方式的实现，建立数理模型，从福利水平和居住水平两方面评价各补贴方式的优劣。

2. 廉租住房补贴政策的描述

从补贴方式、申请条件和补贴标准三个方面分析武汉、宜昌等六个市、县廉租住房实施情况及政策。

3. 廉租住房补贴政策的影响分析

利用此次入户问卷的调研数据，从住房消费支出、非住房消费支出、居住水平和就业情况等多个方面，比较分析保障对象在保障前后的变化，对廉租住房租赁补贴政策的实施效果进行检验。

4. 廉租住房租赁补贴政策的效果评价

结合此次政府问卷和入户问卷的调研数据，分别从政策执行、退出、居住水平改善等多个方面对廉租住房租赁补贴政策的实施情况进行评价。

5. 有代表性国家或地区租赁补贴政策的启示

从补贴对象、补贴方法与标准和补贴资金来源三个方面，简要概述美国、英国、德国和中国香港地区的租赁补贴政策，并结合当前中国租赁补贴政策的特点，给出相应的启示。

6. 廉租住房补贴政策改革的建议

根据理论、实证分析结果以及美国、英国、德国和中国香港的租赁补贴政策经验，结合目前中国廉租住房租赁补贴政策实施过程中所存在的主要问题，提出相应的针对性建议。

第二章　廉租住房租赁补贴的理论基础

第一节　廉租住房保障方式的类别与实现方式

一　保障方式的类别

根据2004年建设部等五部委联合颁布的《城镇最低收入家庭廉租住房管理办法》，廉租住房的保障方式大致有三种，分别为租赁补贴、实物配租和租金核减。

租赁补贴是指政府向符合条件的申请对象直接发放货币补助，由住户在住房租赁市场上自行租住住房的补贴方式。这种货币补助往往是以现金形式，将补助直接发放到申请对象手中。

与租赁补贴方式不同的是，实物配租是由政府直接向申请对象提供廉租住房，仅收取一些具有象征意义的租金的补贴方式，用以对廉租住房的日常维护和管理。该种方式的实行往往需要政府兴建大量廉租住房，财政投入较大。

租金核减是指住房产权单位按照政府规定，对承租公有住房的低收入家庭给予租金减免的补贴方式，该种保障方式所覆盖的群体仅仅是租赁公有住房的住房困难群体。

在廉租住房保障实践过程中，租金核减所保障的对象是租赁公有住房的少量群体，租赁补贴和实物配租是政府提供廉租住房保障的常用方式。

二　各种类别的实现方式

廉租住房保障的实质是提升城市中收入极低且存在住房困难的群体的住房可支付能力，进而提升其居住水平。上述三种保障方式都是为了改善受保障对象的居住情况，但各自在实现方式上存在一定的差异。租赁补贴是政府向受保障对象发放住房补助，这类补助往往以货币价值形式，如现金、住房券等出现，从而提高受保障对象的实际可支配收入，增强其住房消费能力，改善自身的居住情况。然而，实物配租则是由政府直接为受保障对象提供租金低廉的保障住房，降低受保障对象所应缴纳的房租，减轻其租房负担，从而提升受保障对象的居住水平。另外，租金核减则是通过减免公租房的租金，减轻承租人的租房负担，间接提升其住房可支付能力。

第二节　廉租住房租赁补贴的理论基础

廉租住房租赁补贴的理论基础是经济学理论，其核心思想是政府提供补贴以增加低收入住房困难群体的收入或改变住房这种商品的相对价格，在追求效用最大化的前提下，这类群体的最优消费组合会进行调整，最终导致住房困难群体的居住水平提升。在现实中，租赁补贴有三种形式，分别为非限制性租赁补贴、限制性租赁补贴和社会房东租赁补贴。这三种租赁补贴形式对受保障对象的消费选择有着不同的影响机理。下面就对这三种影响机理进行具体阐述。

一　非限制性租赁补贴的理论基础

非限制性租赁补贴是指政府向保障对象发放货币补助，而没有对补助资金的用途进行限制。这类租赁补贴会带来受保障对象可支配收入的增加，但没有改变住房这一商品的相对价格。受保障对象收入的增加会增强其住房消费和非住房消费能力，与获得保障前相比，受保障对象会增加住房消费量，从而改善自身的居住状况。相应地，受保障对象也会增加非住房消费，即所谓的住房补贴资金的外溢。这种资金外溢的大小取决于受保障对象的消费偏好，若受保障对象偏好于住房，那么非限制性租赁补贴资金的外溢较少；反之，补贴资金外溢则较大。

二　限制性租赁补贴的理论基础

限制性租赁补贴是指政府向受保障对象发放货币补助，并对补助资金的用途进行严格限制。从表面上看，这类租赁补贴增加了受保障对象的可支配收入，但可支配收入增加额并不能用来进行非住房消费，只能进行住房消费。实质上，这类租赁补贴只是增强了受保障对象的住房消费能力，并没有改变其非住房消费能力，可以较好地避免补贴资金的外溢。通过实施限制性租赁补贴政策，与获得保障前相比，受保障对象会在不改变原有非住房消费量的前提下，增加住房消费量，从而改善其自身的居住状况。

三　社会房东租赁补贴的理论基础

社会房东租赁补贴是指受保障对象在住房租赁市场中租住社会私人住房，按照收入的一定比例向社会房东缴纳房租，社会房东的亏损通过政府补贴形式进行弥补，即政府向社会房东支付实际房租与市场租金的差额部分。这类租赁补贴改变了受保障对象所面临的住房相对价格，为受保障对象提供了较低的租金水平，从而刺激这类群体增加住房消费。在实施这类补贴的过程中，为了避免低收入群体住房消费过度，政府往往会对住房消费量的上限进行限制，对于超过限制量的保障对象，政府会取消对其补贴。

第三节　廉租住房租赁补贴与实物配租的效用分析

在现实中，廉租住房主要以租赁补贴和实物配租两种保障模式为主，这两种保障模式都会带来受保障对象的效用增加，但对受保障对象效用改变的影响机理则存在着不同。[①] 为此，我们将运用经济学理论中无差异曲线分析方法，比较分析这两种模式所带来的效用改变情况。在此，我们假定保障对象的消费由住房消费和非住房消费两方面构成，该对象在收入水平约束下选择最优消费组合，追求效用最大化。而在一定的预算约束下，为实现效用最大化，受保障对象应选择最优的消费组合，使得这两种消费的边际替代率等于这两种商品的价格之比。这两种保障模式会导致保障对象的预算约束发生变化，从而改变原有的消费组合，导致其自身福利水平发生变化。

一　实物配租的效用

实物配租是由政府直接提供符合标准的住房，而接受补助的家庭支

① 由于租金核减方式所覆盖的受保障群体较少，仅仅保障租住公房的住房困难群体，在此不对该方式的效用进行分析。

付一定比例的收入作为房租。它的实质是政府为低收入家庭提供一个租金较低的住房市场，并规定了住房消费量的范围，以此改变低收入家庭的住房条件。如图 2.1 所示，横坐标表示家庭的住房消费量（H），纵坐标表示家庭的其他消费数量（C）。假定政府为低收入家庭提供了低租金的住房市场，有数量众多的廉租住房供申请家庭选择，且政府规定廉租住房最小消费数量为 H_{min}，最大消费数量为 H_{max}。在政府没有提供实物配租时，家庭的预算约束线为 I_1，消费组合为（H_1，C_1），最大效用为 U_1。当政府为低收入家庭提供廉租住房后，住房租赁价格相对便宜，家庭的预算约束线变为 I_2，此时预算约束线 I_2与效用曲线的切点在［H_{min}，H_{max}］范围内，家庭的消费数量组合为（H_2，C_2），效用水平为 U_2。由观察可知，受保障对象的住房消费量和非住房消费量都会得到提升，效用水平也得到了提升。

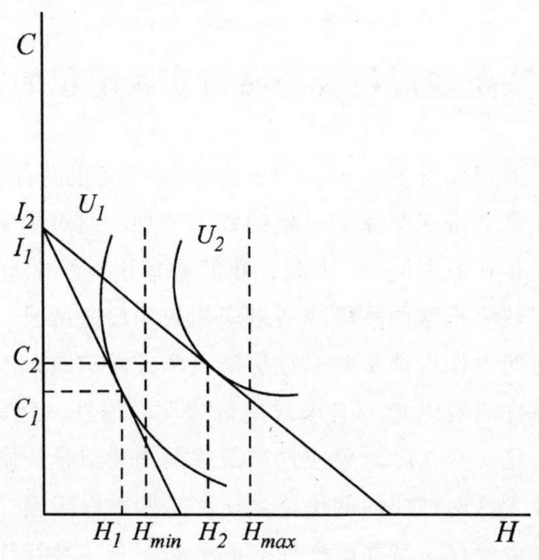

图 2.1　在实物配租下的效用变化情况

二　租赁补贴的效用分析

租赁补贴有三种形式，即非限制性租赁补贴、限制性租赁补贴和社会房东租赁补贴。这三种形式的租赁补贴会通过不同的方式改变受保障对象的最优选择，对受保障对象的效用产生影响。下面，我们就通过图形分析这三种补贴形式对受保障对象选择的影响机理。

（一）非限制性租赁补贴的效用

非限制性租赁补贴是指政府向保障对象发放货币补助，而没有对补助资金的用途进行限制。这类租赁补贴会带来受保障对象的可支配收入增加，但没有改变住房商品的相对价格。如图 2.2 所示，在政府发放补贴以前，家庭的预算约束线为 I_1，家庭的消费组合为（H_1，C_1），最大效用为 U_1。发放补贴后，保障对象的收入增加，其面临的预算约束线从 I_1 向外平移至 I_3。由于政府对租赁补贴的用途没有加以限制，受保障对象可根据自身偏好，将获得的补贴资金用于住房和非住房消费两种。预算约束线 I_3 与效用无差异曲线相切于点（H_3，C_3），最大效用为 U_3。由观察可知，受保障对象的住房消费量和非住房消费量都得到提升，效用水平也得到提升。

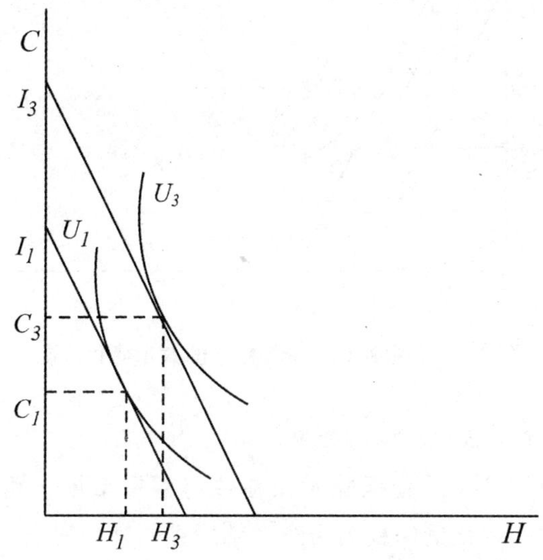

图 2.2　在非限制性租赁补贴下的效用变化情况

（二）限制性租赁补贴的效用分析

限制性租赁补贴是指政府向受保障对象发放货币补助，并对补助资金的用途进行严格限制。这类补贴会增加受保障对象的可支配收入，但可支配收入增加额并不能用来进行非住房消费，只能进行住房消费。如图 2.3 所示，与非限制性租赁补贴类似，在发放补贴后，受保障对象的收入增加，其所面临的预算约束线向外平移至 I_3。由于政府对受保障对象这部分收入增加额的用途予以了严格限制，受保障对象的非住房消费量并没有发生改变，仍为 C_1。收入的增加额全部用于住房消费，住房消费量提升至 H_4，此时，受保障对象的效用水平为 U_4。可见，通过限制性补贴的发放，保障对象的住房消费量得到显著提升，但福利水平提升却有限，其提升量小于非限制性租赁补贴模式。这是因为政府对补贴资金用途的限制，扭曲了受保障对象的消费偏好，所以受保障对象的福利遭受了潜在损失。

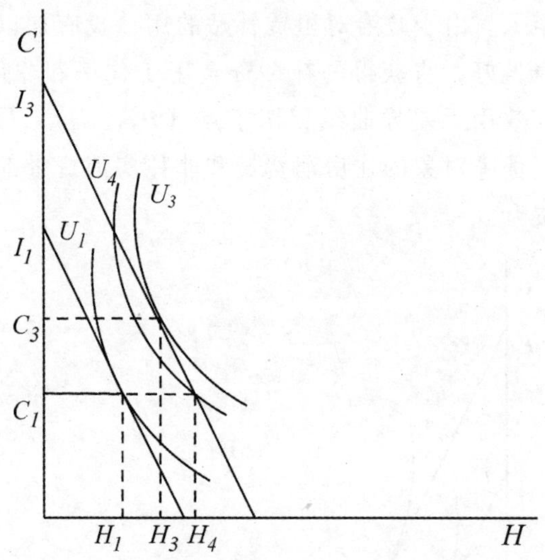

图 2.3　在限制性租赁补贴下的效用变化情况

（三）社会房东租赁补贴的效用

社会房东租赁补贴是指保障对象在住房租赁市场上租住社会私人住房，按照收入的一定比例向社会房东缴纳房租，社会房东的亏损通过政府补贴形式进行弥补，即政府向社会房东支付实际房租与市场租金的差额部分。这类租赁补贴类似于实物配租模式，改变了受保障对象所面临的住房相对价格，为受保障对象带来了较低的租金水平，从而刺激这类群体增加住房消费。参考图 2.1 可知，社会房东租赁补贴会使受保障对象的住房消费量和非住房消费量都得到提升，效用水平也得到提升。

三　两类保障方式的优劣分析

根据上述图形分析可知，在福利水平提升方面，非限制性租赁补贴优于限制性租赁补贴；在居住水平提升方面，限制性租赁补贴可以有效防止补贴资金的外溢，补贴效果显著。但在实际操作中，政府很难严格限制补贴资金的用途，即使能够限制其用途，也难以保证受保障对象原有用于住房消费的收入份额维持不变，所以限制性租赁补贴模式的可操作性差。

另外，从图形分析可知，租赁补贴中的社会房东租赁补贴模式与实物配租模式的补贴效果相同，会使受保障对象的福利水平从 U_1 提升至 U_2，居住水平从 H_1 提升至 H_2；非限制性租赁补贴会使受保障对象的福利水平从 U_1 提升至 U_3，居住水平从 H_1 提升至 H_3。利用图形分析很难比较非限制性租赁补贴模式与实物配租模式的优劣。为此，我们须建立数理模型，考察在同等补贴额度下，这两种保障方式所带来的居住水平和福利水平的提升量，并依据福利水平提升量的大小评价这两种保障方式的优劣。

（一）基本假设

1. 低收入家庭从住房消费 H 和非住房综合商品 C 中获得效用，设效用的住房弹性为常数 α，其效用函数 U 假设为如下简单形式的 C—D 效用函数：

$$U(H,C) = A \cdot H^{\alpha} \cdot C^{1-\alpha} \tag{2.1}$$

2. 在无政府补贴时，低收入家庭的收入预算约束为如下形式：

$$p \cdot H + C = Y \tag{2.2}$$

其中，将非住房综合商品价格单位化为 1，不会影响对问题的分析；p 为相对于非住房综合商品而言的住房消费服务价格（租价）；Y 为相对于非住房综合商品而言的低收入家庭的收入。

低收入家庭在无政府补贴情况下，其市场化行为是在约束条件（2.2）下，最大化其效用函数（2.1）。由（2.1）（2.2）建立拉格朗日函数：

$$L(H,C,\lambda) = A \cdot H^{\alpha} \cdot C^{1-\alpha} + \lambda \cdot (p \cdot H + C - Y) \tag{2.3}$$

其所对应的一阶条件为：

$$\frac{\partial L}{\partial H} = \alpha \cdot A \cdot H^{\alpha-1} \cdot C^{1-\alpha} + \lambda \cdot p = 0 \tag{2.4}$$

$$\frac{\partial L}{\partial C} = (1-\alpha) \cdot A \cdot H^{\alpha} \cdot C^{-\alpha} + \lambda = 0 \tag{2.5}$$

$$\frac{\partial L}{\partial \lambda} = p \cdot H + C - Y = 0 \tag{2.6}$$

由一阶条件（2.4）—（2.6）可得均衡解：

$$E^{(0)}(H^{(0)},C^{(0)}) = (\alpha \cdot Y/p,(1-\alpha) \cdot Y) \tag{2.7}$$

3. 政府采取实物配租或者非限制性租赁补贴方式，促进了低收入家庭住房困难问题的解决。在确定补贴标准的基期时刻，这两种补贴模式在货币价值上是无差异的。

4. 住房补贴标准在基期时间 t_0确定后，到再次重新调整的时间 t_1，存在一定的时滞期 T（$t_1 - t_0 = T$）。此时低收入家庭的实际收入增长缓慢，而房价却迅速高涨。假定时滞期内低收入家庭的收入相对于非住房综合商品而言未发生变动或发生变动的可能性极小，这两种补贴模式的标准依然维持在基期 t_0时的状态，但所对应的市场环境（可由快速上涨的租赁市场价格 p 刻画）由 p_{t_0} 变化为 p_t，$t \in [t_0,t_1)$。

5. 政府的住房补贴政策均以提高低收入家庭福利为目标。这一假定与现实运行情况基本吻合，其内涵是低收入家庭在获得住房补贴后，可重新调整住房和非住房综合商品的消费组合模式，以实现家庭效用最大化目标。

6. 政府依据住房补贴对家庭福利效应所产生影响的高低，对住房补贴模式进行抉择。

（二）保障方式的评价

为比较不同模式对目标家庭效用的影响，须分析在实物配租和非限制性租赁补贴的情况下，低收入家庭的行为对其所获得的效用变化的影响。

在非限制性租赁补贴模式干预下低收入家庭的最优抉择。由假设 3，基期 t_0给予低收入家庭 s_0 元消费补贴；在 $t \in [t_0,t_1)$ 期，假定低收入人群收入与非住房商品的价格水平相对不变，但住房消费的相对价格水平（租价）改变为 p_t，则家庭收入约束条件 2 可重新整理为：

$$p_t \cdot H + C = Y + s_0, \quad t \in [t_0,t_1) \tag{2.8}$$

类似于约束条件 2 的情况，对效用函数 1 进行最大化求解，可得在约束条件（2.8）下，效用函数（2.1）的最大化均衡解为：

$$E^*(H^*,C^*) = (\alpha \cdot (Y+s_0)/p_t,(1-\alpha) \cdot (Y+s_0)) \tag{2.9}$$

这就是在实物配租模式干预下低收入家庭的最优抉择。实物配租会使得住房市场服务价格（租价）下降 δ_0 。考察 $t \in [t_0,t_1)$ 期，实物配租方式下家庭的最优决策。显然，此时家庭的收入约束条件满足：

$$(p_t - \delta_0) \cdot H + C = Y \tag{2.10}$$

在约束条件（2.10）下，效用函数（2.1）最大化的均衡解为：

$$E^{**}(H^{**},C^{**}) = (\alpha \cdot Y/(p_t - \delta_0),(1-\alpha) \cdot Y) \qquad (2.11)$$

由假设3可知：

$$\delta_0 \cdot H = s_0 \qquad (2.12)$$

显然，家庭在基期 t_0 的决策行为满足条件（2.12）（2.13），并基于函数（2.1）进行效用最大化决策。

$$(p_0 - \delta_0) \cdot H + C = Y \qquad (2.13)$$

此时，在约束条件（2.13）下，效用函数（2.1）最大化的均衡解为：

$$E^{(1)}(H^{(1)},C^{(1)}) = (\alpha \cdot Y/(p_0 - \delta_0),(1-\alpha) \cdot Y) \qquad (2.14)$$

此时均衡解（2.14）也满足条件（2.12），则在实物配租模式下房租下降 δ_0 与非限制性租赁补贴模式下补贴额 s_0 的关系为：

$$\delta_0 = s_0 \cdot p_0/(\alpha \cdot Y + s_0) \qquad (2.15)$$

在假设3、假设4和假设5下，$t \in [t_0,t_1)$ 期政府进行住房补贴模式的抉择，必须比较两种模式的均衡点 E^*,E^{**} 下的家庭最大效用值，因而其抉择可转换为环境变量 p_t 的函数 $\mathrm{f}(p_t)$ 与0之间大小关系的比较，其中 $\mathrm{f}(p_t)$ 的表达式为：

$$\mathrm{f}(p_t) = \ln(U(E^*)) - \ln(U(E^{**})) \qquad (2.16)$$

令 $g_t = (p_t - p_0)/p_0$，由式（2.16）以及式（2.15）整理得：

$$\mathrm{f}(g_t) = \alpha \cdot \ln\left(\frac{\alpha \cdot Y}{\alpha \cdot Y + s_0} + \frac{g_t \cdot s_0}{\alpha \cdot Y + s_0}\right) + \ln\left(\frac{Y + s_0}{Y}\right) \qquad (2.17)$$

当 $t = t_0$，或 $g_t = 0$，则式（2.17）可转化为：

$$\mathrm{f}(0) = \alpha \cdot \ln\left(\frac{\alpha \cdot Y}{\alpha \cdot Y + s_0}\right) + \ln\left(\frac{Y + s_0}{Y}\right) \qquad (2.18)$$

式（2.18）的经济意义为，在这一基期下家庭从同等价值份额的实物配租与非限制性租赁补贴中所获得的效用差额。不难证明，$g_t = 0$，即在住房市场上，在产品所提供服务的相对价格水平不变时，家庭在非限制性租赁补贴中所获得的效用大于从实物配租补贴中所获得的效用。即利用数学工具严格论证了“人头补贴”优于“砖头补贴”这一经典论断。

而当 $g_t^* = \left(\frac{\alpha \cdot Y}{s_0} + 1\right)\left(\frac{Y}{Y + s_0}\right)^{1/\alpha} - \frac{\alpha \cdot Y}{Y + s_0}$ 时，$\mathrm{f}(g_t) = 0$，且不难论证

$f'(g_t) > 0$。因此，不难从“人头补贴”优于“砖头补贴”这一经典论断中得出如下命题：

当 $g_t \in (0, g_t^*)$ 时，有 $U^* > U^{**}$，即非限制性租赁补贴优于实物配租；因此，在调整的滞后期中，市场租价上涨变动不太剧烈（$0 < g_t < g_t^*$），政府应选择非限制性租赁补贴模式。

当 $g_t \in (g_t^*, +\infty)$ 时，有 $U^* < U^{**}$，即实物配租优于非限制性租赁补贴，因此，在调整滞后期中，市场租价上涨变动过于剧烈（$g_t > g_t^*$），政府应选择实物配租模式。

第四节　廉租住房的政策效应分析

一　廉租住房政策的经济效应分析

（一）租赁补贴政策的经济效应分析

租赁补贴政策会通过改变住房市场的供求途径，影响住房市场的供应价格，进而影响住房市场的供给量。一般而言，租赁补贴政策的实施会增加低收入住房困难群体的住房需求，从而提升住房市场的均衡价格，促进住房市场存量增大。如图 2.4 所示，在当前租赁市场价格为 p_1 时，政府给予目标群体 BCq_3q_1 的补贴额度，意图使目标群体的居住面积由 q_1 提高

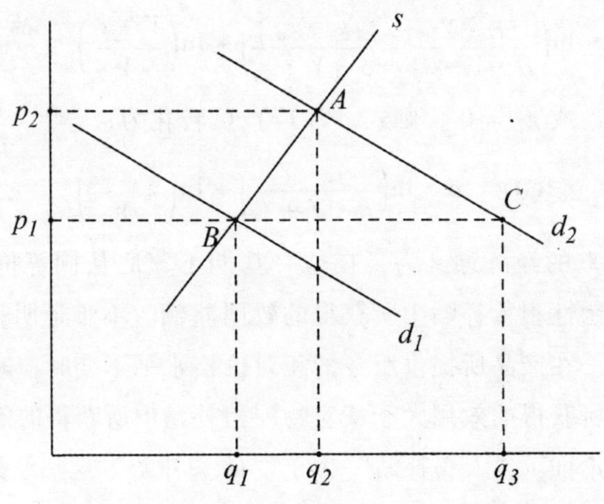

图 2.4　竞争市场下住房的价格变动情况

到 q_3。然而，区域市场需求曲线由 d_1 移动到 d_2 的政策效应，却因市场供给曲线 s 的陡峭（当住房市场的供给价格弹性越大，供给曲线越陡峭）而致价格产生灵敏反应，价格提升至 p_2。住房市场均衡价格的提升会增大住房生产者（开发商）的利润，从而促使开发商增大住房的供给。当住房市场供给增加后，住房市场存量变大，会对上涨的住房市场价格产生抑制作用。此外，在现实市场中，由于住房异质性以及短期供给刚性等因素的存在，住房市场往往带有垄断色彩，更符合垄断竞争市场的特征。为分析方便，假定一区域租赁住房为某垄断者所拥有，低收入人群在获得住房货币补贴后到市场上租房（如图 2.5 所示）。此时，住房供给者根据变动后的市场需求曲线 d_2 的边际收益曲线 MR 将住房价格提升至 p_3，从而实现自身利润最大化。此时，住房困难群体的居住水平提升至 q_4，居住水平提升很小。可以看出，在住房市场具有垄断因素的情况下，租赁补贴政策对住房市场的影响很大，补贴效果并不是很理想。

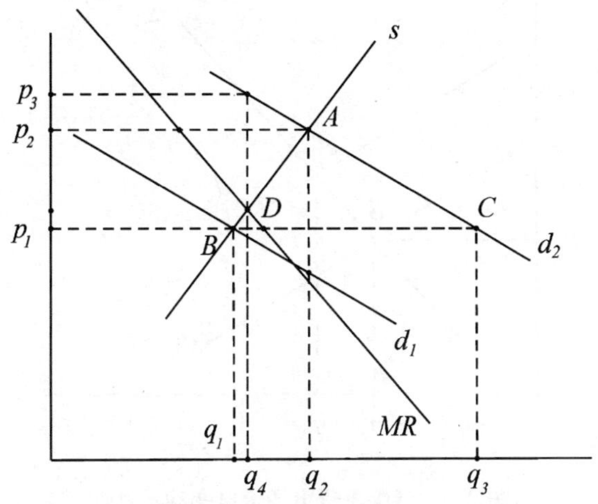

图 2.5　在垄断竞争下住房的价格变动情况

从上述图形分析可知，在住房市场存量较大，即住房供给曲线较为平缓时，租赁补贴政策对住房市场价格影响较小，住房困难群体的居住水平提升较大，补贴效果较好；反之，在住房市场存量较少，住房供给曲线较为陡峭，存在垄断势力时，租赁补贴政策对住房市场价格的影响较大，住房困难群体的居住水平提升较小，补贴效果较差。

（二）实物配租政策的经济效应分析

实物配租政策会通过增加住房市场的供给，改变住房市场的存量，进而通过住房市场过滤效应改变住房市场的均衡价格。① 具体而言，政府为住房困难群体提供价廉的廉租住房，增加了低端住房租赁市场的存量，从而改变了低端住房租赁市场的均衡价格，进而通过住房过滤效应传导至高端住房租赁市场。下面以图 2.6 分析实物配租政策对住房市场的影响。假定住房市场简单地划分为低端住房租赁市场和高端住房租赁市场（假定住房市场完善，租购不存在套利行为，则租购具有同等效应），两市场均衡点分别为 A，C，租赁价格为 r_0，R_0。若政府供给廉租住房并低价租赁给低收入住房困难群体，则会导致低端租赁市场需求人群减少，即需求曲线 d_0向左下方移动到 d_1，均衡租价下降到 r_1；由于住房的过滤效应，必然

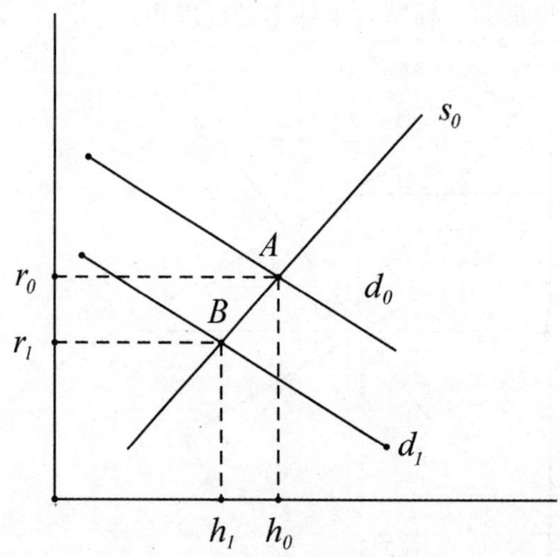

图 2.6　低端租赁市场价格变动示意

---

① 杨之光、郑煜琦：《基于住房过滤模型的我国住房保障补贴政策研究》，《财政研究》2010 年第 7 期；张翼：《低收入群体的住房保障与信贷支持——基于住房过滤理论的分析》，《城市发展研究》2009 年第 5 期；董藩、陈辉玲：《住房保障模式经济效应考查——基于住房过滤模型的思考》，《河北大学学报》（哲学社会科学版）2010 年第 2 期；刘友平、张丽娟：《住房过滤理论对建立中低收入住房保障制度的借鉴》，《经济体制改革》2008 年第 4 期；褚超孚、贾生华：《试论“过滤”模型对于城镇住房市场分层供应体系的理论启示》，《商业经济与管理》2005 年第 5 期。

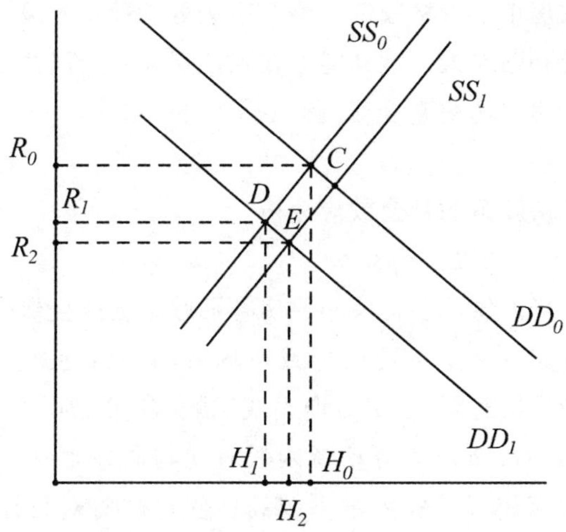

图 2.7　高端租赁市场价格变动示意

导致高端住房市场的联动效应。一方面，低端住房市场租价下降将导致部分高端人群到低端住房市场租房，从而高端住房市场 DD_0向左平行移动到 DD_1；另一方面，租赁性保障住房建设对高端住房市场住房的过滤效应减缓，相对于该市场住房供给量的增加，供给曲线 SS_0向右平行移动到 SS_1。高端住房市场的需求下降且存量增加，导致该市场的均衡价格下降至 R_2。在高端住房市场均衡价格下降过程中，该市场的平均利润率下降，严重影响了开发商投资的积极性，减少了高端住房的供给量。

（三）两种政策的经济效应比较

由上述图形分析可知，租赁补贴政策会刺激住房市场均衡价格上涨，从而导致住房供应增加，住房存量提升，但受保障对象的居住水平却因市场均衡价格的上涨而很难得到显著提升，甚至有可能出现恶化局面；实物配租政策会增加低端住房租赁市场的供应量，降低整个低端市场的均衡价格，从而导致高端市场住房过滤效应减慢，高端住房存量增加，市场均衡价格下降，新增高端住房供应量减少，但由于政府直接提供廉租住房，受保障对象居住水平的提升能够得到有效保证，中低收入阶层的居住情况也会因住房市场均衡价格的降低而得到改善。我们可以得出结论：在住房市场价格快速上涨过程中，廉租住房补贴政策宜选用实物配租模式，这样既可保证受保障人群的居住水平得到提升，又能对快速上涨的住房价格起到抑制作用；在住房市场价格较低，整个市场处于萧条阶段，廉租住房补贴政策宜选用租赁补贴政策，这样能够在保证保障对象居住水平提升的前提下，促使整个住房市场快速复苏。

三　廉租住房政策的社会效应分析

（一）劳动力供给效应的分析

作为劳动市场的供给者，廉租住房补贴政策会改变保障对象的劳动力供给行为，在一定程度上可能会导致市场劳动供给的减少。如图 2.8 所示，横轴为劳动供给时间（OT 方向，或闲暇时间为 TO 方向），纵轴为居住水平轴；$U(T-t, h)$ 为劳动者闲暇时间与居住水平所构成的效用曲线，离点 T 的距离越远，效用水平越高；假定政府对目标群体不实施住房保障政策，I_{NS}为没有获得政府住房补贴的收入预算约束曲线，是劳动力供给的增函数，斜率为单位时间工资率，此时与效用曲线的切点为 A，即向市场提供劳动 t_1小时，居住水平为 h_1时，达到效用最大化。若政府对目标群体实行住房保障政策，使目标群体中每户均达到基本体面的居住面积 h，即图 2.8 中的截距；分层补贴的思路，使得政府依据家庭收入状况收取不同的租金，如收取家庭收入的 30% 作为租金（用以体现垂直公平，但不会影响家庭对其他商品的正常消费）。显然，在一定的收入范围内，对收入越高的家庭，政府收取的租金越高，补贴越少；对收入越低的家庭，政府收取的租金越低，补贴越高。即目标家庭向社会提供的劳动时间越多，收入越多，则政府收取的租金也越多，在图 2.8 中体现为有补贴的收入约束曲线 I_S斜率的变小。因此，目标家庭会依据政府收取租金的方式，通过减少对劳动力市场供给方式进行替代，以实现效用的最大化，如图 2.8 中的均衡点 B，劳动供给时间减少为 t_2。

实质上，除上述替代效应外，住房补贴也会因产生收入效应而导致劳动力供给的减少。即政府的住房补贴对目标家庭来讲是收入的增加，因而会增加目标家庭对闲暇商品的购买而导致市场劳动供给时间的减少。政府给予目标群体住房补贴的目的是促进目标群体获得居住、学习和就业的机会，使目标群体逐渐摆脱对政府福利的依赖，逐步成为对社会负责任和有成效的社会成员。然而，从以上住房补贴的替代效应与收入效应来考察，住房保障存在使目标群体过多地依赖政府救助性补贴的内生机制。

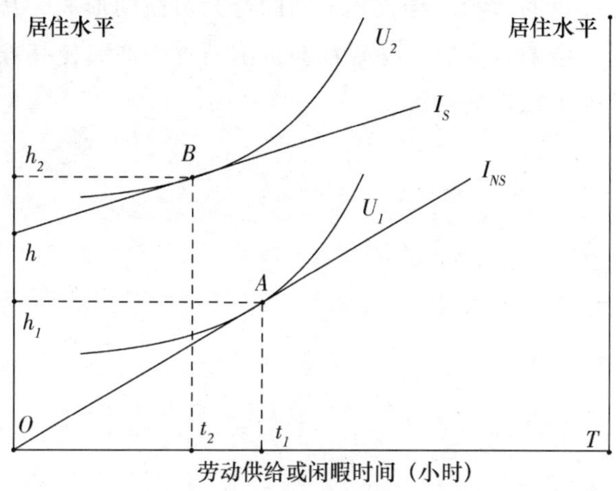

图 2.8　住房补贴的劳动力供给效应分析示意

（二）社会稳定效应

在当前阶段，中国廉租住房保障大多采取政府集中兴建租赁型保障住房的模式解决中低收入人群的住房问题，然而政策的实施效果可能会偏离政府的原有意图，甚至成为产生社会动荡的隐患。租赁型保障住房建设，因开发商代建中的实际需要或政府建设中要实现土地综合利用价值最大化以及政府管理的需要而大多采取集中建设的方式；在中国，即使分散建设，租赁住房也多在经济适用住房小区中配建。首先，贫困聚集的社会风险表现为能力低、有暴力倾向的人群聚集，使得聚集区内的治安难以得到保障，且这类人群的聚集所产生的破坏作用必然会扩散到聚集区域外，不利于社会的稳定和社会的进步。其次，当贫困家庭集中居住时，常常会出现贫富居住空间的隔离，引致该区域家庭受到来自社会各界的歧视，不被社会主流所接受，逼迫该区域群体形成不利于社会稳定的亚文化，贫富阶层可能会形成相互敌视的局面，其结果极有可能是阶层对立与冲突。法国2005 年的大骚乱即为典型事例。

政府给予低收入人群租赁型保障住房的本意，是让低收入人群在享有体面住房的同时，减轻该群体住房消费支出对家庭其他必要支出的影响，尤其是对家庭成员劳动力资本支出的影响。然而，廉租住房保障往往可能会出现相反的实施效果，不仅会出现住房补贴所产生的劳动力供给的减少，使保障对象不愿自食其力；而且由于租赁型保障住房的集中，居住家庭的小孩因受环境的影响而导致其不利的行为习惯的形成，其成长后的就业必然会受到社会的歧视等，导致社会贫困的再生产，使其难以融入主流社会，成为社会不稳定的隐患。

第三章　廉租住房补贴制度的描述与分析

第一节　中国廉租住房制度的演化及其实践

一　中国廉租住房制度的演化

租赁型保障住房制度的演化主要体现在中央及其各部委出台的廉租住房制度的相关文件上，其制度核心政策工具的演变情况具体见表 3.1 所示。从 1998 年制度的提出到现在，依据政府各部委的政令及住房补贴模式的变动，可将租赁型保障住房制度供给粗略地划分为三个阶段。

（一）制度的准备酝酿期

第一阶段，制度的准备酝酿期（1998 年 7 月至 2003 年 12 月）。这一期间，国务院及各部委共出台两个相关的政策文件，补贴制度主要针对最低收入人群（实践中将之解读为“双困”家庭）实行实物配租方式。

（二）制度的推行扩张期

第二阶段，制度的推行扩张期（2004 年 1 月至 2007 年 6 月）。这一期间，全国房地产价格普遍高涨，为了稳定价格，中央及各部委意识到廉租住房对低收入人群的重要性，在短期内密集出台了多项政策法规，廉租住房制度基本上在全国各县市建立形成。其典型特征是以最低收入人群为保障对象，主要采取以租金补贴为主，以实物配租、租金核减为辅的保障模式。

（三）制度的深化铺开期

第三阶段，制度的深化铺开期（2007 年 12 月至现在）。以国务院出台的《关于解决城市低收入家庭住房困难的若干意见》为标志，《2009—2011 年廉租住房保障规划》等相关政策文件的出台显示了廉租住房制度进入了实质性推进时期。其典型特征体现为，受保障对象被扩大为低收入人群，开始强调实物配租住房补贴的重要性，中央政府为促进地方政府实

表 3.1 中国廉租住房保障制度的演化（中央政府及各部委）

	1998	1999	2000	2001	2002	2003	2004	2005	2006	2007	2008	2009	2010年至今
发展阶段	制度的酝酿						制度的推进			制度的深化			
国务院通则	关于进一步深化城镇住房制度改革 加快住房建设的通知						关于切实稳定住房价格的通知	关于转发建设部等部门关于做好稳定住房价格工作意见的通知	转发建设部等部门关于调整住房供应结构 稳定住房价格意见的通知	关于解决城市低收入家庭住房困难的若干意见	关于促进房地产市场健康发展的若干建议		关于保障性安居工程建设和管理的指导意见
部委政令		城镇廉租住房管理办法				城镇最低收入家庭廉租住房管理办法				廉租住房保障办法			
部委通则								城镇廉租住房租金管理办法等三部通则	建设部通报城镇廉租住房制度建设和实施情况等五部通则	廉租住房保障资金管理办法等四部通则	关于加强廉租住房质量管理的通知等两部通则	2009—2011年廉租住房保障规划	六部委住房保障规划编制的通知；关于贯彻实施《住房保障档案管理办法》的意见；关于加强廉租住房管理有关问题的通知
保障对象	最低收入家庭									低收入家庭			
保障方式	实物配租					以租金补贴为主，以实物配租、租金核减为辅				租金补贴、实物配租	实物配租、租金补贴		
保障标准		地方政府制定				<60%×人均住房面积				建筑面积<50 m²		人均建筑面积<13 m²，建筑面积<50 m²	
住房来源	原有公房新建	原公房、新建、购置、捐赠、其他渠道等				以现有旧房为主，限制集中新建				新建、收购、捐赠、其他渠道		新建、购置、改造等	新建、改建、购置、租赁等
资金来源						县市财政预算、部分住房公积金增值收益、社会捐赠、其他渠道				中央、省、市财政预算内资金，中央预算外补助资金，>10%土地出让金，住房公积金增值收益、社会捐赠，其他资金			
租金构成		维修费、管理费											

资料来源：根据 1998—2013 年国务院、中央各部委公布的廉租住房相关法规绘制而成。

行实物配租的积极性，开始实施中央廉租住房建设资金的转移，尤其是对中西部地区。2011 年国务院出台了《关于保障性安居工程建设和管理的指导意见》，2013 年城乡住房建设部颁布《住房保障档案管理办法》，开始强调廉租住房的租赁管理和退出机制，维护廉租住房制度的公平性。

二　中国廉租住房制度的实践

在制度演化的不同阶段，制度的实践有着不同的特点，所体现的问题也存在一定的差异。本节针对制度的不同阶段，从全国层面分析制度的执行情况，并对其主要特征进行归纳和总结。

（一）1998—2003 年廉租住房的制度实践

在制度的准备酝酿期，全国 35 个大中城市除了上海、北京、天津、成都、广州、南京、长春、福州、郑州、贵阳、青岛和包头 12 个城市有了实施方案，部分城市开始兴建廉租住房或发放租金补贴外，大部分城市没有建立对应的管理机构，营运资金没有来源，无法收集最低收入城镇居民家庭的基本信息，对廉租住房申请、审批、公示等均无相关政策文件规定，主管部门基本上未将最低收入家庭住房问题纳入政府应履行的职能之中。据新华社记者孙玉波、李斌（2002）[①] 以及《中华工商时报》记者陆昀（2002）[②] 的报道："当时 10 多个城市加起来，也就几千户，总量很小。其中北京 798 户，包头 143 户，郑州 56 户，贵阳 85 户。这样的比例至多占双困户的 7% 左右，有的仅占 0.4%。""越是经济发达的城市，需要解决的双困户越少；越是经济不发达的城市越多。西部 166 个不同规模的城市不到 20% 出台了廉租住房方案，进入实质性操作的更少。和日渐扩大的低保人群相比，和成千上万困难户的紧迫要求相比，廉租住房建设存在巨大的落差。"

关于制度实践推行缓慢的主要因素，建设部官员认为："廉租住房制度对于保持社会安定和低收入居民生活意义重大，但是目前面向城镇最低收入居民家庭的廉租住房制度建设进展缓慢，没有得到应有的重视，其中

① 孙玉波、李斌：《廉租住房为何迟迟建不起来?》，新华网，2002 年 8 月 5 日。

② 陆昀：《建设部称年内确定低收入者家庭住房框架》，《中华工商时报》2002 年 8 月 6 日。

一个重要问题是财政资金未能落实。"[①] 相关记者的报道将其原因总结为"资金渠道不稳定、财税政策不健全、法律支持不够是我国廉租住房至今没有建起来的主要原因，一些进入操作阶段的城市甚至面临难以为继的境况"[②]。实质上，"地方政府住房建设的重心是对当地经济发展的贡献，把住房建设单纯作为经济政策的内容，重视发展商品住房，'眼'里没有廉租住房的影子"。即地方政府不重视也是廉租住房制度推进缓慢的又一重要因素。

（二）2004—2007 年廉租住房制度的实践

2003 年 12 月底，建设部颁发《城镇最低收入家庭廉租住房管理办法》，在房价开始高涨的背景下，政府大力敦促廉租住房制度的推进事宜，这一期间的制度实践充分体现为 2006 年 3 月 29 日和 2007 年 2 月 14 日建设部发布的两项通则，即《城镇廉租住房制度建设和实施情况通报》《建设部通报 2006 年城镇廉租住房制度建设情况》。表 3.2 从制度建立、资金落实、制度覆盖面和开工建设情况几个方面对 2005—2007 年廉租住房制度的运行现状进行了整理。

这一阶段，全国绝大多数城市通过签订目标责任书等方式，将廉租住房制度建设纳入对市（区）、县政府目标责任制管理，明确了最低收入家庭住房保障目标及具体考核办法。由表 3.2 可知，廉租住房保障投入资金规模扩大迅速，2007 年廉租住房投入资金为 94 亿元，几乎是 2005 年之前投入总量的两倍。廉租住房开工建设和覆盖面也增长迅速，截至 2007 年底，全国已有 122.7 万户最低收入家庭被纳入廉租住房保障范围，廉租住房累计开工建设了 21.8 万套。在制度全面展开阶段，廉租住房制度的深层次问题也开始逐一出现，主要体现为：第一，制度覆盖面偏低。由于制度目标群体界定为城镇户口的最低收入人群，农民工及低收入人群被排斥在制度之外；即使在最低收入人群中，各城市在操作中普遍将双困户（约占城镇家庭数的 5%）纳入廉租住房保障体系；在实际运行中，许多地区对双困户也难以做到应保尽保。第二，处于经济适用住房制度与廉租住房制度之间的未被制度保障的群体，或称为"夹心层"的群体住房问

① 转引自孙玉波《财政资金未能落实，廉租住房制度进展缓慢》，《中华工商时报》2002 年 2 月 21 日。

② 李斌、孙玉波：《廉租住房政策出台 3 年，多数城市按兵不动》，新华网，2002 年 8 月 5 日。

表 3.2 2005—2007 年全国廉租住房制度实践的进展情况一览

	制度建立情况			资金落实情况(亿元)						制度覆盖面(万户)					开工建设情况		
	城市总数	建立城市数	比例(%)	总资金	财政	公积金	土地出让	社会捐赠	其他	总数	租金补贴	实物配租	租金核减	其他	开工(套)	购改(套)	资金投入(亿)
2005	291/ -	221/ -	47.4/ -	47.4	2	15.1		12.4		32.9	9.5	4.7	18.2	0.5	2.5	-	47.4
2006	287/ 657	283/ 512	98.6/ 77.9	70.8	32.1	19.8	3.1	0.2	15.6	54.7	16.7	7.7	27.9	-	+5.3	-	+23.4
2007	-	-	100%	+94	-	-	-	-	-	+68	-	-	-	-	+16.5 *	-	+77

注：1. 在表格中，“A/B”代表地级城市数为“A”，县市级城市为“B”，以“/”隔离；2. 各年份数据前标注+号，表示为本年度新增量，其他为到本年度的累积数；3. “-”代表该项数据缺乏。4. *对应的数据为该年份1—11月所统计的数据。

资料来源：依据 http://www.mohurd.gov.cn/zfbz/hydt/index.htm 网站住房保障行业动态栏目相关通报及其他网站报道整理得出。

题凸显出来。第三，以租金补贴保障目标群体的相关问题，如补贴少，无法在市场上租到合适的房源，补贴不被用于租房等，对这类群体的住房改善并没有产生良好的社会效益。第四，资金来源的稳定性、连续性依然是制度运行的重要障碍之一。第五，进入退出机制是体现廉租住房制度公平性的重要标志，但中国绝大部分城市却没有建立廉租住户条件改变后的退出机制，廉租住房制度在这方面存在重大缺陷。

（三）2007年底至今廉租住房制度的实践

2007年8月，国务院颁布《关于解决城市低收入家庭住房困难的若干意见》，是国家对住房问题进行重新定位的转折点；随后《廉租住房保障办法》的出台正式标志着廉租住房制度进入一个新的深入发展阶段。这一阶段发展的典型特征是，以实物配租为主，以租赁补贴为辅，加强了对住房市场干预的力度。2008年廉租住房制度覆盖面中实物保障新增249万户，而租赁补贴仅新增63万户，在廉租住房开工建设的资金投入中实物投入为286亿，而租金补贴为68亿，正好体现了这一特征。2010年，中央财政拨付廉租住房专项保障资金167亿元，且财政部要求各有关地区及时将补助资金下拨到市、县财政部门，实行专项管理，分账核算，严格按照规定用途使用，不得截留、挤占、挪作他用，也不得用于平衡本级预算。[①] 各地方政府为贯彻落实中央的要求，也加大了工作的力度。如2010年，北京市新开工建设和收购廉租住房4000套，同时提供了2万套在建房源的配租；湖南省廉租住房制度建设投入资金达63亿元，其中47亿元投资新建廉租住房，16亿元用于租金补贴；陕西省通过新建、购置和改造等方式，筹集廉租住房房源8.6万套。[②] 另外，2009年以后，国务院、城乡住房建设部等出台了《2009—2011年廉租住房保障规划》《关于保障性安居工程建设和管理的指导意见》《住房保障档案管理办法》等多项相关政策文件。从文件内容看，政府已开始重视廉租住房制度的深层次问题，强调廉租住房的租赁管理和退出机制的建立，强调廉租住房建设质量以及维护廉租

---

① 中国新闻网・财经中心（http：// www. chinanews. coni/estate/2011/01 - 07/2773005. shtml）关于廉租住房保障专项金不得用于平衡本级预算。

② 中央人民政府网站・工作动态（http：//www. gov. cn/gzdt/2010 - 03/22/content 156 1607. htm）关于廉租住房保障实现租金补贴与实物配租并重。

住房分配制度的公平。这说明，中国廉租住房制度建设日趋完善、成熟。

第二节　武汉市廉租住房制度的描述

一　武汉市廉租住房租赁补贴政策的演变

（一）2002—2005 年：主要是实物配租方式

2002 年，武汉市政府出台了《武汉市城镇最低收入居民家庭住房保障暂行办法》，明确了廉租住房保障的方式、申请条件和申办流程等，该办法指出，廉租住房保障方式包括租金核减和配房租赁等。随后武汉市房产管理局下达了关于贯彻《武汉市城镇最低收入居民家庭住房保障暂行办法》的通知，要求各区房产管理局按各自职能和工作程序做好各项工作，武汉市开始有序地进行廉租住房项目的建设工作。

（二）2005 年至今：主要是以实物配租和租金补贴相结合的保障方式

2005 年，武汉市政府出台《关于完善我市城镇最低收入家庭住房保障制度推行住房租金补贴的实施意见》，明确提出在实施住房租金核减、配房租赁的基础上，增加住房租金补贴这种保障方式；逐步推行以租金补贴为主，以租金核减、配房租赁为辅的住房保障方式，逐步完善对最低收入家庭的住房保障制度。

至此，廉租住房租金补贴政策开始正式实施，从 2005 年至今，随着社会经济的不断发展，廉租住房租金补贴的申请条件逐渐放宽，保障标准不断提高，历经“三次扩容，二次提标”，廉租住房受益家庭数量大幅增加，基本上实现了人均月收入在 600 元以下，人均住房建筑面积在 12 平方米以下的城镇住房困难家庭的“应保尽保”。

三次扩容是指 2007 年下半年、2008 年下半年、2010 年下半年对申请条件进行的放宽，允许更多的人进入廉租住房租赁补贴的保障范围（具体见表 3.3）。

二次提标是指 2007 年下半年、2008 年下半年保障标准的提高，让享受廉租住房租赁补贴的人可以得到更多的补贴（具体见表 3.4）。

表 3.3　　　2005—2013 年武汉市廉租住房租赁补贴申请条件

	申请条件		备注
	人均面积（平方米）	人均收入（元）	
2005 年	6（使用面积）	低保	
2006 年	6（使用面积）	低保	
2007 年上半年	6（使用面积）	低保	
2007 年下半年	8（使用面积）	低保	第一次扩容
2008 年上半年	8（使用面积）	低保	
2008 年下半年	10（建筑面积）	400（含低保）	第二次扩容
2009 年	10（建筑面积）	400（含低保）	
2010 年上半年	10（建筑面积）	400（含低保）	
2010 年下半年	12（建筑面积）	600（含低保）	第三次扩容
2011 年	12（建筑面积）	600（含低保）	
2012 年	12（建筑面积）	600（含低保）	
2013 年	12（建筑面积）	600（含低保）	

表 3.4　　　2005—2013 年武汉市廉租住房租赁补贴保障标准

	保障标准		备注
	补贴面积（平方米）	每平方米补贴金额（元）	
2005 年	10（使用面积）	6	
2006 年	10（使用面积）	6	
2007 年上半年	10（使用面积）	6	
2007 年下半年	10（使用面积）	8	第一次提标
2008 年上半年	10（使用面积）	8	
2008 年下半年	13（建筑面积）	10；7	第二次提标
2009 年	13（建筑面积）	10；7	低保家庭补贴标准 10 元/平方米，低收入家庭补贴标准 7 元/平方米
2010 年	13（建筑面积）	10；7	
2011 年	13（建筑面积）	10；7	
2012 年	13（建筑面积）	10；7	
2013 年	13（建筑面积）	10；7	

2010 年左右，武汉市廉租住房租金补贴申请标准趋于平稳，一方面考虑到频繁调整会给基层人员的工作带来不便，另一方面考虑到目标管理

的实际需要，所以近几年来武汉市的廉租住房租金补贴标准没有调整。以后，随着社会经济的快速发展，人民最低生活水平标准的提高，武汉市会进一步完善廉租住房政策。

二　武汉市廉租住房租赁补贴政策的现状

（一）租赁补贴的类别

廉租住房租赁补贴主要有租金补贴和租金核减两种方式。租金补贴是指对符合条件的家庭，按保障面积标准和现住房面积的差额发放租金补贴，使其到市场上租赁住房。租金核减是指对现承租公有住房的城镇最低收入居民家庭按照廉租住房的租金标准计收租金，它与公有住房标准租金的差额由产权单位予以核减。武汉市目前主要采取租金补贴方式，租金核减方式使用较少，因为租金核减保障的仅是租住公租房的少数群体，所以目前只有部分远城区的少部分居民享受租金核减保障政策优惠。

（二）租赁补贴的申请条件

根据《武汉市廉租住房管理办法》的规定，武汉市居民目前申请廉租住房租金补贴必须同时符合以下条件：（1）家庭成员具有本市城镇常住户口，其中至少有一人具有本市城镇常住户口3年以上，家庭成员之间有法定的赡养、扶养或者抚养关系；（2）家庭人均可支配收入在600元/月以下；（3）家庭人均住房建筑面积在12平方米以下可以申请租金补贴，8平方米以下可以申请配房租赁。

租金核减：承租直管公有住房、享有城镇最低生活保障待遇一年以上的住房困难家庭可以申请按照公有住房标准租金的50%核减租金。其中，对于承租多处共有住房（含单位自管房）的申请家庭，允许有一处公租房申请核减租金，该处房屋高于人均使用面积16平方米（含）的部分不予核减；不足16平方米的，按实际面积核减。

（三）租赁补贴标准

目前，享受武汉市廉租住房租金补贴的家庭，其租金补贴的计算公式是：每个家庭的月补贴额度 = 人均待补贴面积 × 人均月补贴标准 × 保障人数。

人均待补贴面积以保障对象现住房面积与保障面积的差额为基数，保障面积标准为人均建筑面积13平方米。人均月补贴标准分低保家庭和低收入家庭两类。低保家庭租金补贴标准为10元/月 · 平方米 ·人，其他低收入家庭租金补贴标准为7元/月 · 平方米 · 人。

（四）租赁补贴发放的程序

廉租住房租赁补贴发放程序实行申请登记、二次公示、三级审核制度，主要经历以下几个环节：个人申请——社区登记——街道初审——首次公示——区民政局审核收入条件、区房管部门审核住房情况——二次公示——审批发放。

1. 个人申请

凡符合《武汉市廉租住房保障办法》规定条件的家庭，均可向户籍所在地街道办事处提出廉租住房保障资格申请。家庭申请廉租住房保障的，全体成员为共同申请人，应当推举一名具有完全民事行为能力的成员作为申请人代表。单身人士申请廉租住房的，本人为申请人。

2. 社区登记

申请人须携带身份及户籍证明、家庭收入证明、住房面积证明等相关资料到户籍所在地的社区进行申请登记，经工作人员查验符合条件后，填写《武汉市廉租住房保障资格申请承诺书》，社区工作人员予以受理并进行登记。具体资料包括：（1）住房保障申请书。（2）家庭户口簿。（3）家庭成员身份证。（4）家庭住房租约、房屋所有权证或者其他住房证明材料。（5）家庭成员收入证明。（6）属于最低收入保障家庭的，须出具《武汉市城市居民最低生活保障金领取证》；属于孤、老、病、残等特殊困难家庭的，须出具相关证件或者证明材料。

3. 街道初审

街道办事处在收到申请材料之后，在规定的时间内，组织工作人员通过入户调查、邻里访问、信函索证、网上核查等方式对申请人的家庭户籍人口、家庭收入和住房状况等进行调查核实。

4. 组织初次公示

经调查核实符合规定条件的申请家庭，街道办事处在申请人户籍所在地社区的显著位置张榜公示，公示7日。公示内容应当包括家庭成员、现住房状况和家庭收入等情况。公示期满无异议或者异议不成立的，提出初审意见，连同申请材料报送区民政部门。

5. 区民政、区房管部门审核

区民政部门在收到街道报送的材料后，在规定的时间内对申请人的家庭收入情况进行审核，就申请家庭的收入状况是否符合规定条件提出审核意见，连同符合低收入标准家庭的有关材料一并送交区房管部门。

区房管部门在收到区民政部门转送的材料后，在规定的时间内对申请人的家庭现住房状况进行审核。

6. 组织再次公示

符合条件的家庭，街道办事处在申请家庭户口所在地的社区再次公示，公示 15 日。

7. 发放租赁补贴（区房管部门）

公示期满无异议或者异议不成立的，区房管部门在自公示期满之日起的 3 日内，根据《武汉市城镇低收入家庭廉租住房保障审核表》核实的情况对符合租赁补贴条件的家庭发放租金补贴。街道办事处、区民政部门、区房管部门经审核，认为申请家庭不符合规定条件的，应当书面通知申请家庭，并说明理由。

（五）廉租住房租金补贴复核制度

武汉市廉租住房租金补贴实行资格复核制度，中心城区每半年发一次，一年发 2 次；远城区和开发区根据各自情况，有的区一年发一次，有的区按季度发放，一年发四次。不管一年发几次补贴，在每次发补贴前，区房管部门都会组织街道、社区对已享受廉租住房租金补贴家庭的收入、住房条件进行审核，即资格复核。对不符合现行保障标准的家庭，停止发放补贴。

（六）廉租住房租金补贴退出制度

对经核实，收入或住房条件发生变化的廉租住房租金补贴家庭，根据不同情况分别作出处理：（1）对经济收入、住房面积发生变化，但仍在低收入住房困难范围内的原低保家庭，按照有关规定调整租金补贴标准或者配房租赁租金标准。（2）对超过低收入住房困难标准的家庭，属于租金补贴的，停止发放租金补贴；属于配房租赁的，限期退出廉租住房，因特殊原因而暂时不能退出的，按照市房管部门公布的市场租金指导价收取租金。故意隐瞒家庭收入及住房状况的，区房管部门 2 年内不予受理其廉租住房保障申请；已获得住房租金补贴的，停止发放并责令其退还已领取的租金补贴。已获得配房租赁的，责令其限期退出廉租住房并按市场价格补缴以前的住房租金；逾期不退出的，依法申请人民法院强制执行。

（七）廉租住房租金补贴的监督管理制度

廉租住房保障资金实行专户管理、分账核算、专款使用。市、区财政部门负责廉租住房保障资金的筹集、管理、预算分配、拨付和监督检查。区房管部门和街道办事处应当分级按户建立廉租住房档案。区房管部门每年应当将享受廉租住房保障家庭的相关资料报市房管部门备案。市房管部门将享受廉租住房保障家庭的有关信息在武汉市房地产市场信息网上长期公布，及时受理举报、投诉，并组织调查处理。

三　武汉市享受廉租住房租金补贴户数的现状分析

截至 2013 年 10 月，武汉市中心城区享受廉租住房租金补贴的家庭共计 25705 户，补贴面积 60 万平方米。全年新增 2220 户，其中上半年新增 1153 户，下半年新增 1067 户。全年减少 5815 户，其中，已配房而取消的有 3448 户，占总减少户数的 59.29%；因资格不符合而取消的有 2062 户，占总减少户数的 35.46%；因其他原因（例如死亡、户口迁出等）而取消补贴的有 305 户，占总减少户数的 5.25%。

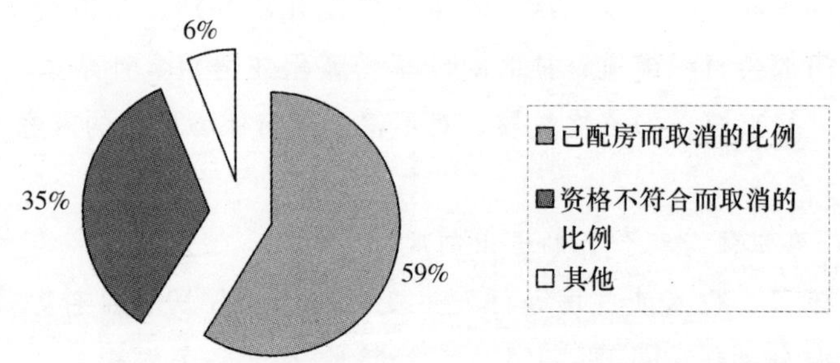

图 3.1　廉租住房租金补贴取消原因分布情况

在新增的 2220 户租金补贴家庭中，有 1688 户家庭申请的是实物配租，即处于轮候状态，占 76.04%，比例较高，说明符合条件的家庭更倾向于实物配租方式，即希望获得一个安身之所。

表 3.5　　武汉市 2013 年中心城区新增租金补贴户数统计

	江岸区	江汉区	硚口区	武昌区	青山区	汉阳区	洪山区	小计
新增租金补贴户数（户）	434	402	432	437	408	107	0	2220
新增中申请实物配租的户数（户）	409	284	156	420	322	97	0	1688
所占比例（%）	94.24	70.65	36.11	96.11	78.92	90.65	0.00	76.04

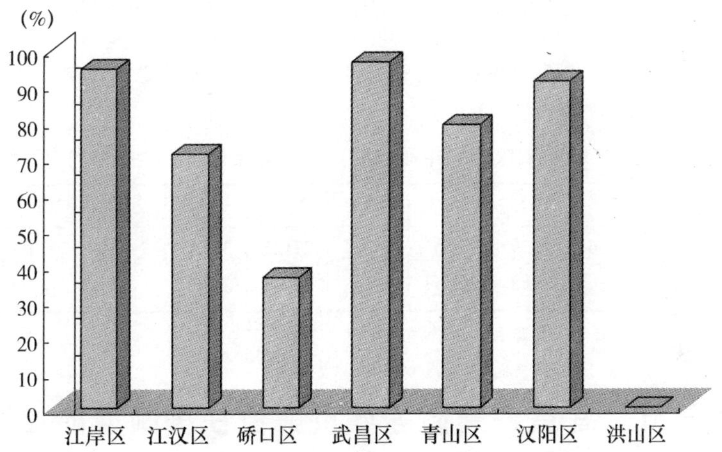

图 3.2　2013 **年武汉市中心城区新增廉租户中实物配租的比例**

在因资格不符合而取消的 2062 户中，收入超标的有 1510 户，占 73.23%；住房面积超标的有 527 户，占 25.56%；还有 25 户属于收入和住房面积均超标，占 1.21%。

2013 年，武汉市中心城区廉租住房租金补贴户数计 25705 户，是最初 2005 年 2106 户的 12.21 倍。2006—2010 年，每年都有大幅度增加，特别是在 2008 年、2010 年两次扩容，即提高了廉租住房的准入标准后，廉租住房租金补贴的户数有了大幅度提升。在 2011 年以后，廉租住房租金补贴的准入标准和补贴标准趋于平稳，享受租金补贴的户数逐渐稳定，而且随着人民生活水平的不断提高和居住环境的逐渐改善，享受保障的家庭户数逐年减少。

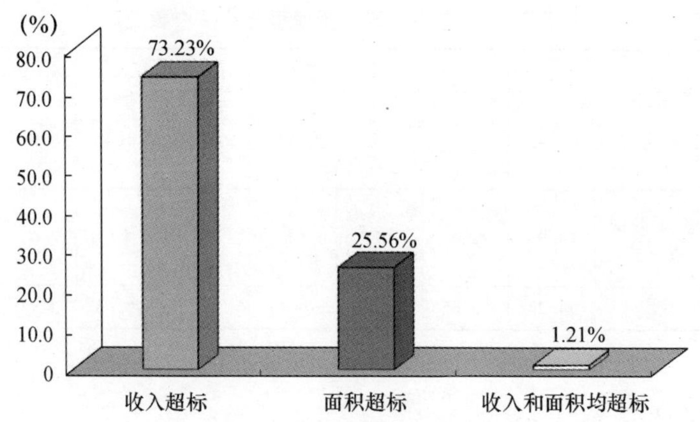

图 3.3　因资格不符合而取消廉租住房租金补贴户数的比例

表 3.6　2005—2013 年武汉市（中心城区）享受廉租住房租金补贴的户数统计

	2005	2006	2007	2008	2009	2010	2011	2012	2013
补贴户数（户）	2106	7959	10365	15334	27125	39385	34950	29301	25705
年增长率（%）	-	277.92	30.23	47.94	76.89	45.20	-11.26	-16.16	-12.27

资料来源：武汉市住房保障和房屋管理局。

第三节　宜昌、襄阳等城市廉租住房制度的描述

一　宜昌、襄阳等城市廉租住房的保障情况

（一）宜昌市廉租住房保障情况

2008—2012 年，宜昌市累计对 32721 户实施廉租住房租赁补贴。2013 年，宜昌市计划新增廉租住房租赁补贴 2420 户，截至 9 月底，新增补贴 1845 户，完成年度任务的 76.24%。

截至 2013 年 9 月底，宜昌市本级累计对 5787 户实施廉租住房租赁补贴，发放租赁补贴总计 2363 万元，其中 2013 年新增补贴 500 户，目前已完成对 248 户的补贴工作，占年度任务的一半。

2009 年至 2013 年 8 月，宜昌市共分配廉租住房 14956 套，其中，宜昌市本级共分配廉租住房 2590 套。截至目前，宜昌市本级正在享受廉租补贴的低收入无房家庭有 916 户，最低收入无房家庭有 633 户。

（二）襄阳市廉租住房保障情况

2008 年至 2013 年 8 月底，襄阳市区廉租住房租赁补贴新申请家庭为

17502户，租赁补贴累计受保障家庭16402户，累计发放补贴资金8555.98万元。市区廉租住房租赁补贴累计退出受保障家庭2418户，累计退出受保障家庭占累计受保障家庭比例的14.74%。其中，主动退出的受保障家庭有184户，主动退出户占退出比例的7.61%；清理退出受保障家庭2234户，清理退出户占退出比例的92.40%。2008年，襄阳市廉租住房租赁补贴受保障对象仅为低保住房困难家庭；随着租赁补贴工作的进一步深入，保障力度的进一步加大，2009—2011年，襄阳市廉租住房租赁补贴的受保障对象扩大到低收入住房困难家庭，低保和低收入住房困难家庭并重。在廉租住房租赁补贴加大力度的同时，襄阳市竣工并分配了近5000套廉租住房，大量享受租赁补贴的家庭转向实物配租保障方式，2012—2013年，襄阳市廉租住房租赁补贴受保障对象主要以低收入家庭为主，低收入家庭占租赁补贴保障总量的65%，以低保家庭为辅，低保家庭占租赁补贴保障总量的35%。

目前襄阳市区还有约2530户低收入住房困难家庭未被纳入廉租住房保障范围，其原因一是一部分低收入住房困难家庭因常年在外务工，其本身家庭住房虽十分困难，但却不符合廉租住房保障条件；二是廉租住房保障的低收入认定标准过低且认定手续复杂，低收入住房困难家庭在申办的过程中往往需要往返多个部门办理手续，再加上廉租住房租赁补贴的标准较低，部分申请家庭在此过程中主动放弃了申请。

（三）兴山县廉租住房保障情况

兴山县户籍总人口近120万人，其中市区户籍人口约30万人，暂住登记人口3.6万。居民家庭有8.2万户，人均住房建筑面积为17.4平方米。全市有低保家庭13761户（含乡镇）。其中，城区有低保家庭7095户，城区有低收入（含低保）住房困难家庭2598户。在低保家庭中，人均住房面积不足12平方米的住房困难家庭有1376户。近年来，兴山县廉租住房租赁补贴制度建设得到快速发展。兴山县廉租住房申报登记的总户数为6520户，已经补贴的总户数为5760户，其中实物配租1361户和货币补贴4399户。2014年，兴山县新建廉租住房200套，公共租赁住房400套，城市棚户区改造300户，垦区危房改造220户，新增租赁补贴300户。

二　宜昌、襄阳等城市廉租住房租赁补贴政策的现状

（一）租赁补贴的类别

宜昌、襄阳等城市的廉租住房租赁补贴以租金补贴为主要形式，租金

补贴是指对符合条件的家庭，按保障面积标准和现住房面积的差额发放租金补贴，以使其到市场上租赁住房。除此之外，宜昌、襄阳等城市还采用实物配租方式为低收入住房困难群体提供廉租住房保障。

（二）租赁补贴的申请条件

1. 宜昌市

宜昌市城区申请低收入家庭廉租住房租赁补贴须同时具备三个条件：（1）具有本市城区城镇户口；（2）家庭人均月收入低于 700 元以下；（3）无房户或人均现住房使用面积低于 10 平方米的住房困难户。

2. 襄阳市

襄阳市区申请廉租住房租金补贴的家庭必须同时具备以下条件：（1）申请家庭成员中至少有一人具有襄阳市市区城镇户口，且家庭成员长期居住在一起，具有法定的赡养、扶养或者抚养关系；（2）无自有产权住房或家庭现人均住房建筑面积低于本年度廉租住房保障面积标准（2012 年，廉租住房人均住房建筑面积保障标准为 13 平方米以内）；（3）家庭人均月收入符合民政部门规定的城镇居民低收入标准（2012 年，申请家庭人均月收入在 495 元以下）。

3. 兴山县

结合兴山县的实际，符合以下条件的对象予以申报登记：（1）家庭成员均为城区非农业常住户口，成员之间有法定的赡养、扶养或抚养关系；（2）正在享受城镇居民低保待遇且满一年以上或人均月收入低于 400 元；（3）无房或自有住房人均住房建筑面积在本市确定的最低收入家庭住房保障标准以下（人均不足 13 平方米）。在申请廉租住房时，符合前面三条规定并有下列条件之一的家庭予以优先安排：（1）孤寡老人；（2）丧失劳动能力的特殊家庭；（3）因公牺牲的军人家属；（4）特等或一级伤残军人；（5）其他急需救助的家庭。

符合前面三条规定条件又有下列情况之一的家庭不得申请廉租住房保障：（1）离婚不足一年的；（2）户口迁入本市不足一年的；（3）在企业改制、破产中已经享受住房货币补贴的；（4）住父母、子女、岳父母住房，人均建筑面积在保障标准以上的。

符合前面三条规定条件但家庭成员或住房状况发生变化的下列家庭不得申请廉租住房补贴：（1）因离婚，法院裁定公住房由一方租住，造成另一方无房但仍然同居的；（2）因离婚法院裁定或双方协定自有住房归一方所有，造成另一方无住房的；（3）将自有住房上市出售的；（4）因拆迁已安置住房，或已得到住房货币补偿的；（5）同父母或子女分居不足一年的。

（三）租赁补贴的标准

1. 宜昌市

2008 年，宜昌市将廉租房租赁补贴标准由 7 元/平方米·人提高到 8 元/平方米·人。按照保障对象的困难程度，执行差别化补贴标准，即低收入廉租房补贴标准为 6.4 元/平方米·人，最低收入廉租房补贴按 8 元/平方米·人予以发放。

2. 襄阳市

2012 年，襄阳市廉租住房租金补贴的保障面积标准是：人均住房建筑面积 13 平方米，租金补贴标准是：低保住房困难家庭每人每月每平方米补贴 5 元，低收入住房困难家庭每人每月每平方米补贴 3.5 元。具体申请家庭租金补贴发放的计算方式如下：

低保家庭每月补贴金额 =5 元/平方米 ×（13 平方米 - 人均住房建筑面积）×家庭保障人数

低收入家庭每月补贴金额 =3.5 元/平方米 ×（13 平方米 - 人均住房建筑面积）×家庭保障人数

3. 兴山县

兴山县保障标准为人均建筑面积 10 平方米，每平方米月租赁补贴 2.60 元。单位面积租赁住房补贴标准 = 市场平均租金 - 廉租住房租金标准。廉租住房租金标准由维修费和管理费两项因素构成。家庭补贴面积 = 人均保障面积 × 家庭人数 - 实际建筑面积。租赁住房补贴 = 家庭补贴面积 × 单位面积租赁补贴标准。补贴面积、保障面积均按建筑面积计算。

（四）租赁补贴发放的程序

1. 宜昌市

宜昌市先后制定了《宜昌市城区保障性住房管理办法》等一系列配套政策和实施细则，对于申请廉租房对象有无房产、已购公房、房屋拆迁等具体问题，通过专题会议纪要予以明确，有效指导了廉租住房保障工作的实施。严格准入资格和程序，实行“四级审核，两级公示”制度，严格规定廉租住房保障申请家庭的准入与退出措施，经市房产主管部门登记准予补贴和配租的家庭，分年度实行轮候，根据房源情况，通过区政府、街道办事处审核评分，公开摇号排序，依次发放补贴或提供保障性住房。

廉租住房保障申请应提供以下材料（并携带原件进行复核）：

（1）申请人及家庭成员身份证复印件。

（2）申请人及家庭成员户口簿复印件。

（3）家庭收入证明（申请廉租房的家庭应提供民政部门出具的家庭收入审验情况）。

（4）申请人须提供婚姻状况证明：已婚者提供结婚证复印件；离异者须提供离婚证复印件及离婚协议；法院判决离婚的，须提供离婚判决书复印件；未婚者须提供由民政部门开具的婚姻状况证明。

（5）承租单位公房或直管公房的须提供房屋租赁合同及续租复印件。

（6）拥有自有房屋的须提供产权证复印件（若房屋被拆迁、出售的，须提供拆迁协议或买卖合同）。

（7）由申请人所在社区出具的家庭人口及现住房情况证明。

（8）其他证明材料。

领取《宜昌市城区低收入家庭廉租住房申请表》，申请人根据填表说明，认真填写申请表，社区出具家庭人口及现住房情况证明并盖章。

2. 襄阳市

襄阳市实行严格的廉租住房租赁补贴申请审核制度，严把廉租住房租赁补贴申请的“准入关”。本着公平、公正、公开的办事原则，严格按照“两级审核，两次查询，两级公示”的工作流程，即三个基层住房保障部门初审、调查、公示，市住房保障主管部门复审、调查、公示。首先，襄阳市不间断地深入社区，广泛宣传国家廉租住房政策，让这一惠民政策深入人心，使每一个住房困难家庭都能够详细了解租赁补贴工作的申报方式，并常年受理住房困难家庭申请租赁补贴工作；其次，基层住房保障部门通过入户调查、邻里访问及信函索证等方式对申请廉租住房租金补贴家庭的人口、收入、住房状况等进行认真核查，并在其实际居住地或工作单位进行张贴公示；最后，市局住房保障部门对申请资料进行复审，对其家庭名下的房产、车辆、公积金缴存基数进行查询，经复审合格后进行二次公示。通过设立监督举报电话，接受广大群众的监督，有效堵住有房户（或房屋面积超过控制标准）和收入超标家庭违规申请廉租住房租金补贴，并且各基层住房保障部门和市住房保障主管部门都能够做到在保障前耐心细致地对应保家庭做好政策宣传解释工作；在保障中严格按照规定程序执行初审——受理——入户调查——公示的流程，再经过审批核实，全部发卡到户。

3. 兴山县

兴山县对廉租住房租赁补贴对象的资格审查环节，采取“三级审查，二级公示”的做法。所有申请家庭向社区申报初审，由当地街道办事处进行复审，民政、房管等部门组成专门班子对申报对象的情况进行核实。房管局接到受理人的申请后，会同民政等部门组成审核小组予以审核。并通过查档取证、入户调查、邻里访问以及信函索证等方式对申请人的家庭收入和住房状况进行调查。申请家庭及有关单位、组织或者个人如实提供有关情况。房管局自收到申请材料之日起15日内向申请人出具审核决定。符合廉租住房租赁补贴的申报对象，经复查符合条件的，按照“三级审核，二级公示”的制度办理。经审核不符合条件的，房管局书面通知申请人，说明理由。经审核符合条件的，房管局在申请人户口所在地、居住地或工作单位予以公示。在街道办事处公示和媒体上公示15天，经房管局和民政局共同审核并公示后，申请廉租住房的住户通过摇号或者抽签方式获得实物配租，申请租赁补贴的住户则会获得货币化的补贴资金，并通过银行直接存入其个人账户。

（五）廉租住房租金补贴复核制度及退出制度

1. 宜昌市

目前，宜昌市廉租房租赁补贴情况已经实现与省住建厅的对接，廉租房房源和实物配租家庭的基本信息正在完善中。宜昌市实行了对受保障对象的动态监管，构建了保障性住房科学分类和规范管理档案，建立了电子查询系统，进一步完善了保障性住房信息系统。廉租住房保障申请、受理和分配情况，通过新闻媒体、社区公示牌等方式向社会公开，广泛接受社会的监督，以确保公平公正。加强对保障对象的动态监管，定期对受保障对象进行资格复核，受保障对象收入等状况发生变化的，及时调整对其的住房保障方式；不符合条件的，严格要求其退出。

在享受廉租房租赁补贴的家庭人口、收入、住房等状况发生变化时，需由社区填报《宜昌市城区廉租住房待遇变更表》并附相关证明材料，经街道办事处（乡镇人民政府）、区政府、区民政部门核实。对需调整月补贴金额的，自复核同意次月起调整月补贴金额；对不符合廉租住房租金补贴条件的，自复核同意次月起，停止向该家庭发放廉租住房租赁补贴。

宜昌市对享受廉租住房租赁补贴保障的家庭人口、住房、收入等基本信息进行复核，建立跟踪审查机制，建立基础信息档案，实行动态管理。正在享受廉租房租赁补贴保障的出现以下几类情况需重新核定资格，取消廉租住房租赁补贴保障待遇：一是受保障对象的城镇最低生活保障待遇被取消的；二是分配了经济适用房和廉租住房的；三是受保障家庭收入状况发生变化，不再符合保障条件的；四是受保障家庭有人员死亡的；五是受保障对象户籍迁移到外地的。最低收入家庭因低保被取消而停止享受廉租房租赁补贴待遇的，申请补贴需重新申请轮候。

2. 襄阳市

为了规范对廉租住房租金补贴的管理，襄阳市严格执行“一户一档”制度。襄阳市对受保障对象的档案以家庭为单位进行整理，为每一户申请家庭建立一个档案，并按实施廉租住房租赁补贴保障过程中材料形成的先后时间顺序排列归档；专门制定了卷内目录，包括申请、审核、实施保障及年度复核等有关材料，并建立了相应的电子档案。根据申请、审核、登记、年度复核、终止退出等有关情况，及时更新廉租住房租赁补贴管理系统的有关数据。

襄阳市创造性地开展并坚持了季度动态复核制，抓好享受廉租住房租赁补贴家庭的“管理关”。襄阳市将廉租住房租赁补贴的动态管理作为一项常规工作来抓，要求已享受租金补贴的家庭，每季度最后一个月，由申请人本人携带其身份证、户口簿等，属于低保家庭的携带《社会救助证》（原件），到基层住房保障部门接受审核，一是要如实向基层住房保障部门反映家庭人口变动、收入和住房变化等情况，并填写核对清单，对家庭情况已发生变化，不再符合保障条件的停发补贴；二是对已分配到廉租住房实物配租家庭的住户，签订租赁合同后停发补贴。在动态复核期间，有特殊原因不能到场的，须说明理由。市住房保障主管部门每季度对基层住房保障部门的动态复核情况进行检查，凡连续两次未参加审核的被保障家庭，停发该家庭租金补贴。

3. 兴山县

享受廉租住房租赁补贴待遇的低收入家庭每年 10 月要向户籍所在地街道办事处如实申报家庭收入、人口及住房变动情况。各街道办事处对其申报的情况进行复查，将复查结果报房管局复核，并根据复核结果对享受廉租住房保障的资格、方式、额度等进行及时调整并书面告知当事人。房管局会同民政局等部门对享受廉租住房租赁补贴的低收入家庭的收入情况和住房情况进行定期核查。对符合住房保障条件的家庭，建立家庭档案。联合相关部门定期对家庭收入、住房状况等方面的情况进行调查核实，对不符合条件的，取消住房保障资格。享受廉租住房租赁补贴的家庭有下列行为之一的，由房管局作出取消保障资格的决定，收回承租的廉租住房，停止发放租赁补贴：（1）未如实申报家庭收入、家庭人口及住房状况的；（2）家庭人均收入连续1年以上超出民政部门规定的最低收入标准的；（3）因家庭人数减少或住房面积增加，人均住房面积超出当地廉租住房保障标准的；（4）擅自改变房屋用途的；（5）将承租的廉租住房转借、转租的；（6）连续6个月以上未在廉租住房居住的。低收入家庭申请廉租住房租赁补贴时违反规定，不如实申报家庭收入、家庭人口和住房状况的，由房管局取消其申请资格；已骗取廉租住房保障的，责令其退回已领取的租赁住房补贴，或者补缴核减的租金；享受实物配租的家庭应当将承租的廉租住房在规定的期限内退回。逾期不退回的，房地产行政主管部门可以依法申请人民法院强制执行。

（六）廉租住房租金补贴的监督管理制度

1. 宜昌市

在资金使用管理上，廉租住房资金实行财政专户管理，由市房产管理部门专项用于城区廉租住房租金补贴和廉租住房的购建、维修，廉租住房租赁补贴由同级财政直接落实到户、到人，廉租住房建设资金直接拨付到对应项目上，并接受市财政、审计部门监督。

2. 襄阳市

为深入细致地做好廉租住房租赁补贴工作，防止在廉租住房租金补贴申请、发放过程中滥用职权、玩忽职守、徇私舞弊现象的发生，襄阳市出台了《关于严肃廉租住房工作纪律的通知》，建立了责任追究制度。为了将制度落到实处，襄阳市主要采取三项措施：一是建立一支熟悉住房保障政策、工作作风硬的专业队伍，并与市其他部门相互配合，把好“准入与退出关”、“日常管理关”、“动态复核关”；建立了住房保障工作两级负责制，即基层房管所受理、初审、公示，市住房保障主管部门复审、查询、再公示。这样一支住房保障专业队伍通过两级负责制，有效地确保了租赁补贴工作的良好发展。二是建立了市住房保障部门、市财政局、市民政局（负责低保、低收入认定）、市公安局（负责提供车辆和户籍信息）、市人力资源社会保障（负责提供社会保险信息）、金融、工商、税务、市住房公积金管理中心等部门及各社区的信息共享机制。各部门各司其职，分工协作，并对其所承担的职能负责。三是加强了社会监督，公布了监督举报电话，对于不再符合廉租住房租金补贴保障条件的家庭，接受纪检、新闻媒体和广大群众的监督举报。对在廉租住房租赁补贴工作中所出现的各种违纪情况，按照相关规定，严格追究其责任。

三　宜昌、襄阳等城市享受廉租住房租金补贴户数的现状分析

（一）宜昌市租赁补贴的现状

自实施廉租住房租赁补贴政策以来，宜昌市累计为35141户发放了廉租住房租赁补贴；宜昌市本级累计为5787户（含退出的）发放了租赁补贴，发放租赁补贴总计达2363万元。2013年，宜昌市计划新增廉租住房租赁补贴2420户，截至9月底，新增补贴1845户，完成年度任务的76.24%。宜昌市本级享受廉租住房补贴的低收入无房家庭有916户，最低收入无房家庭有633户。宜昌市正在制定2014年保障性安居目标任务，计划新增廉租住房租赁补贴1520户，其中市本级新增廉租住房租赁补贴100户。

随着经济水平和住房保障水平的变化，宜昌市廉租住房租赁补贴保障范围不断扩大，补贴标准不断提高，保障水平不断提升，基本上实现了低收入住房困难家庭“应保尽保”的目标。各县、市、区均结合同级财政水平作出适时调整，其中，宜昌市城区先后进行了四次“提标扩面”（包括家庭人均住房面积、家庭人均可支配收入和补贴覆盖范围）工作。2009年，宜昌市将葛洲坝集团区域纳入宜昌市廉租住房租赁补贴体系。目前，宜昌市拟将廉租住房实物配租条件中的“正在享受低保2年及以上”调整为“正在享受低保”，即扩大了廉租住房的实物配租范围。

（二）襄阳市租赁补贴政策的现状

襄阳市区廉租住房保障标准2008—2009年为人均12平方米，2010年调整为人均13平方米。2013年9月18日至2013年9月30日，市房管局工作人员用时12天，对市区享受廉租住房保障的1000户家庭进行了入户抽样调查，并详细填写了调查问卷，其中，入户调查享受租赁补贴保障家庭700户，入户调查享受实物配租家庭300户。

1. 享受廉租住房租赁补贴家庭入户抽样调查分析

此次调查发现，租赁补贴家庭的户主年龄大多在40—50岁之间，该年龄段保障对象占比为51.43%。而50岁以上的户主最少，仅占16.71%，40岁以下的户主占抽样调查样本总量的31.86%。具体年龄分布见图3.4所示。

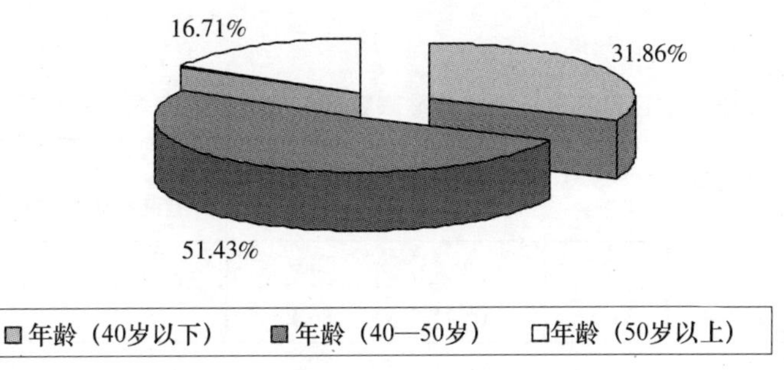

图3.4　襄阳市市区廉租住房租赁补贴家庭的年龄分布情况

根据图3.5可知，在享受廉租住房租赁补贴保障的家庭中，户主的受教育水平普遍较低，其中高中及以上学历户主家庭的占比为26.71%，高中以下学历的占比为73.29%。此外，在租赁补贴保障家庭中，享受城镇低保待遇的家庭占比较少，多数为城镇低收入家庭，两者的占比分别为34.57%、65.43%。在居住水平改善、租赁补贴是否用于房租支付方面，此次调查结果显示：享受廉租住房租赁补贴保障的家庭将补贴直接用于支付房租以及家庭住房条件得到改善的比例较低，补贴被挪用的现象比较普遍；多数家庭反映补贴标准比较低，不足以支持其所租住房屋租金的一

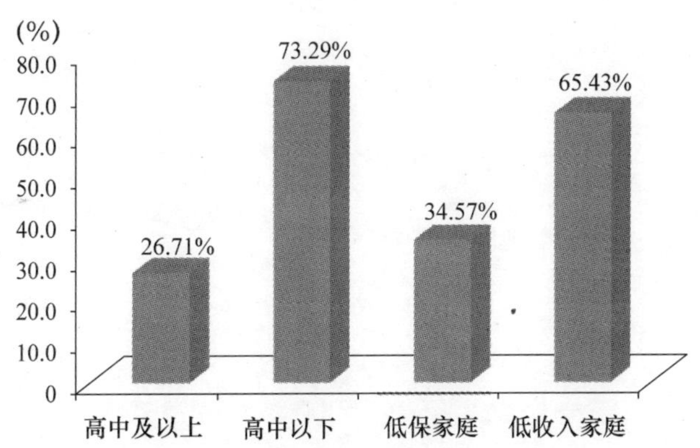

图3.5　襄阳市市区廉租住房租赁补贴家庭的学历及家庭类型情况

半，他们更希望获得实物配租保障。在调查中也发现，尽管租赁补贴的标准不高、补贴资金不多，但群众关注度较高，也很在乎，对补贴发放的及时性有比较高的要求，也期望政府能够适当地提高补贴标准。具体情况见表3.7。

表3.7　**襄阳市市区廉租住房租赁补贴家庭的住房条件及房租支付情况**

	住房条件已改善	住房条件未改善	补贴直接用于支付房租	补贴未用于支付房租	补贴可支付其房租的50%	补贴不能支付其房租的50%
户数（户）	73	627	96	604	110	590
占比（%）	10.43	89.57	13.71	86.29	15.71	84.29

第四章　廉租住房补贴抽样调查结果统计分析

为了分析廉租住房补贴政策实施效果，我们对湖北省武汉市、宜昌市、襄阳市、黄石市、麻城市和兴山县六个地区的廉租房保障家庭进行了入户调查，采用分层和随机抽样相结合的方式，共调查了6673户廉租房保障家庭。拟从住房消费支出、非住房消费支出、居住水平和就业情况等方面，比较分析受保障对象在保障前后的变化，以期对廉租住房补贴政策的实施效果进行检验。

第一节　样本整体特征描述

在本次调查的6673户廉租房保障家庭中，实物配租家庭2684户，租赁补贴家庭3989户。在实物配租家庭样本中，武汉市有869户，宜昌市有385户，襄阳市有299户，麻城市有641户，兴山县有490户；在租赁补贴样本中，武汉市有1906户，宜昌市有807户，襄阳市有719户，兴山县有123户，黄石市有434户。由于此次调查涉及内容较多，主要包含住户基本信息、保障前住房信息、保障后住房信息以及享有保障内容信息等，一些住户在填写信息时，出现了漏答不答问题的情况，为了最大限度地利用问卷调查的信息，我们对部分问题存在漏答的问卷只对相关内容进行了统计剔除，而未从整体上将其视为无效问卷。因此，在统计分析调查结果时，不同问题所采用的样本数量存在差异。另外，在样本整体特征描述部分，涉及家庭收入、消费等价值量的数据，并未对数据进行剔除价格指数处理；在分析住房补贴对受保障对象的住房消费、非住房消费和就业行为的影响时，我们以1998年的价格为基底，对所有价值变量进行了剔除价格指数处理。下面，对样本数据的整体特征进行分析。

一　年龄分布

（一）武汉市

从武汉市总体情况来看，受访者的平均年龄为48.7岁。首先，大多数受访者的年龄处在41—50岁之间，占了样本总数的44.8%。其次，占总样本31.8%的51—60岁受访者，这一群体年龄偏大，逐渐丧失了就业能力，但又没有达到法定退休年龄。31—40岁的受访者占样本总数的12.0%。而60岁以上和30岁及以下的受访者人数较少，分别只占样本总数的7.6%和3.8%。图4.1给出了武汉市廉租住房户主年龄的具体分布状况。

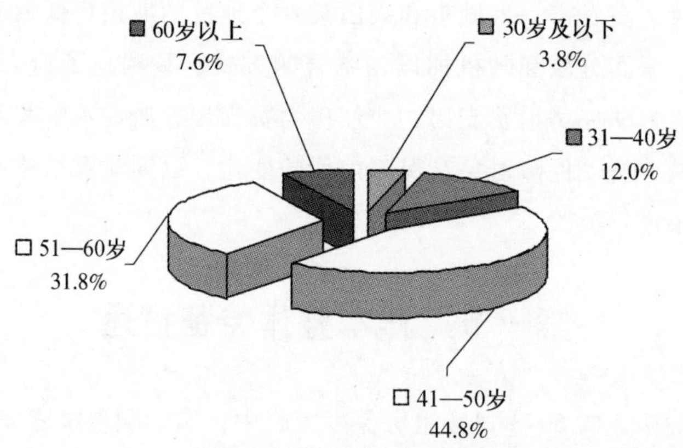

图4.1　武汉市廉租住房户主的年龄分布状况

武汉市7个区各自的廉租住房户主的年龄分布状况与武汉市总体数据基本上保持一致，均有将近半数的样本集中在41—50岁年龄段，且30岁及以下年龄段的户主占样本总数的比例最低。其中，江汉区的30岁及以下样本所占比例与其他区相比较高，达到了7.0%。青山区31—40岁年龄段的样本比重相对其他区较高，达到了样本总数的21.0%；而51—60岁年龄段的样本比重与其他区相比又较低，为18.9%。洪山区的老龄人口较多，60岁以上人口的比重达到了13.1%。数据还显示，武昌区和硚口区的样本平均年龄较高，分别达到了50.0岁和50.4岁。表4.1给出了武汉市各区廉租住房户主的年龄分布详细数据。

表 4.1　　**廉租住房户主的年龄分布状况**　　（%；岁）

	30 岁及以下	31—40 岁	41—50 岁	51—60 岁	60 岁以上	平均年龄
武昌区	1.9	9.0	43.9	37.5	7.7	50.0
江汉区	7.0	11.4	39.8	33.1	8.7	48.4
汉阳区	3.0	14.4	49.0	27.2	6.4	47.9
江岸区	4.9	8.7	42.4	34.8	9.2	49.7
硚口区	2.5	7.2	41.9	39.7	8.7	50.4
青山区	4.3	21.0	52.7	18.9	3.1	45.4
洪山区	3.4	13.1	42.3	28.0	13.2	49.3

廉租住房租赁补贴政策保障对象的年龄有半数都集中在 41—50 岁之间，这一现象的出现不是偶然的，而是由以下几个原因造成的：首先，这一群体主要是原国有破产改制企业中未享受过房改等政策性住房的“夹心层”群体；其次，这一年龄群体上有年迈的、失去劳动能力的、无收入而需要赡养的父母，下有尚未经济独立、需要大量支出加以抚养的孩子。另外，这一群体中残疾人等困难人士较多。这几种原因综合作用导致了这一群体的生活境遇变差，从而更容易成为廉租住房政策的保障对象。

（二）宜昌、襄阳等市

与武汉市相比，宜昌、襄阳等市的廉租住房户主的年龄分布情况略有差异。相同的是，41—50 岁年龄段都是占样本总数比重最高的年龄区间，比例高达样本总数的 40% 左右；不同的是武汉市廉租住房户主处于 51—60 岁年龄段的样本明显地、成倍地多于处在 31—40 岁之间的样本，而宜昌、襄阳等市的廉租住房户主处于 31—40 岁区间的数量非常之多，其中宜昌、麻城和黄石市这两个年龄段的人数所占比例几乎相同，襄阳市 31—40 岁年龄段的样本比重为 32.4%，51—60 岁年龄段的样本比重仅为 11.1%，也就是说，襄阳市处于 31—40 岁年龄段的样本数量几乎达处于 51—60 岁年龄段样本的三倍之多。兴山县廉租住房户主的年龄在 31—40 岁区间的比重为 33.6%，也达到了该市 51—60 岁年龄段样本的两倍。由此宜昌、襄阳等市的廉租住房户主平均年龄普遍低于武汉市，其中襄阳市和兴山县的廉租住房户主平均年龄仅为 44.3 岁。

表 4.2　　廉租住房户主的年龄分布情况　　(%；岁)

	30 岁及以下	31—40 岁	41—50 岁	51—60 岁	60 岁以上	平均年龄
宜昌市	2.2	22.4	39.4	24.9	11.1	48.1
襄阳市	3.7	32.4	45.7	11.1	7.1	44.3
麻城市	4.1	20.8	42.9	23.4	8.8	47.1
兴山县	6.9	33.6	36.0	16.6	6.9	44.3
黄石市	3.7	25.2	37.7	26.0	7.4	47.4

二　性别分布

（一）武汉市

从武汉市廉租住房户主的性别分布状况来看，户主为男性的情况占了将近七成，达到样本总数的 69.3%；而女性户主则相对较少，只占到样本总数的 30.7%。也就是说，男性户主是女性户主的两倍还要多。图 4.2 给出了武汉市廉租住房户主的性别分布图。

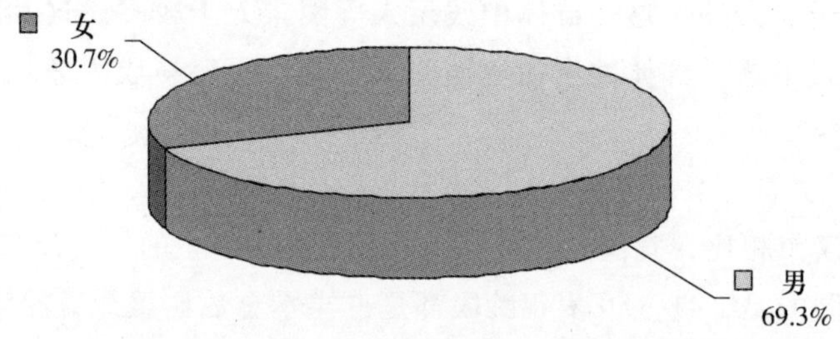

图 4.2　武汉市廉租住房户主的性别分布状况

表 4.3 进一步给出了武汉市 7 个区各自的廉租住房户主的性别分布状况。数据显示，每个区都是男性户主的比例远大于女性户主，且除江汉区以外都是男性户主所占比例超过女性户主所占比例的两倍。其中江岸区的廉租住房户主的性别比例相差最悬殊，男性户主占比为 74.1%，女性户主占比为 25.9%，男女比例接近三比一。

造成廉租住房户主的性别分布男女比例失衡的原因主要是因为中国的特殊国情。一是从传统的角度出发，男人是一家之主、孩子跟随父亲的姓氏等比较容易为大多数人所接受；二是现在存在着较多的结婚要以男方买

表 4.3　　廉租住房户主的性别分布状况　　（%）

	男	女
武昌区	68.0	32.0
江汉区	63.1	36.9
汉阳区	71.0	29.0
江岸区	74.1	25.9
硚口区	68.3	31.7
青山区	70.5	29.5
洪山区	67.0	33.0

房或男方付首付为前提的现象。所以以男性为户主的受访家庭远远多于以女性为户主的家庭。

（二）宜昌、襄阳等市

宜昌、襄阳等市的廉租住房户主的性别分布情况大致与武汉市相同，除襄阳市以外，都是男性户主的比例大于女性户主。但是，武汉市廉租住房户主的性别分布男女比例相差较为悬殊，而宜昌、襄阳等市的廉租住房户主的性别分布男女比例则相差较小，其中麻城市的男性户主比例为52.4%，女性户主比例为47.6%，仅比男性户主低了4.8个百分点，几乎达到了男女均衡的状态，襄阳市的女性户主占样本总数的比例甚至超过了男性户主。宜昌、襄阳等市的廉租住房户主的性别分布具体情况如表4.4所示。

表 4.4　　廉租住房户主的性别分布状况　　（%）

	男	女
宜昌市	64.9	35.1
襄阳市	48.9	51.2
麻城市	52.4	47.6
兴山县	65.4	34.6
黄石市	60.7	39.4

三　受教育程度

（一）武汉市

武汉市廉租住房户主的受教育程度普遍偏低，首先是初中学历的户主所占比例最大，超过半数，达到了样本总数的50.1%。其次是高中或中专学历，占比为31.3%。无文化或小学学历的受访者也很多，占到了样本总数的14.4%，而大专及以上的高学历户主则非常之少，所占比例仅为4.2%。图4.3给出了武汉市廉租住房户主的受教育状况，从中可以很明显地看出各个学历群体之间的比例关系。

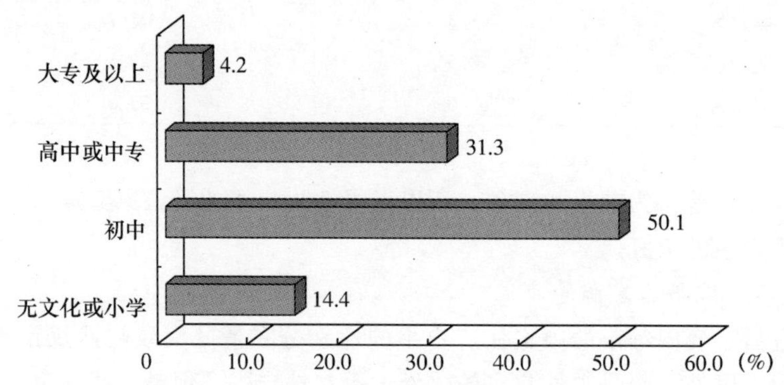

图4.3　武汉市廉租住房户主的受教育状况

通过对7个区之间的综合比较发现，青山区样本的整体受教育程度相对较高，其无文化或小学学历的比重很低，只占该区样本总数的4.5%，而高中或中专学历的占比在7个区中最高，达到了样本总数的39.6%，大专及以上受教育程度的样本数占比也超过了7个区的均值，达到了样本总数的6.6%。相比之下，硚口区廉租住房户主的受教育状况整体偏低，该区无文化或小学学历的人数超过了总样本数的1/4，占比达到了总数的26.5%。也就是说，每四个样本中就有一个样本是无文化或小学学历，而且该区高中或中专学历的群体比例也很低，大专及以上的高学历群体占比仅为1.8%，是7个区中最低的。武汉市各区廉租住房户主的详细受教育状况如表4.5所示。

武汉市廉租住房户主受教育水平整体偏低的原因主要有两个方面：一方面，正是因为廉租住房户主的低学历导致这一群体在就业方面处于劣势，只能从事收入很低的简单体力劳动，从而使他们成为廉租住房补贴政策的保障对象；另一方面，在“文化大革命”期间他们中很大一部分人的学业受到影响，使其失去了继续学习、深造，获得高学历的机会。其中

表 4.5　廉租住房户主的受教育状况　（%）

	无文化或小学	初中	高中或中专	大专及以上
武昌区	12.4	46.3	36.9	4.4
江汉区	20.0	46.7	28.7	4.7
汉阳区	9.9	52.3	35.1	2.7
江岸区	11.8	61.1	23.3	3.9
硚口区	26.5	48.3	23.5	1.8
青山区	4.5	49.3	39.6	6.6
洪山区	15.3	41.4	35.7	7.6

青山区整体学历较高的原因是，它是“一五”计划时期国家投资建设的新型工业基地，素有“十里钢城”之美誉，其辖区内工厂非常之多，与此相应，中专技校等学校的数量也较多，从而使其高中或中专学历的群体占比位于7区之首。

（二）宜昌、襄阳等市

宜昌、襄阳等市廉租住房户主的受教育状况基本上与武汉市相同，都是整体受教育程度偏低，初中学历占样本总数的比例最大，无文化或小学低学历样本数也很多，其中宜昌市和黄石市的无文化或小学学历户主所占比例甚至超过总体的1/5，分别达到了样本总数的21.0%和29.2%。需要注意的是，表4.6的数据显示，兴山县廉租住房户主的受教育状况与其他市相比十分特殊，该县高中或大专学历的样本所占比例超过初中学历样本，达到了样本总数的52.7%。也就是说，在兴山县廉租住房户主中每两人就有一人是高中或中专学历。究其原因，兴山是一个工业强县，坚持“水电交通先行，矿产加工振兴”的战略思想，

表 4.6　廉租住房户主的受教育状况　（%）

	无文化或小学	初中	高中或中专	大专及以上
宜昌市	21.0	42.5	32.4	4.0
襄阳市	11.6	49.7	34.0	4.8
麻城市	9.5	47.4	40.0	3.1
兴山县	13.6	31.0	52.7	2.6
黄石市	29.2	38.5	30.1	2.2

以磷化工产品为主导的工业经济发展迅速，组建了湖北兴发等许多大型化工集团。与此相应，兴山的化工类技校数量众多，所以该市高中或中专学历的人口比例非常大。

四　家庭情况

（一）武汉市

就家庭情况而言，我们综合家庭人口状况和家庭结构两方面来进行比较分析，图 4.4 和图 4.5 给出了武汉市廉租住房户主的家庭人口和家庭结

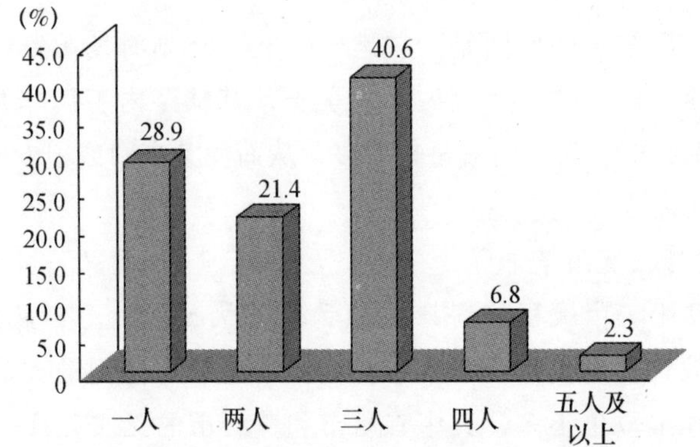

图 4.4　武汉市廉租住房户主的家庭人口状况

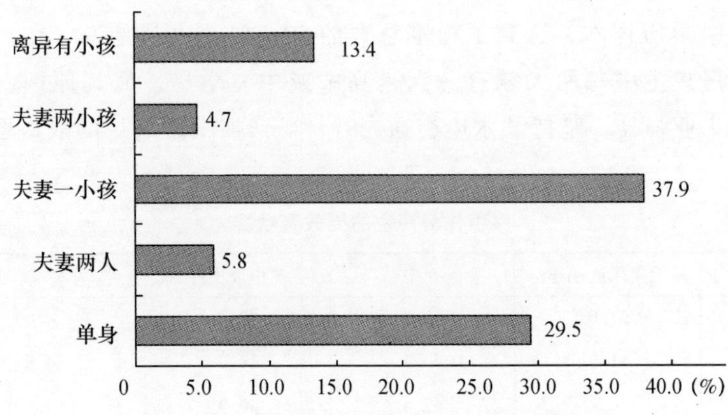

图 4.5　武汉市廉租住房户主的家庭结构状况

构情况。结合图中的信息可以看出，首先，在武汉市廉租住房户主的家庭人口状况中占比最大的为三口之家，占到了样本总数的40.6%；与此相应，在家庭结构中夫妻一小孩这一类型的比重最大，占到样本总数的37.9%。其次，家庭人口仅为一人的情况也占了很大比例，达到样本总数的28.9%。家庭人口数为两人的情况占21.4%，而人口数为四人或五人及以上的情况较少，分别只占样本总数的6.8%和2.3%。离异带小孩这一类型家庭结构的比重也超过了10%，达到样本总数的13.4%。夫妻两人和夫妻两小孩这两种类型的比例相当，分别为5.8%和4.7%。

7个区各自的廉租住房户主的家庭人口状况与总体情况基本一致，均为三口之家最多，五人及以上的大家庭最少。其中洪山区的情况比较特殊，该区户主为单身的比例与其他区相比较小，为17.4%，而四口之家和五人及以上的大家庭占比较高，占该区总样本的12.0%和6.0%。另外，青山区家庭人口为一人的比例达到了39.8%之多，与之相应，该区家庭结构为单身的比例超过夫妻一小孩类型，达到了样本总数的40.2%。而在各区的家庭结构中，除青山区比较特殊之外，其他6个区都和总体情况保持一致，家庭结构为夫妻一小孩类型的最多，居其后的是户主为单身的情况。其中，洪山区的单身比例仅为17.6%。江岸区夫妻两人的家庭结构类型居7区之首，离异有小孩家庭结构类型居7区之尾，而江汉区的三代同堂家庭较多，占到了样本总数的8.1%。下面两表给出了各区家庭人口和家庭结构的详细状况。

表4.7　**廉租住房户主的家庭人口状况**　（%；个）

	一人	两人	三人	四人	五人及以上	平均人数
武昌区	28.5	24.1	37.9	7.1	2.5	2.3
江汉区	24.2	21.1	41.1	9.1	4.6	2.5
汉阳区	25.4	23.3	42.4	7.8	1.1	2.4
江岸区	27.5	22.3	43.3	5.1	1.8	2.3
硚口区	28.3	18.0	44.0	8.3	1.4	2.4
青山区	39.8	20.8	34.9	3.1	1.4	2.1
洪山区	17.4	20.4	44.2	12.0	6.0	2.7

表 4.8　**廉租住房户主的家庭结构状况**　(%)

	单身	夫妻两人	夫妻一小孩	夫妻两小孩	离异有小孩	三代同堂	其他
武昌区	29.0	5.2	36.1	5.7	17.0	3.9	3.2
江汉区	24.2	5.3	36.5	5.6	15.8	8.1	4.6
汉阳区	26.1	6.2	40.2	4.7	14.5	3.6	4.7
江岸区	28.4	9.2	40.0	3.9	8.3	2.8	7.4
硚口区	29.3	3.9	41.3	5.8	12.4	2.6	4.7
青山区	40.2	5.0	32.9	1.9	14.4	2.3	3.3
洪山区	17.6	6.1	40.0	7.9	11.5	6.1	10.9

家庭人口为三人和家庭结构为夫妻一小孩的情况十分常见，因此其所占比例大是情理之中的事情。但是，为什么单身和离异有小孩的家庭结构比重也非常大呢？经分析，其主要原因如下：有相当一部分人群由于收入过低或者残疾等情况，导致他们在结婚成家方面处于劣势，从而不得已维持着单身的情况；而在离异有小孩类型的家庭中，一方的抚养负担加重，从而导致他们的生活水平下降。这使得单身和离异有小孩这两种家庭类型的群体成为弱势群体，从而更容易变成廉租住房政策的保障对象。

（二）宜昌、襄阳等市

表 4.9 和表 4.10 给出了宜昌、襄阳等市廉租住房户主的家庭人口状况和家庭结构状况。综合比较分析这两表不难发现，宜昌、襄阳等市廉租住房户主的家庭人口状况和家庭结构状况相差较大。其中宜昌市和兴山县的情况与武汉市比较相似，都是三口之家所占比例最大，占到了样本总数的 40% 以上，其中兴山县的三口之家比例高达 61.5%；与此相应，在家庭结构中夫妻一小孩这一类型的比例最大，分别占到样本总数的 37.6% 和 54.5%。而襄阳市、麻城市和黄石市的情况则有所不同，这三个城市的单身比例十分低，只占总数的不足 5%，而五人及以上的大家庭数量较多，三代同堂家庭结构类型的比例均超过总数的 10%，分别达到了样本总数的 17.7%、19.4% 和 14.3%，因此，这三个城市的廉租住房户主的家庭平均人数超过 3 人。两表中的数据还显示，兴山县离异有小孩家庭类型与其他市相比所占比例非常低，仅占样本总数的 3.2%。

表 4.9　廉租住房户主的家庭人口状况　（%；个）

	一人	两人	三人	四人	五人及以上	平均人数
宜昌市	18.0	27.7	42.5	8.7	3.1	2.5
襄阳市	3.9	14.3	59.0	15.2	7.6	3.1
麻城市	1.3	16.1	47.7	24.3	10.6	3.3
兴山县	10.2	16.3	61.5	11.6	0.5	2.8
黄石市	3.0	26.1	39.8	20.8	10.4	3.1

表 4.10　廉租住房户主的家庭结构状况　（%）

	单身	夫妻两人	夫妻一小孩	夫妻两小孩	离异有小孩	三代同堂	其他
宜昌市	18.2	6.9	37.6	3.6	19.0	8.5	6.1
襄阳市	4.0	0.9	45.5	8.2	11.3	17.7	12.5
麻城市	1.4	3.2	37.4	13.9	12.1	19.4	12.6
兴山县	10.2	6.5	54.5	4.4	3.2	6.7	14.4
黄石市	3.0	7.9	34.4	9.7	17.9	14.3	12.8

五　受保障类型

（一）武汉市

廉租住房的保障方式大致有实物配租、租赁补贴和租金核减三种，由于租金核减所保障的对象是租住公房的少量群体，所以在廉租住房保障实践过程中政府提供实物配租和租赁补贴这两种保障类型较为常见。图 4.6 的数据显示，无论是低保户还是非低保户，是无房户还是有房户，获得租赁补贴的人数都多于获得实物配租的人数。而通过对低保户与非低保户、无房户与有房户的纵向比较发现，低保户获得实物配租的比例为 32.8%，非低保户获得实物配租的比例为 25.9%；无房户获得实物配租的比例为 31.7%，有房户获得实物配租的比例为 27.0%。由此可以进一步得知，低保户家庭比非低保户家庭获得实物配租的可能性更大，无房户家庭比有房户家庭更容易获得实物配租。

就 7 个区各自的数据而言，洪山区的情况非常特殊，该区低保户、非低保户和无房户的受保障类型都是实物配租所占比例大于租赁补贴。江岸区低保户家庭获得实物配租和租赁补贴的比例基本相同，分别为样本总数的 50.9% 和 49.1%。表 4.11 给出了武汉市各区廉租住房户主的受保障类

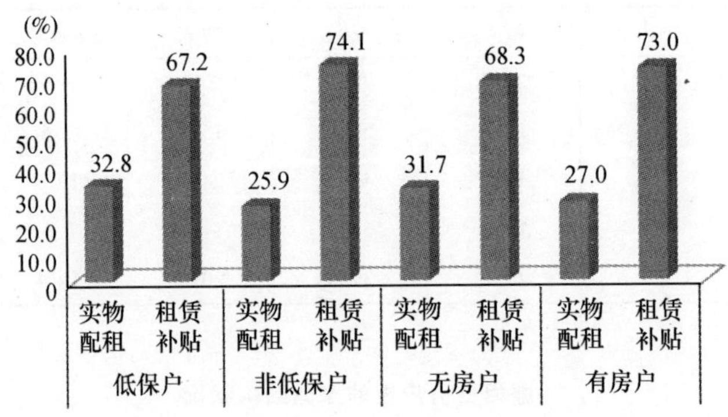

图 4.6　武汉市廉租住房户主的受保障类型状况

型状况。

表 4.11　廉租房户主的受保障类型状况　(%)

	低保户		非低保户		无房户		有房户	
	实物配租	租赁补贴	实物配租	租赁补贴	实物配租	租赁补贴	实物配租	租赁补贴
武昌区	31.2	68.8	34.0	66.0	31.3	68.7	8.3	91.7
江汉区	35.8	64.2	7.7	92.3	29.4	70.6	28.6	71.4
汉阳区	19.5	80.5	22.4	77.6	23.6	76.4	4.4	95.6
江岸区	50.9	49.1	16.6	83.4	43.9	56.1	20.0	80.0
硚口区	30.2	69.8	14.1	85.9	27.7	72.3	35.6	64.4
青山区	20.5	79.5	19.5	80.5	19.3	80.7	46.2	53.8
洪山区	73.0	27.0	59.0	41.0	68.7	31.3	36.4	63.6

此处需解释两个问题：一是为什么租赁补贴的比例明显大于实物配租？二是为什么低保户和无房户比非低保户和有房户更易获得实物补贴？实物配租能在更大程度上解决低收入住房困难家庭的基本住房问题，但是廉租住房建设对地方配套建设会形成强大的资金压力，且入住容易退出困难，不利于实现住房的良性周转，因此在实际实施过程中租赁补贴的覆盖面要大于实物配租。只有这样，才能用有限的资金使尽可能多的人群受

益。政府在制定廉租住房保障政策时从收入和面积两方面规定了准入标准，而多数家庭反映租赁补贴标准较低，不足以支持其所租住房屋租金的一半，他们更希望获得实物配租保障，一般低保户家庭比非低保户家庭的收入低，无房户的人均建筑面积比有房户低，因此，在这种情况下优先使低保户和无房户获得实物配租更符合实际需要。

（二）宜昌、襄阳等市

表 4.12 给出了宜昌、襄阳等市廉租住房户主的受保障类型状况，由于各市之间差异较大，我们进行逐个分析。宜昌市和襄阳市的情况比较相似，且与武汉市的情况大体一致，无论是低保户还是非低保户，是无房户还是有房户，获得租赁补贴的人数都多于获得实物配租的人数。再通过低保户与非低保户、无房户与有房户的纵向比较发现，这两市低保户获得实物配租的比例分别为 45.2% 和 47.7%，非低保户获得实物配租的比例为 6.0% 和 11.0%；无房户获得实物配租的比例为 30.9% 和 30.1%，有房户获得实物配租的比例为 10.6% 和 6.7%。由此可以进一步得知，低保户家庭比非低保户家庭获得实物配租的可能性更大，无房户家庭比有房户家庭更容易获得实物配租。麻城市只有实物配租一种保障方式，黄石市只有租赁补贴一种保障方式。表中数据还显示，兴山县实物配租所占比例明显大于租赁补贴，其中低保户中有 97.5% 的家庭获得了实物配租，非低保户中有 63.6% 的家庭获得了实物配租，无房户中有 82.4% 的家庭获得了实物配租，且有房户家庭中没有获得实物配租的情况。

表 4.12　**廉租住房户主的受保障类型状况**　（%）

	低保户		非低保户		无房户		有房户	
	实物配租	租赁补贴	实物配租	租赁补贴	实物配租	租赁补贴	实物配租	租赁补贴
宜昌市	45.2	54.8	6.0	94.1	30.9	69.1	10.6	89.4
襄阳市	47.7	52.3	11.0	89.0	30.1	69.9	6.7	93.3
麻城市	100.0	–	100.0	–	100.0	–	100.0	–
兴山县	97.5	2.5	63.6	36.4	82.4	17.6	–	100.0
黄石市	–	100.0	–	100.0	–	100.0	–	–

六　收入分布

（一）武汉市

图 4.7 给出了武汉市廉租住房户主保障前后的家庭人均月收入变化情况。数据显示，在保障前，武汉市廉租住房户主的家庭人均月收入为 393.1 元，其中几乎一半受访家庭的人均月收入都集中在 401—600 元这一区间，其比例达到了样本总数的 48.3%。人均月收入在 201—400 元的家庭所占比例达到 29.0%。人均月收入在 200 元及以下的贫困家庭占了将近 1/5，达到样本总数的 19.5%。而人均月收入在 601—800 元的家庭比例很少，只有 2.3%，人均月收入在 800 元以上的家庭数量更少，仅占样本总数的 0.9%。可见，廉租住房补贴的实施主要还是面向低收入家庭的。

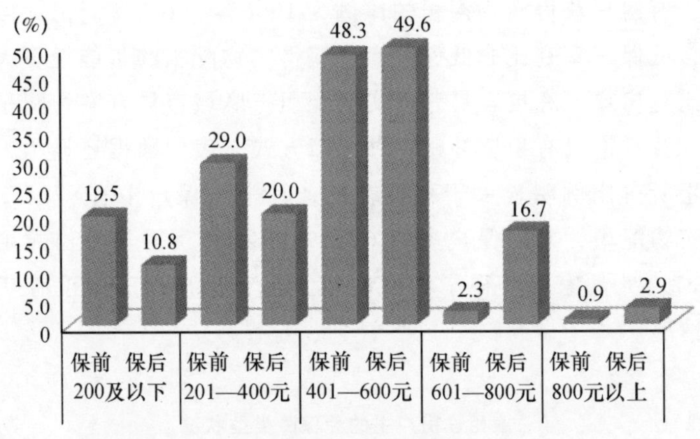

图 4.7　武汉市各区廉租住房户主家庭的人均月收入

再看保障前后家庭人均月收入的变化情况。武汉市廉租住房户主的家庭人均月收入保障后变为 483.0 元，比保障前提高了 89.9 元，提高幅度为 22.9%。人均月收入为 601—800 元之间的廉租房家庭的增幅最快，从样本总数的 2.3% 变为 16.7%。人均月收入为 401—600 元的家庭比例几乎维持不变。人均月收入为 400 元及以下的家庭比例在保障后有所下降，其中人均月收入为 201—400 元的家庭比例从样本总数的 29.0% 下降为 20.0%，人均月收入为 200 元及以下的家庭比例从样本总数的 19.5% 下降为10.8%，而人均月收入800元以上的家庭所占比例在保障后略有上升，从样本总数的0.9%增加到2.9%。

表4.13给出了武汉市各区廉租住房户主的家庭人均月收入在保障前后的详细变化情况。一方面，表中数据所显示的各区家庭人均月收入变化情况基本上与武汉市总体变化情况保持一致，平均月收入均比保障前有所提高，其中武昌区提高幅度最大，该区保障后家庭的平均月收入从379.8元增加到514.4元，增幅为35.4%。另一方面，7个区在保障后都是人均月收入200元及以下和201—400元之间的家庭比例减少，人均月收入401—600元的家庭比例基本持平，人均月收入601—800元之间和800元以上的家庭比例增加，其中青山区保障前的家庭人均月收入最高，为471.7元，该区人均月收入200元及以下和201—400元的家庭比例均在7个区中最低，人均月收入401—600元的家庭比例在所有区中最高，人均月收入601—800元和800元以上的家庭比例也超过了总体均值。

表4.13　**廉租住房户主的家庭人均月收入**　（元/月；%）

	200及以下		201—400元		401—600元		601—800元		800元以上		平均月收入	
	保前	保后	保前	保后	保前	保后	保前	保后	保前	保后	保前	保后
武昌区	18.6	8.0	32.9	20.5	46.3	44.0	1.5	23.2	0.7	4.4	379.8	514.4
江汉区	13.9	5.7	26.3	17.3	52.1	52.3	5.8	22.2	1.9	2.5	435.6	510.2
汉阳区	18.6	9.6	38.9	26.2	42.1	46.8	0.0	16.5	0.4	0.9	365.2	455.7
江岸区	27.0	16.1	22.3	20.8	48.6	54.1	1.7	7.2	0.5	1.7	373.9	452.1
硚口区	29.0	16.5	37.5	24.8	32.0	46.0	1.3	11.0	0.2	1.7	331.9	428.6
青山区	7.4	6.6	15.9	11.0	72.7	55.0	2.9	23.6	1.1	3.8	471.7	526.7
洪山区	18.9	8.0	37.8	23.8	33.8	47.7	6.1	13.3	3.4	7.3	409.1	514.2

为什么会出现表4.13所述的变化情况呢？我们认为主要有以下两点原因：首先，人们的工资呈现出逐年增长的趋势，所以平均月收入均有一定幅度地提高，低收入家庭比例有所下降，相对较高收入家庭的比例有所上升。其次，按廉租住房补贴政策的规定，人均月收入超过800元的家庭理应退出保障机制，让更需要帮助的困难家庭享受这一政策的好处，但数据却显示出人均月收入在800元以上的家庭比例在保障后反而有略微的上升趋势，这一现象反映了政策执行过程中的退出困难问

题，说明廉租住房的后期管理力度还不够，对保障退出机制的探索还不够深入。

（二）宜昌、襄阳等市

表4.14给出了宜昌、襄阳等市廉租住房户主的家庭人均月收入在保障前后的具体变化情况，其与武汉市的情况有较大差异。保障前，武汉市几乎一半受访家庭的人均月收入都集中在401—600元这一区间，其比例达到了样本总数的48.3%，而在宜昌、襄阳等市中除了兴山县人均月收入在401—600元之间的比例占到57.6%，且襄阳市没有保障前的相关数据以外，其余城市都有四成左右受访家庭的人均月收入集中在201—400元这一区间，人均月收入在401—600元的家庭次之，人均月收入在601—800元和800元以上的家庭数量很少，可见，保障对象中绝大部分是低收入家庭。宜昌市廉租住房户主的家庭人均月收入在200元以下的比例高达30.84%，导致该市保障前的平均月收入在所有城市中最低，仅为每月339.7元。兴山县廉租住房户主的家庭人均月收入差异较小，绝大多数都集中在201—400元和401—600元，而200元及以下、601—800元和800元以上所占比重均为各城市中最低的。关于保障前后人均月收入的变化，宜昌市的增长趋势最为明显，由保障前的月均339.7元增加到月均411.2元，增加了71.5元，增加幅度达到21.05%。

表4.14　**廉租房户主的家庭人均月收入**　（元/月；%）

	200及以下		201—400元		401—600元		601—800元		800元以上		平均月收入	
	保前	保后	保前	保后	保前	保后	保前	保后	保前	保后	保前	保后
宜昌市	30.84	16.3	41.16	40.0	19.37	28.1	6.95	13.2	1.7	2.2	339.7	411.2
襄阳市	–	14.2	–	45.4	–	32.9	–	5.2	–	2.3	–	390.1
麻城市	12.6	8.1	48.7	39.4	21.3	30.4	9.0	15.6	8.3	6.5	442.1	481.0
兴山县	4.7	2.2	36.6	35.6	57.6	60.6	1.2	1.2	–	0.3	449.2	466.2
黄石市	23.9	14.8	44.0	40.7	22.6	36.1	8.6	7.1	0.8	1.3	352.5	407.2

六　消费结构

（一）武汉市

家庭月均总消费支出包括住房消费支出和非住房消费支出两个部分，其中住房消费支出以房租费用加水、电、气费用计算，非住房消费支出以月均总消费支出减去住房消费支出计算。表 4.15 给出了保障前后武汉市廉租房户主的家庭消费结构变化情况。首先观察武汉市整体情况。保障前廉租住房住户的总消费支出为月均 921.7 元，其中住房消费支出为月均 271.4 元，非住房消费支出为月均 650.2 元，住房消费占消费支出的比例为 33.0%。保障后廉租住房住户的总消费支出为月均 1067.1 元，增加幅度为 15.78%；住房消费支出为月均 260.4 元，下降幅度为 4.05%；非住房消费支出为月均 806.7 元，增加幅度为 24.07%；住房消费占消费支出的比例下降为 27.8%，比保障前下降了 5.2 个百分点。

其次观察武汉市各区的具体情况。表 4.15 的数据显示，7 个区各自的变化趋势均与武汉市总体上保持一致，几乎都呈现出总消费支出上升，房租费用下降，水、电、气费用上升，非住房消费支出上升和住房消费占消费支出比例下降的趋势。其中硚口区的住房消费占消费支出的比例下降最快，保障前为 40.7%，居 7 个区之首，保障后为 32.5%，下降了 8.2 个百分点。洪山区保障前的总消费支出为 7 个区中最高的，达到月均 1185.5 元，且房租费用相对较少，非住房消费支出也为 7 个区中最高的，住房消费占消费支出的比例为 27.1%，相对较低。

表 4.15　**廉租住房户主的家庭消费结构**　（元/月；%）

	总消费支出		住房消费支出				非住房消费支出		住房消费占消费支出的比例	
			房租费用		水、电、气费用					
	保前	保后	保前	保后	保前	保后	保前	保后	保前	保后
武昌区	906.5	1100.7	212.6	171.2	86.7	100.4	607.3	829.1	36.1	29.2
江汉区	1060.6	1181.9	246.2	192.7	83.9	93.5	730.6	895.7	34.4	28.1
汉阳区	984.2	1137.1	205.3	225.6	89.0	99.7	689.9	811.9	32.9	30.3
江岸区	843.5	1024.2	143.0	106.3	48.6	61.2	651.9	856.6	25.1	19.8
硚口区	789.3	911.1	191.8	174.0	79.3	90.3	518.2	646.8	40.7	32.5
青山区	941.9	1031.8	209.6	219.4	73.6	76.0	658.7	736.4	31.9	30.6
洪山区	1185.5	1401.2	148.4	125.2	110.9	118.5	926.2	1157.5	27.1	19.2
平均数	921.7	1067.1	194.2	173.1	77.2	87.3	650.2	806.7	33.0	27.8

注：平均数为表中 7 个城区的加权平均数。

无论是武汉市整体还是各个区，其廉租住房户的家庭消费结构在保障前后都呈现出相同的变化，即住房消费占消费支出的比重明显下降，其最直接的原因就是实物配租政策的实施。实物配租的租金非常低，使得受访家庭的月均住房消费支出大幅下降，在很大程度上减轻了受访家庭的住房消费支出负担，从而使其住房消费占消费支出的比例呈下降趋势。

(二) 宜昌、襄阳等市

表 4.16 给出了宜昌、襄阳等市廉租住房户主家庭消费结构的具体情况，各城市保障前后家庭消费结构的大致变化趋势均与武汉市总体趋势保持一致，几乎都呈现出总消费支出上升，房租费用下降，水、电、气费用上升，非住房消费支出上升和住房消费占消费支出比例下降的趋势。值得注意的是，由于麻城市的调查对象全为实物配租保障家庭，该类家庭每月只需支付每平方米 1.35 元的房租，所以该市保障前后房租费用变化非常大，保障前为月均 180.0 元，保障后为月均 70.0 元，下降了 110.0 元，下降幅度达到 61.11%；且保障后麻城市住房消费占消费支出的比例与其他城市相比下降最多，从保障前的 27.4% 到保障后的 20.1%，下降了 7.3 个百分点。

表 4.16　**廉租住房户主的家庭消费结构**　(元/月;%)

	总消费支出		住房消费支出				非住房消费支出		住房消费占消费支出比例	
			房租费用		水、电、气费用					
	保前	保后	保前	保后	保前	保后	保前	保后	保前	保后
宜昌市	875.8	975.7	94.5	101.2	62.7	73.3	718.7	801.2	21.0	20.6
襄阳市	1009.3	1174.7	166.3	167.0	88.2	102.7	754.8	905.0	27.9	25.2
麻城市	1349.4	1359.2	180.8	70.0	142.3	168.8	1026.3	1120.4	27.4	20.1
兴山县	1157.9	1134.6	237.0	140.3	117.9	127.9	803.0	866.4	31.2	28.8
黄石市	1016.5	1198.4	171.1	151.4	102.6	112.3	742.7	934.7	31.5	26.5

七　居住情况

(一) 武汉市

武汉市廉租住房户主的住房类型，在保障前后有了较大的变化。在保障前，市场租赁房占到样本总数的 48.8%，也就是说，有将近一半的受访者在保障前都是在市场上租房住的。公房、借住房和居住在亲友家的非市场租赁房比例分别为 12.4%、17.6% 和 17.7%。而自有房只占了很小的比例，为样本总数的 3.6%。

在保障后，廉租住房成为占样本总数比例最大的住房类型，达到 37.5%。市场租赁房的比例较保障前有所下降，但依然占到样本总数的 1/3，达到 34.0%。保障后自有房的比例基本上保持不变，其余几种住房类型的比例均有下降，其中公房比例下降为 6.6%，借住房比例下降为 12.2%，居住在亲友家的比例下降为 6.5%。各住房类型在保障前后的具体变动情况如图 4.8 所示。

表 4.17 给出了武汉市各区保障前后住房类型的变化情况。首先，数据显示，保障前各区的住房类型分布几乎与武汉市总体情况保持一致，均

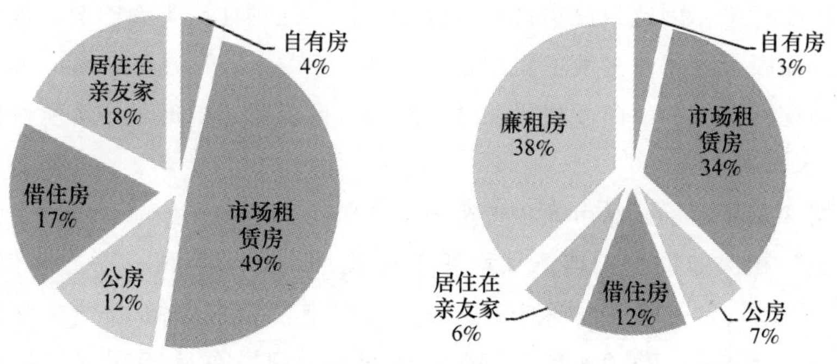

图 4.8　武汉市廉租房户主的住房类型（左为保障前，右为保障后）

表 4.17　**廉租房户主的住房类型**　（%）

	自有房		市场租赁房		公房		借住房		居住在亲友家		廉租住房	
	保前	保后	保前	保后	保前	保后	保前	保后	保前	保后	保前	保后
武昌区	2.6	2.1	56.9	39.2	14.0	9.5	13.0	8.8	13.5	3.6	–	36.9
江汉区	5.1	3.2	49.2	33.2	8.6	3.6	10.7	14.8	26.5	7.6	–	37.6
汉阳区	7.1	7.8	42.4	34.3	12.1	6.9	16.1	15.5	22.3	8.7	–	26.9
江岸区	0.3	1.1	36.0	23.0	18.6	10.0	33.3	8.3	11.8	4.4	–	53.2
硚口区	6.2	5.1	62.4	40.4	9.9	7.9	9.7	9.6	11.8	7.0	–	30.0
青山区	1.4	1.6	47.3	40.3	8.9	2.6	18.9	21.2	23.6	9.6	–	24.7
洪山区	5.0	2.8	27.1	7.6	18.6	2.1	27.1	4.2	22.1	4.9	–	78.5

为市场租赁房比重最大，自有房比例最小。保障后各区的廉租住房均成为住房类型中所占比例最高或仅次于市场租赁房的住房类型。其中洪山区的情况非常特殊，该区保障后的廉租住房比例达到 78.5% 之高，即每 4 个样本中就有 3 个获得了实物配租，与此相应，该区市场租赁房、公房、借住房和居住在亲友家几种住房类型的比例在保障后下降幅度非常大。而汉阳区保障前的自有房占比相对其他区来说较高，达到了 7.1%，为总体均值的两倍之多；江岸区保障前的借住房所占比例为 33.3%，达到样本总数的 1/3。

住房类型在保障前后出现如此明显的变化，其直接原因就是实物配租政策的实施。保障前住房类型为公房、借住房和居住在亲友家的均属于无房户，其人均居住面积为零，住房问题十分紧迫，是实物配租保障类型的优先保障对象，因此经过实物配租保障后，这几种住房类型比例均呈下降趋势，而廉租住房成为最主要的住房类型。表 4.17 的数据显示，洪山区的实物配租比例明显高于租赁补贴，所以该区保障后的廉租住房所占比例高达 78.5%。

图 4.9 显示了武汉市廉租住房户主的居住水平在保障前后所发生的变化情况。在保障前，人均居住面积普遍较小。人均面积 3 平方米以下、3—8 平方米、8—12 平方米和 12 平方米以上的情况分别占样本总数的 19.0%、25.5%、24.0% 和 31.5%。而保障后人均住房面积有了一定幅

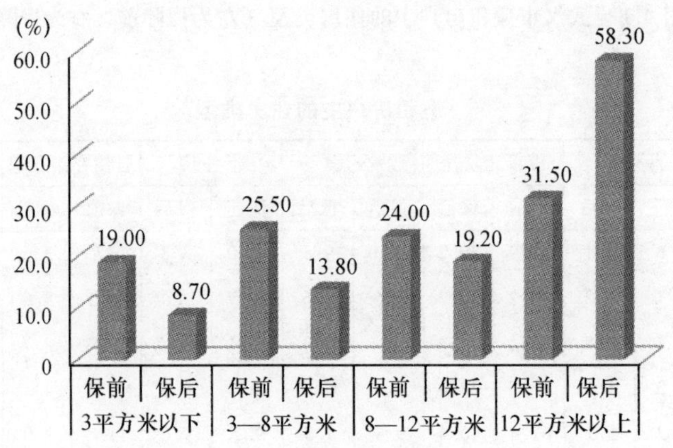

图 4.9　武汉市廉租住房户主的居住水平

度地增加，平均增长了5.49平方米。保障后人均8平方米居住水平的比例下降幅度较大，其中人均3平方米以下的比例从19.0%下降为8.7%，人均3—8平方米的比例从25.5%下降为13.8%，下降幅度均达到50%左右。人均8—12平方米的居住水平减少幅度较小，而人均12平方米以上居住水平的比例则有很大幅度地上升。

表4.18给出了武汉市各区廉租住房户主的居住水平在保障前后的具体变化情况。7个区各自的变化趋势均与总体变化趋势相同，其中洪山区廉租住房户主的居住水平提升最显著，保障后平均住房面积比保障前增加了13.1平方米，增幅为158.7%。该区保障后人均12平方米居住水平的比重高达84.1%，而其他区间段居住水平所占比例均有较大幅度地下降。江岸区保障前人均3平方米以下居住水平的比重与其他区相比明显偏高，12平方米以上居住水平的比重又是7个区中最小的，因此该区保障前平均住房面积最小，仅为7.97平方米/人。

表4.18中的数据表明，廉租住房政策的实施确实增加了受访家庭的人均居住面积，普遍提高了武汉市廉租住房户主的居住水平。由于武汉市实物配租的面积准入标准为8平方米/人，因此保障前人均居住面积为3平方米以下和3—8平方米的群体成为实物配租的优先保障对象，从而使得这两种居住水平所占比例在保障后均有了较大幅度的下降。而洪山区获得实物配租的比例明显高于其他区，保障后廉租房比例达到住房类型的3/4，与之相应，洪山区保障后居住水平为12平方米以上的比例达到了样本总数的84.1%。

表4.18 **廉租住房户主的居住水平** （平方米/人；平方米）

	3平方米以下		3—8平方米		8—12平方米		12平方米以上		平均住房面积	
	保前	保后	保前	保后	保前	保后	保前	保后	保前	保后
武昌区	16.4	4.4	31.1	18.9	19.7	19.6	32.8	57.1	11.70	16.80
江汉区	13.7	7.2	27.3	12.4	24.6	18.3	34.4	62.2	11.14	17.41
汉阳区	24.8	8.1	24.0	16.8	28.9	20.1	22.4	55.0	9.9	15.7
江岸区	38.1	17.8	20.1	8.3	23.6	23.6	18.2	50.3	8.0	15.1
硚口区	7.9	8.4	35.2	20.4	27.1	22.1	29.8	49.1	11.7	15.2
青山区	11.7	9.3	16.8	9.3	24.3	15.8	47.2	65.6	14.8	18.1
洪山区	33.3	2.0	20.4	4.0	17.7	9.9	28.6	84.1	8.2	21.3

(二)宜昌、襄阳等市

表4.19给出了宜昌、襄阳等市廉租住房户主的住房类型在保障前后的变化情况。表4.19中的数据显示，保障前除宜昌市外，其他城市都是以市场租赁房这一住房类型为主，即一半以上的家庭选择在市场上租房住，麻城市的这一比例甚至高达86.0%，各市自有房所占比例均不足5%。在调研对象中，麻城市和兴山县的调查对象均为无房家庭，保障前住公房的家庭约占总数的10%，但兴山县的公房所占比例仅为全部住房类型的0.2%，居住在亲友家的家庭数量也较少。宜昌市的情况较为特殊，该市保障前占比最大的住房类型为借住房。

保障后，除襄阳市外，其他城市最主要的住房类型都变为廉租住房，麻城市只有实物配租一种保障方式，黄石市虽然只有一种租赁补贴保障方式，但这种租赁补贴是以配物补租的形式存在的，即政府向受保障对象分配廉租住房，但廉租住房的租金按照市场租金标准收取，然后再给受保障对象发放现金补贴，所以麻城市和黄石市在保障后只有廉租住房这一种住房类型。兴山县实物配租的比例较高，其保障后廉租住房的比例高达81.2%。各市市场租赁房比例在保障后均有很大幅度地下降，但襄阳市市场租赁房在保障后仍然是比例最大的住房类型，所占比例达到41.0%。

表4.19　**廉租住房户主的住房类型**　(%)

	自有房		市场租赁房		公房		借住房		居住在亲友家		廉租房	
	保前	保后	保前	保后	保前	保后	保前	保后	保前	保后	保前	保后
宜昌市	3.2	5.3	20.6	10.6	13.3	9.2	42.9	16.0	20.0	18.1	–	40.8
襄阳市	0.7	1.6	61.3	41.0	9.0	3.7	28.7	19.7	0.4	0.3	–	33.7
麻城市	–	–	86.0	–	8.0	–	2.1	–	3.9	–	–	100.0
兴山县	–	–	78.0	18.8	0.2	–	17.7	–	4.1	–	–	81.2
黄石市	0.97	–	68.0	–	10.7	–	10.2	–	10.2	–	–	100.0

表4.20显示了宜昌、襄阳等市保障前后廉租住房户主人均居住面积的变化情况。保障前，各市人均居住面积普遍较小，其中宜昌市保障前人均居住面积不足3平方米的比例与其他城市相比明显偏高，比重达到34.2%。保障后，除兴山县以外各市的平均住房面积都有了一定程度的增

表 4.20　**廉租住房户主的人均居住面积**　（平方米/人;%）

	3 平方米以下		3—8 平方米		8—12 平方米		12 平方米以上		平均住房面积	
	保前	保后	保前	保后	保前	保后	保前	保后	保前	保后
宜昌市	34.2	7.0	24.3	25.5	15.9	14.1	25.7	53.5	8.3	14.8
襄阳市	7.5	1.2	29.9	18.7	31.5	28.9	31.0	51.2	10.9	13.4
麻城市	2.0	0.5	19.7	2.2	21.4	9.2	57.0	88.1	15.0	16.6
兴山县	0.3	–	0.5	–	8.7	0.9	90.4	99.2	21.7	20.6
黄石市	10.6	0.5	32.4	–	14.0	7.5	43.0	92.0	13.2	18.1

加，其中宜昌市廉租住房家庭的居住水平提升最显著，平均住房面积从保障前的人均 8.3 平方米增加到保障后的人均 14.8 平方米，增加了 6.5 平方米，增幅达到 78.31%。兴山县的情况比较特殊，该市保障前人均居住面积不足 3 平方米和 3—8 平方米的情况非常少，而 12 平方米以上所占比例高达 90.4%，保障前后平均住房面积基本上保持不变。

第二节　住房补贴对受保障对象住房消费行为的影响

“住有所居”是人的一项基本生存权利，也是一种基本的社会保障。中国廉租住房补贴以提高低收入住房困难家庭的住房条件为目标，通过政府的适度干预来完善住房市场的合理性和凸显社会公平性。而住房补贴既可能影响低收入居民的住房消费量，又可能促使其更改住房类型。对于得到实物配租保障的居民而言，无房或者房屋面积偏小的低收入人群在保障后得到了廉租住房，在很大程度上改善了这类居民的住房条件。相应地，用于住房消费方面的支出因人而异，也呈现出不同程度的变化。得到租赁补贴的对象也会根据政府补贴情况对住房消费支出作适当的调整，部分人群会提高住房消费以获取更符合家庭状况的房屋，从而达到政府保障的目的。

为了更深入地分析廉租住房补贴对受保障对象住房消费行为的影响，下面按照调研对象实际的保障方式，将调研对象分为实物配租家庭和租赁补贴家庭，分别考虑这两种补贴模式对受保障对象住房消费行为的影响。而在每种补贴模式下，按照居民原住房类型，再将其分为自有房、市场租赁住房、借住房、公房和其他五类，分别讨论住房补贴对其住房类型以及住房消费量所产生的影响。下文中的住房消费支出均指月房租费用加上月水、电、气费用后的总额。

一 实物配租家庭住房消费支出的变化

实物配租是由政府直接为低收入阶层提供的规定面积标准的住房，俗称“补砖头”。由于得到实物配租，即分到廉租住房后，受保障对象均由原来的不同住房类型转变为廉租房住户。由于廉租住房除了给予低收入阶层住房条件的较大改善以外，其租金标准也大大低于市场房租金，所以它也会给保障对象的住房消费带来相应的改变。下面，我们从住房类型变化和住房消费支出变化两个方面，探讨实物配租对受保障对象住房消费行为的影响。

（一）保障前实物配租家庭的住房类型

廉租住房补贴是给予低收入住房困难家庭的，每月可支配额度非常有限，所以保障前后住房类型的变化会对受保障家庭的住房消费支出造成很大影响。而且，受保障家庭在保障前的住房类型也各不相同，在统计上大体将其分为以下几类：市场租赁住房、公房、自有房、借住房（包括借住在子女及亲友家）和其他。

1. 武汉市

武汉市实物配租家庭在保障前的住房类型如图 4.10 所示。由图 4.10 可知，在享有实物配租保障的家庭中，保障前居住市场租赁住房的家庭所占份额最多，达到 44.8%。借住房家庭仅次于市场租赁房家庭，占比为 31.7%。公房和其他家庭数量则相对较少，共占实物配租家庭总数的 21.2%。而占比最少的是自有房，仅为 2.4%。通过数据可以很明显地看

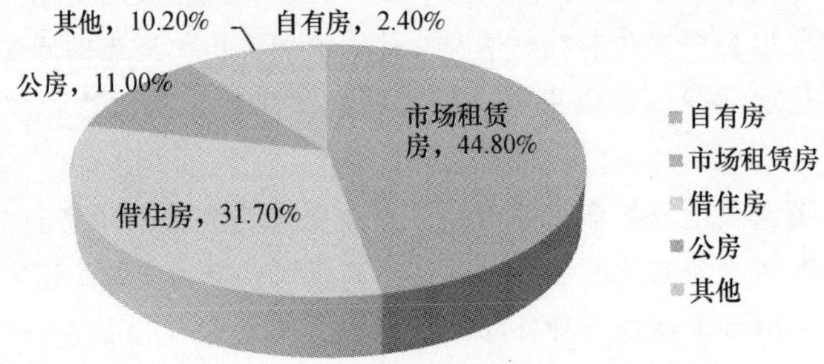

图 4.10 武汉市实物配租家庭的住房类型（保障前）

出，居住市场租赁住房、公房、借住房的无房家庭占了总体的 87.5%，因此政府补贴主要针对的是无住房的低收入阶层。并且从租赁市场房家庭在样本中所占比例可以看出，实物配租政策所保障的住户大多是无房户，在住房市场上租赁市场房的住房困难群体。

就各区而言（如表 4.21 所示），实物配租家庭各种住房类型的比例与武汉市实物配租家庭总体的住房类型比例相差不大。武昌区、江汉区、汉阳区、江岸区、硚口区、青山区、洪山区实物配租家庭非自有房（包括市场租赁房、借住房、公房三类）比例分别占各区实物配租家庭总数的 94.8%、82.4%、79%、83.4%、87.4%、88.2%、92.4%，成为实物配租的主要保障对象。其中硚口区市场租赁住房家庭占比为 71.5%，武昌区和汉阳区市场租赁住房家庭也超过了 50%，而洪山区借住房家庭所占比例相当大，占该区实物配租家庭总数的 50%。各区得到实物配租保障的非自有房家庭的比例如此之大，自有房家庭所占比例之低则可见一斑。从表 4.21 中也可以很明显地看出，汉阳区与青山区实物配租家庭在保障前拥有自有房的比例分别为 1.8% 和 1.1%。

表 4.21　　**实物配租家庭的住房类型（保障前）**　　（%）

	自有房	市场租赁房	借住房	公房	其他
武昌区	–	53.4	36.1	5.3	5.3
江汉区	2.7	43.2	33.8	5.4	14.9
汉阳区	1.8	50.9	24.6	3.5	19.3
江岸区	–	28.6	41.7	13.1	16.6
硚口区	8.5	71.5	12.3	3.6	3.9
青山区	1.1	44.1	16.1	28.0	10.8
洪山区	2.9	26.0	50.0	16.4	4.8

上述类型的家庭在得到实物配租保障后，均由原来的不同住房类型转变为廉租房住户。保障后居民住房类型的变化，意味着居民住房条件的提高，从而达到了政策的预期目的；而廉租住房的低额租金，也意味着居民住房消费支出的下降。其中，市场租赁住房家庭所占总数的比例相对较大，它们都得到了廉租房保障。由于其保障前的住房开支较高，它们在保障后获得了最大的保障效用。其中非自有房家庭的绝对占比较大，这更进

一步说明政府为住房困难家庭，特别是无房群体，提供了较大的生活保障。

2. 宜昌、襄阳等市

表 4.22 是宜昌、襄阳、麻城、兴山和黄石五市、县实物配租家庭在获得政府保障之前的住房类型统计。其中，黄石市的廉租住房补贴仅有以租赁补贴形式存在的配物补租，因此不存在实物配租家庭。就各市实物配租家庭保障前的住房类型而言，襄阳、麻城和兴山三市、县租赁市场房的家庭占绝大多数，其所占比率分别为 64.4%、79.8% 和 74.2%。而保障前自有房、借住房、公房以及其他家庭户均只占极少部分，在样本数据中，麻城市和兴山县的自有房家庭所占比例甚至为零。相比之下，宜昌市则以 56.8% 的借住房家庭为主要保障对象，市场租赁住房家庭次之，公房、自有房家庭共占 10.6%。

表 4.22　**实物配租家庭的住房类型（保障前）**　（%）

	自有房	市场租赁房	借住房	公房	其他
宜昌市	0.3	26.8	56.8	10.3	5.8
襄阳市	0.4	64.4	22.4	10.2	2.7
麻城市	–	79.8	5.4	7.0	7.8
兴山县	–	74.2	24.7	0.2	0.9
黄石市	–	–	–	–	–

从表 4.22 可以得知，各地政府致力于解决低收入家庭的住房困难问题，特别是给予居住市场租赁住房的群体以较大范围的实物配租保障，从而提高居民的居住条件，改善低收入阶层拮据的生活水平。

（二）保障前后实物配租家庭的住房消费支出

由上述住房类型可以看出，在实物配租方式下，绝大部分原市场租赁房家庭、借住房家庭、公房家庭等非自有房家庭转变为租住廉租房家庭。从理论上而言，由于廉租住房的低廉租金，保障后这类家庭的住房消费支出应该比保障前有所下降，下降幅度依据原住房类型的不同而有所差别。为了更深入地分析不同住房类型家庭住房消费支出的变化情况，此处按照实物配租家庭的原住房类型，将其分为原自有房、原市场租赁房、原借住房、原公房四类，暂不考虑其他住房类型。

1. 武汉市

在享有实物配租保障后，原低收入家庭随着其住房类型向廉租住房的转变，由于租金和水、电、气费用的不同，住房消费支出也会发生相应地变化。图 4.11 描述了保障前后武汉市实物配租家庭的住房消费支出变化。

从总体上看，实物配租家庭在保障前的住房消费支出平均为 185.4 元/月，而保障后则下降为 92.6 元/月，下降幅度为 50.1%。这种变化趋势有力地说明了实物配租不仅能够改善低收入阶层的住房条件，而且能够调整其消费支出结构，从而降低住房消费支出。从保障前的各种住房类型来看，原市场租赁房家庭的住房消费支出的下降幅度最为显著，由保障前的 269.9 元降为 88.7 元，下降比例为 67.1%。原借住房家庭的住房消费支出则下降了 15%，原公房家庭的住房消费支出几乎维持不变。相反，原自有房家庭的住房消费支出则呈上升趋势，由保障前的 94.3 元上升为 115.8 元，增幅达 22.8%。这种变化与家庭原住房类型所需住房消费支出是分不开的。

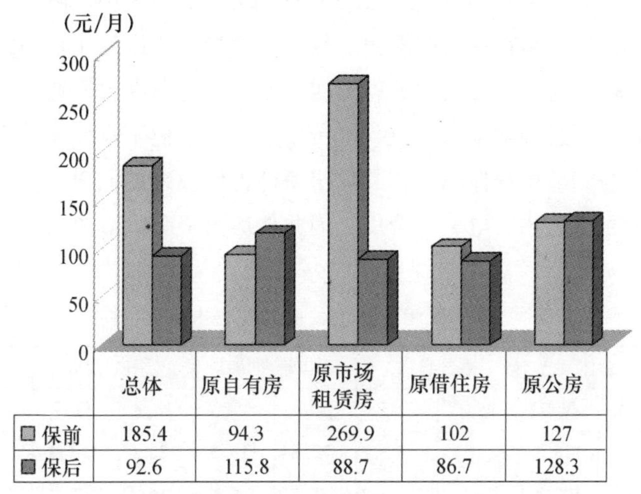

	总体	原自有房	原市场租赁房	原借住房	原公房
保前	185.4	94.3	269.9	102	127
保后	92.6	115.8	88.7	86.7	128.3

图 4.11 武汉市实物配租家庭的住房消费支出变化

就武汉市各区而言，实物配租家庭的住房消费支出的变化均呈现下降的趋势。从表 4.23 中的数据可以看出，武昌区、江汉区、汉阳区、江岸区、硚口区、青山区、洪山区受保障家庭在保障前后住房消费支出的下降比例分别为 61.7%、54.9%、65%、42.2%、54.6%、36.6%、32.9%。

虽然各区下降幅度不一，但是实物配租对降低家庭住房消费支出的贡献斐然。其中，考虑到各区样本的有限性，剔除个别特殊样本外，各区原自有房、原公房家庭的消费支出均略微有所增加，而各区原借住房群体得到实物配租保障之后的住房消费支出增减不一，原市场租赁住房家庭的住房消费支出则以绝对的优势大幅下降。较为典型的是，武昌区原市场租赁住房家庭由保障前的 372.8 元/月降为保障后的 113.5 元/月，下降幅度为 69.6%；江汉区原市场租赁住房家庭则由保障前的 355.7 元/月降为保障后的 94.9 元/月，降幅达到 73.7%。

原不同类型家庭在得到实物配租保障后的住房消费支出增减不一，出现这种现象的原因可能有以下几点：第一，市场租赁住房的租金相对低收入阶层来说，比较高昂，占其消费总支出的比例较大；在得到廉租住房保障之后，其租金的大幅下降使得受保障家庭的消费支出结构发生变化，有更大的空间支配非住房消费支出；第二，原借住房居民借住在亲戚或子女家，所支付的住房费用相对较少，因此，保障后的低额租金加上水、电、气费用的总额较保障前略微下降；第三，原公房家庭所缴纳的租金和保障后的廉租住房租金差异不大，只是在住房的面积上较之前增加，所以用于住房消费的支出前后变化甚微，这是十分正常的；第四，原自有房家庭收入低，其住房面积小，条件差，不过，除了水、电、气费用之外，它们不需要额外支出房租等费用，但在得到廉租房保障后，其住房条件得以改善的同时，每月需要支付一定金额的租金和水、电、气费用，因此住房消费有所增加。

表 4.23　　**实物配租家庭的住房消费支出变化**　　（元/月）

	总体		原自有房		原市场租赁房		原借住房		原公房	
	保前	保后	保前	保后	保前	保后	保前	保后	保前	保后
武昌区	308.7	118.1	–	–	372.8	113.5	130.6	114.3	264.1	123.6
江汉区	226.9	102.4	65.7	76.9	355.7	94.9	116.1	108.3	73.8	94.6
汉阳区	199.1	69.6	80.8	59.2	252.0	60.1	71.5	70.9	149.9	168.7
江岸区	129.3	74.8	–	–	298.8	91.3	79.5	68.8	41.8	76.8
硚口区	195.6	88.9	88.3	99.3	239.6	88.0	97.6	79.3	166.0	166.0
青山区	130.7	82.8	48.5	183.0	113.2	64.4	89.8	85.1	167.6	133.3
洪山区	178.7	119.9	185.9	240.3	301.9	113.3	132.6	102.8	159.5	179.4

综上所述，不论从总体上还是各个区分析，保障家庭的月均住房消费支出均大幅下降。结合武汉市实物配租家庭的住房类型可知，租赁市场房的家庭从总体和各区的情况来看都占据了大部分的比例。因此，虽然自有房居民在保障后的住房消费有所增加，但总体上看，实物配租家庭的住房消费支出呈现下降的趋势。

2. 宜昌、襄阳等市

宜昌、襄阳、麻城、兴山以及黄石五市、县实物配租家庭的住房消费支出变化如表 4.24 所示，黄石市廉租住房补贴仅有以租赁补贴形式存在的配物补租，因此在这里不予考虑。从理论上说，得到政府实物配租保障之后，家庭用于住房消费方面的支出总体上有所减少。从表 4.24 所反映的各市、县实物配租家庭的住房消费支出来看，宜昌、襄阳、麻城、兴山四市、县家庭在保障后住房消费支出均大幅下降。宜昌市实物配租家庭由保障前的 129.1 元/月下降到保障后的 88.3 元/月，下降幅度达 31.6%，其中，原市场租赁房家庭的平均月消费支出比保障前减少了 54.3%。襄阳市实物配租家庭在保障前的平均住房消费支出为 144.2 元/月，保障后减少为 82.3 元/月，降幅达 42.9%，原市场租赁房家庭以 49.8% 的降幅作出了突出贡献。麻城市和兴山县得到实物配租补贴家庭的样本数据中不包含原自有房家庭，但是实物配租政策对其住房消费支出的贡献也十分明显，两市、县住房消费支出的下降比例分别为 36.6% 和 37.8%。

表 4.24 **实物配租家庭的住房消费支出变化** （元/月）

	总体		原自有房		原市场租赁房		原借住房		原公房	
	保前	保后	保前	保后	保前	保后	保前	保后	保前	保后
宜昌市	129.1	88.3	32.3	56.2	237.1	108.3	78.8	77.6	112.0	75.3
襄阳市	144.2	82.3	42.9	55.6	159.6	80.1	130.0	87.3	79.5	80.6
麻城市	247.6	157.1	–	–	260.9	157.3	221.4	140.1	150.8	156.7
兴山县	234.2	145.6	–	–	298.6	154.6	60.5	115.8	146.3	156.4
黄石市	–	–	–	–	–	–	–	–	–	–

以上数据说明，政府的实物配租政策在极大地改善居民住房条件的同时，减少了居民住房消费支出，使低收入家庭得到比较全面的住房保障。尤其是对原居住市场租赁房家庭的效果最为显著。原居住市场租赁房的家

庭在得到实物配租保障之后，房租均由原来的市场价格大幅缩减为政府廉租房租金价格，使其保障前后住房消费支出的变化惊人。

二　租赁补贴家庭住房消费支出的变化

租赁补贴是通过对低收入人群提供货币补助，直接提高家庭的住房消费能力以刺激居民住房需求的增长，俗称“补人头”。这种方式实际上是通过增加家庭的总收入来提高受保障对象的住房支付能力。受保障对象的住房消费行为也会随着住房支付能力的提高发生变化，相应地，住房消费支出也会发生不同程度的改变。考虑到住房类型对住房消费支出的影响很大，为排除这一因素，只考虑租赁补贴对受保障对象住房消费支出的影响，我们须控制住房类型这一变量。为此，我们根据此次入户调研问卷内容，将受保障对象住房类型分为自有房、市场租赁房、借住房、公房这四个类型，分别考虑保障前后不同住房类型受保障家庭的住房消费支出变化。

（一）保障前后租赁补贴家庭的住房类型

为了厘清保障前后租赁补贴家庭的住房类型变化，我们须对调研对象的住房类型进行统计。为了控制住房类型这一因素，我们将租赁补贴家庭的住房类型分为住房类型相同和住房类型不同两大类。前者是指保障前后，租赁补贴家庭的住房类型没有发生变化，如保前为自有房家庭，保后仍为自有房家庭；后者是指保障前后，租赁补贴家庭的住房类型发生变化，出现了保前保后不一致现象，如保前为借住房家庭，保后为市场租赁房家庭。现实中，大多数情况为保前租赁补贴家庭的住房类型不是市场租赁房，而保后的住房类型为市场租赁房，这一变化主要归因于受保障家庭租赁补贴的获得。因此，在本研究中，住房类型不同的租赁补贴家庭是指保前住房类型为非市场租赁房，保后为市场租赁房。

1. 武汉市

表 4.25 的统计数据反映了武汉市租赁补贴家庭的住房类型在保障前后的变化情况。由表 4.25 可知，在得到政府租赁补贴后，原自有房、借住房、公房家庭维持原住房类型不变的比例分别为 75.4%、82.3%、81.5%。大部分家庭都趋向于维持原有住房类型不变，将政府租赁补贴用于非住房消费支出。其中，市场租赁房家庭更是有高达 94.3% 的比例选择了维持原有住房类型不变，在这种情况下会出现不容忽视的两种情况：既有部分家庭保持原有租赁房不变，将租赁补贴用于非住房消费支出；也

有部分家庭出于改善家庭居住条件，缩短上班距离或者心理预期等目的，选择提高住房消费水平，租赁房租更高、面积更大、条件更好的市场租赁房居住。而对于得到租赁补贴后将住房类型更改为市场租赁房的群体而言，原借住房家庭和原公房家庭的改善状况较为明显，分别有17%的原借住房和12.4%的原公房家庭通过租赁补贴提高了住房开支，转租市场租赁房，实现了政府实施补贴的目的。

对于武汉市各区而言，大部分原自有房、市场租赁房、借住房、公房家庭在得到租赁补贴后，仍然维持原有住房类型不变（见表4.25）。其中江岸区和青山区维持自有房类型不变的家庭，汉阳区和洪山区维持市场租赁房不变的家庭，江岸区和洪山区维持公房类型不变的家庭，其比例均达到100%。仅江岸区原租赁市场房家庭转变为借住房家庭的数量已占29.4%，原借住房家庭转变为市场租赁房家庭的比例高达53.6%，考虑到该区样本数据采集的集中性，可能是由于拆迁等外因造成的，其他类型的变化比例不大。相比之下，对于将住房类型改为市场租赁房的群体而言，借住房和公房家庭在保障后的改善效果相对较好。洪山区原借住房家庭中的20%在得到租赁补贴之后转为租赁市场房，汉阳区原居住公房的家庭则有33.3%转为租赁市场房，从而对其住房消费支出产生了较大的影响。

表4.25　**租赁补贴家庭住房类型的样本统计（保障前后）**　（%）

	自有房[b]		市场租赁房[b]		借住房[b]		公房[b]	
	自有房[a]	市场租赁房[a]	市场租赁房[a]	借住房[a]	借住房[a]	市场租赁房[a]	公房[a]	市场租赁房[a]
武昌区	81.8	–	98.7	0.7	89.4	8.5	81.8	11.4
江汉区	60.0	10.0	95.2	3.2	86.7	13.33	57.1	21.4
汉阳区	66.7	6.7	100.0	–	95.7	4.4	57.1	33.3
江岸区	100.0	–	68.6	29.4	46.4	53.6	100.0	–
硚口区	80.0	6.7	94.0	4.8	85.7	12.9	83.8	10.8
青山区	100.0	–	96.6	3.4	87.8	12.2	90.9	9.1
洪山区	75.0	–	100.0	–	70.0	20.0	100.0	–
平均数	75.4	4.9	94.3	4.9	82.3	17.0	81.5	12.4

注：住房类型的上标a、b分别表示住房保障后和住房保障前。平均数为表中7个城区的加权平均数。

由以上分析可知：第一，原市场租赁房家庭的住房类型变化甚微，政府的租赁补贴既可以让他们维持原有的住房条件，改善非住房消费支出结构，更有可能促使他们转而寻租面积更大、条件更好的市场租赁房，实现政府的预期目的。第二，对原借住房和原公房家庭的住房改善效果比较明显，主要由于部分居民消费支出水平随之上升，不愿意再继续寄人篱下或者居住在拥挤的空间之内，而是选择提高住房开支，外出租房，从而提高了居住效用。

2. 宜昌、襄阳等市

表 4.26 统计的是宜昌、襄阳、麻城、兴山以及黄石五市、县租赁补贴家庭的住房类型在保障前后的变化情况。麻城市的观测样本全为实物配租家庭，黄石市的观测样本全为租赁补贴家庭，但保障后的住房全为廉租住房，所以这两市的数值不存在。兴山县的观测样本均获得住房券，其保障后家庭的住房性质绝大多数属于市场租赁房。在得到政府租赁补贴后，宜昌和襄阳市原自有房、借住房、公房家庭绝大部分均选择维持原住房类型不变。其中原居住市场租赁房的家庭更是以宜昌市 96% 和襄阳市 96.3% 的比例选择维持原住房类型不变，在这种情况下就会出现两种不容忽视的现象：既有部分家庭保持原有租赁房不变，将租赁补贴用于提高非住房消费支出；也有部分家庭出于改善家庭居住条件，缩短上班距离或者心理预期等目的，选择提高住房消费，租赁房租更高、面积更大、条件更好的市场租赁房。而对于得到租赁补贴后将住房类型更改为市场租赁房的群体而言，襄阳市原自有房家庭和原公房家庭居住条件的改善情形较为

表 4.26　**实物配租家庭住房类型相同的样本统计（保障前后）**　（%）

	自有房[b]		市场租赁房[b]		借住房[b]		公房[b]	
	自有房[a]	市场租赁房[a]	市场租赁房[a]	借住房[a]	借住房[a]	市场租赁房[a]	公房[a]	市场租赁房[a]
宜昌市	86.2	–	96.0	1.3	91.7	2.6	90.9	3.9
襄阳市	60.0	40.0	96.3	2.5	90.6	–	70.6	17.7
麻城市	–	–	–	–	–	–	–	–
兴山县	–	–	100.0	–	–	100	–	—
黄石市	–	–	–	–	–	–	–	—

注：住房类型的上标 a、b 分别表示住房保障后和住房保障前。

明显，分别有40%的原自有房和17.7%的原公房家庭通过租赁补贴提高了住房开支，转租市场租赁房，实现了政府实施补贴的目的。

各市租赁补贴家庭的住房类型在保障前后呈现出不同的变化情形，其主要原因如下：第一，宜昌市和襄阳市的保障对象绝大部分为原市场租赁房和借住房家庭，而兴山县的住房券政策几乎全部针对原居住市场租赁房的家庭。第二，原市场租赁房家庭的住房类型变化甚微，政府的租赁补贴既可以让他们维持原有的住房条件，改善非住房消费支出结构，更有可能促使他们转而寻租面积更大、条件更好的市场租赁房，实现了政府的预期目的。第三，对襄阳市原自有房和原公房家庭的住房条件改善效果比较明显，主要由于部分居民的消费支出水平随之上升，选择了提高住房开支以外的出租房来获得更好的居住条件。

（二）保障前后租赁补贴家庭的住房消费支出

政府的租赁补贴通过货币形式直接增加了低收入家庭的总收入，从而提高其住房支付能力，促使住房消费支出得到相应增长。但是在保障后家庭的住房类型未发生变化时，其住房消费支出变化的比例也相对较为平缓。而对于住房类型发生变化的低收入家庭，租赁补贴会对其住房消费支出、非住房消费支出等产生显著影响。因此，和实物配租家庭有所不同，此处分为保障前后住房类型相同家庭与保障前后住房类型不同家庭两种情况分别进行讨论。

1. 武汉市（住房类型相同）

对于住房类型在得到租赁补贴保障前后未发生变化的家庭，其住房消费支出在保障前后相对不会发生特别明显地改变。从总体上看，住房类型未发生变化的家庭平均住房消费支出由保障前的241.5元/月上升到保障后的245.9元/月，仅上升了1.82%。由此可以说明，租赁补贴对于保障前后住房类型相同家庭的住房消费支出影响甚微。从住房类型来看，自有房家庭的住房消费支出上升幅度相对较大，在得到租赁补贴之后，其住房消费支出由107.9元/月增加到168.3元/月，增加幅度约为56%；市场租赁房家庭用于住房消费方面的支出在保障后几乎没有发生变化，保障之前为314.2元/月，保障之后为344元/月；借住房家庭总体上也变化甚微，由保障之前的142.5元/月下降到137.6元/月，下降幅度为3.4%；公房家庭在保障后用于住房方面的消费则较之前上升了12.1%。虽然住房类型不同的家庭所呈现的住房消费支出增减不一致，但大体上变化不大，这与各住房类型家庭原有消费水平和习惯息息相关。

就武汉市各区而言，除江岸区和青山区外，各区住房类型相同的租赁补贴家庭在保障前后的住房消费支出均有不同幅度地提高，武昌区、江汉区、汉阳区、硚口区、洪山区的住房类型未发生变化的家庭在得到租赁补贴之后，用于住房消费方面支出上升的比例分别为 3.6%、0.7%、4.5%、2.5%、21.9%。其中特殊的是，洪山区自有房家庭在保障前后的住房消费支出由 109.2 元/月增加至 486.8 元/月，公房家庭在保障前后的住房消费支出由 80.1 元/月增加至 392 元/月，增幅的异常主要是由样本采集的集中性和狭小性造成的，不能代表整体样本水平的变化。而各区市场租赁房家庭在保障前后的差异均维持在 25 元左右，即租赁补贴对该部分家庭住房消费支出的影响也相对较小（具体信息见表 4.27）。

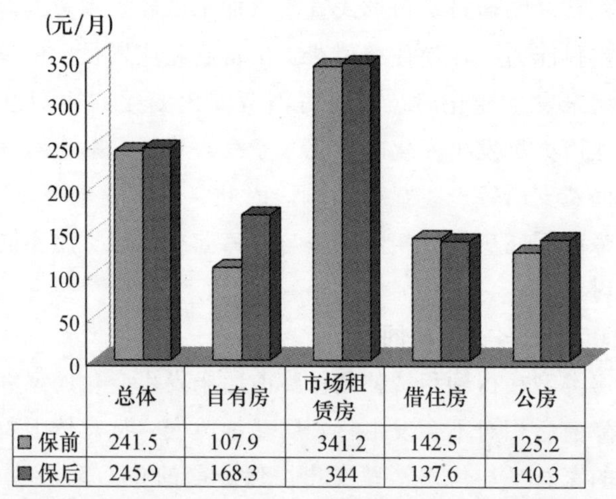

	总体	自有房	市场租赁房	借住房	公房
保前	241.5	107.9	341.2	142.5	125.2
保后	245.9	168.3	344	137.6	140.3

图 4.12 武汉市租赁补贴家庭（住房类型相同）的住房消费支出变化①

住房类型不变的家庭因其住房类型的差异所呈现出的消费支出变化各不相同，我们可以从以下几个方面分析造成这些差异的原因：第一，自有房家庭维持住房类型不变，并没有将租赁补贴用于房租，而是增加了消费

① 调查结果显示，对于获得租赁补贴的廉租房保障家庭而言，保障前后住房类型的变化会对保障家庭的住房消费支出、非住房消费支出和居住水平产生显著影响；为了剔除住房类型对这些变量的影响，本书在分析租赁补贴对住房消费支出、非住房消费支出和居住水平时，只采用保障前后住房类型相同的样本。

表 4.27　**租赁补贴家庭（住房类型相同）的住房消费支出变化**　（元/月）

	总体		自有房		市场租赁房		借住房		公房	
	保前	保后	保前	保后	保前	保后	保前	保后	保前	保后
武昌区	244.2	253.1	99.1	105.4	317.5	328.0	134.1	135.7	121.7	128.8
江汉区	260.8	262.6	106.4	97.4	344.2	337.6	184.6	184.2	130.0	166.5
汉阳区	262.4	274.1	165.3	166.6	430.4	453.7	142.6	134.5	260.3	313.2
江岸区	158.8	155.4	–	–	314.3	299.2	86.1	92.6	54.0	51.5
硚口区	238.6	244.7	80.8	106.9	322.8	326.1	150.1	155.2	128.7	138.7
青山区	253.6	249.5	76.2	249.8	356.7	353.2	136.1	125.7	215.9	212.5
洪山区	265.4	323.4	109.2	486.8	409.0	411.8	221.7	149.3	80.1	392.0

支出中用于水、电、气费用的部分，使住房消费支出总体上呈现出增长趋势；第二，市场租赁房家庭和借住房家庭由于收入较低，在得到租赁补贴后，大部分未将补贴用于住房消费，而是维持原有住房水平不变，因此住房消费支出变化甚小；第三，公房家庭在不改变住房类型的前提下，在得到住房补贴后更有意愿增加水、电、气方面的消费，因此用于住房消费方面的支出有所增长。

结合这四种住房类型居民的消费倾向和消费行为选择，虽然自有房和公房居民的住房消费有所上升，但其所占比例仍然相对较小，而市场租赁房对象所占的绝对比重，使得总体上住房类型未发生变化的租赁补贴家庭在保障前后住房消费支出的额度变化极小。

2. 武汉市（住房类型不同）

从理论上讲，对于住房类型在得到租赁补贴保障前后发生变化的家庭而言，其住房消费支出在保障前后的差异应该比住房类型相同的家庭更为明显。图 4.13 为武汉市租赁补贴家庭住房消费支出的变化情况（针对保障前后住房类型不同的家庭而言），在此仅考虑原自有房、原借住房以及原公房家庭。从总体上看，住房类型发生变化的家庭平均住房消费支出由保障前的 226.1 元/月上升到保障后的 271.5 元/月，上升幅度为 20.1%。由此可以说明，租赁补贴对于保障前后住房类型不同的家庭的住房消费支出影响颇大。从住房类型来看，原公房家庭的住房消费支出上升幅度异常显著，在得到租赁补贴之后由 166.9 元/月的住房消费支出增加到 374.2 元/月，增加了 1.24 倍；原借住房家庭的住房消费支出总体上也变化明

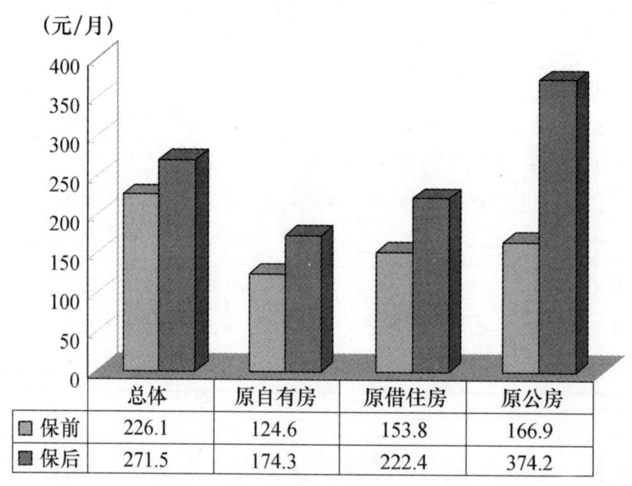

	总体	原自有房	原借住房	原公房
保前	226.1	124.6	153.8	166.9
保后	271.5	174.3	222.4	374.2

图 4.13　武汉市租赁补贴家庭（住房类型不同）的住房消费支出变化

显，由保障前的153.8元/月上升到222.4元/月，上升幅度为27.6%；原自有房家庭在得到保障后用于住房方面的消费由124.6元/月增加到174.3元/月，增加比例约为40%。住房消费支出增幅明显表明了政府租赁补贴对保障后住房类型发生变化的家庭意义重大，在较大程度上影响了它们的总消费结构，促使住房消费支出大幅度增长。

就武汉市各区而言，保障前后其住房类型发生变化的租赁补贴家庭住房消费支出均有不同程度地提高，有的变化相当显著。由于江岸区和青山区的采集样本有限，部分数据不能有效反映其真实情况，在这里，我们对之暂不予考虑。武昌区、汉阳区、硚口区、洪山区各保障家庭在得到租赁补贴从而改变住房类型之后，用于住房消费方面的平均支出上升的比例分别为30.3%、63.4%、13.8%、36.4%。除硚口区的增幅较小以外，其他各区在住房消费方面支出的增加非常明显。这足以说明租赁补贴政策对这部分家庭住房消费支出的影响不容小觑。其中比较典型的是，汉阳区原自有房家庭在保障前后住房消费支出由127.3元/月增加至257.1元/月，增加了1.02倍；该区原借住房家庭的住房消费支出由保障前的129.8元/月增加至297元/月，增加了1.3倍；相应地，该区原公房家庭的住房消费支出也得到了大幅增长，由保障前的133.7元/月增至保障后的346元/月，增加了1.6倍（具体情况见表4.28）。

表 4.28　**租赁补贴家庭（住房类型不同）的住房消费支出变化**　（元/月）

	总体		原自有房		原借住房		原公房	
	保前	保后	保前	保后	保前	保后	保前	保后
武昌区	223.8	291.7	211.4	211.4	277.7	290.8	85.4	354.3
江汉区	330.9	273.4	104.3	123.6	206.2	296.7	330.6	418.2
汉阳区	198.0	323.6	127.3	257.1	129.8	297.0	133.7	346.0
江岸区	177.8	191.8	–	–	107.4	107.9	79.4	162.6
硚口区	284.0	323.3	46.1	46.1	255.6	280.5	262.2	347.1
青山区	183.8	270.9	–	–	120.7	284.2	304.6	616.77
洪山区	227.4	310.1	99.93	99.9	124.6	251.1	121.4	472.8

不同住房类型的家庭在得到租赁补贴之后，其住房消费支出均出现不同幅度地增长。我们可以从以下几个方面分析其消费支出增加背后的原因：第一，小部分原自有房家庭由于面积狭小，居住条件不利等原因在得到租赁补贴保障之后转为租赁市场房，房租费用由原来的零房租提高至市场租金，再加上水、电、气费用，住房消费支出显而易见会有较大幅度地提高；第二，原借住房群体在得到租赁补贴之后，不再依附于亲戚或者子女的零租金或者低额租金住房，而是租赁市场房居住，其住房消费支出的大幅提高不言自明；第三，原公房家庭为了改善原有居住水平和提高生活质量，放弃了原来租金低廉、面积狭小的公房，改租适合其人口规模和家庭结构的市场房，其住房消费支出的显著增加也是理所应当的。从总体上讲，在得到租赁补贴保障后变更住房类型的武汉市家庭的住房消费支出大幅提升，表明政府补贴对其住房消费行为产生了相当大的影响，刺激其消费结构发生变化，促使居民增加住房消费支出，改善其生活水平和居住条件，实现了政府补贴的初衷。

3. 宜昌、襄阳等市（住房类型相同）

宜昌、襄阳、麻城、兴山和黄石五市、县在得到租赁补贴前后住房类型没有发生变化家庭的住房消费支出情况如表 4.29 所示。其中麻城市的观测样本全为实物配租家庭，黄石市的观测样本全为租赁补贴家庭，但保障后的住房全为廉租住房，所以这两市不存在数值。在保障前后住房类型不变的前提下，宜昌市和襄阳市的住房消费支出略有增加。而兴山县租赁补贴家庭在保障前后的住房消费支出由 335.2 元/月下降为 237.4 元/月，降幅达到 29.2%。

表 4.29　租赁补贴家庭（住房类型相同）的住房消费支出变化　（元/月）

	总体		自有房		市场租赁房		借住房		公房	
	保前	保后	保前	保后	保前	保后	保前	保后	保前	保后
宜昌市	98.4	100.2	54.5	74.9	221.9	221.4	79.4	78.3	63.3	68.8
襄阳市	241.1	266.4	49.6	57.6	281.7	312.6	163.9	179.3	164.3	178.4
麻城市	–	–	–	–	–	–	–	–	–	—
兴山县	335.2	237.4	–	–	362.5	264.6	–	–	–	—
黄石市	–	–	–	–	–	–	–	–	–	—

下面从几个方面分析出现这些变化的原因：第一，宜昌市保障对象在得到政府非限制性租赁补贴后，大部分未将其用于住房消费，因此其住房消费支出在保障前后几乎没有发生变化。第二，襄阳市的自有房、借住房和公房家庭也很少将租赁补贴用于住房消费支出，而市场租赁房家庭则通过租赁补贴改善了居住条件或者增加了水、电、气的消费，提高了生活质量。第三，兴山县的住房券属于限制性住房补贴，居民只能将其用于住房消费，虽然是租住市场房，但由于政府的住房券补贴，保障家庭用于住房消费方面的实际支出得到等量的减少，因此对保障家庭的住房保障所起的作用最大。

4. 宜昌、襄阳等市（住房类型不同）

宜昌、襄阳、麻城、兴山和黄石五市、县在得到租赁补贴前后住房类型发生变化家庭的住房消费支出情况如表 4.30 所示。其中麻城市的观测样本全为实物配租家庭，兴山县的观测样本在保障前后均居住市场租赁房，所以这两市不存在数值。在保障前后住房类型不变的前提下，宜昌市和襄阳市的住房消费支出有所增加，增加幅度分别为 29.6% 和 15.1%。而黄石市全部家庭的保障方式均为租赁补贴，保障前后住房消费支出由 256.2 元/月下降为 232.6 元/月。

出现这些变化的主要原因是：第一，宜昌市和襄阳市的租赁补贴家庭在得到保障之后，由原来的自有房、借住房、公房转换为租赁市场房，租金的提升比较明显，用于住房方面的消费相应地得到增加；第二，黄石市的配物补租模式使得受保障家庭在得到政府补贴租金后，用于住房消费方

表 4.30　租赁补贴家庭（住房类型不同）的住房消费支出变化　（元/月）

	总体		原自有房		原借住房		原公房	
	保前	保后	保前	保后	保前	保后	保前	保后
宜昌市	146.2	189.5	94.2	113.1	117.6	214.7	80.9	104.7
襄阳市	255.6	294.2	46.0	188.0	248.8	332.4	177.0	300.7
麻城市	–	–	–	–	–	–	–	–
兴山县	–	–	–	–	–	–	–	–
黄石市	256.5	232.6	–	–	167.8	255.7	165.7	297.4

面的支出减少。因此，租赁补贴对改善家庭居住条件起到了一定的作用，影响了家庭消费支出。

第三节　住房补贴对受保障对象居住水平的改善状况分析

住房补贴的目标是提高城市低收入住房困难群体的住房水平。住房补贴能提升保障对象的实际可支配收入，增强其住房消费能力，从而改善其居住水平。人均住房面积是衡量人们居住水平的一项重要指标，若假设单位所提供的住房服务是固定的，则可认为，住房面积的增加意味着人均拥有的住房面积增加，总体上为其提供的住房服务数量也会随之增加，从而进一步影响人们的居住消费水平，使居住水平得到提高。人均住房面积的增加能从一定程度上反映居住水平的提高，因此本次调研采取人均住房面积这一指标来衡量居住水平。

为了更深入分析廉租住房补贴对受保障对象居住水平的改善状况，本书按照调研对象实际获得的保障方式，将调研对象分为实物配租家庭和租赁补贴家庭，分别考虑这两种补贴模式对受保障对象住房水平的影响。而在每种补贴模式下，按照居民原住房类型，又将其分为自有房、市场租赁房、借住房、公房和其他五类，分别讨论住房补贴对其住房类型以及居住水平所产生的影响。

一　实物配租家庭的居住水平变化

实物配租是指政府直接向申请对象提供廉租住房，仅收取一些具有象征意义租金的补贴方式。它提高受保障对象居住水平的方式是政府为受保障对象提供租金低廉的保障房，降低受保障对象所应缴纳的房租，减轻其租房负担，从而提升受保障对象的居住水平。下面，将分别对武汉市及其他五市、县租赁补贴政策实施前后受保障对象人均住房面积的变化情况进行比较分析，进而评价实物配租对居住水平的实际改善效果。

（一）武汉市

从本次调研结果来看，武汉市实物配租家庭在接受保障后人均住房面积得到明显增加。从总体来看，接受实物配租的家庭在保障前后人均住房面积由 9.55 平方米增加到 23.33 平方米，增幅为 144.29%。从各住房类型来看，实物配租家庭在受保障后人均住房面积均有明显的增幅，原自有房、原市场租赁房、原借住房、原公房实物配租家庭在保障后的增幅依次为 47.24%、112.97%、250.73%、106.58%。武汉市实物配租家庭在保障前后人均居住面积整体变化情况如图 4.14 所示。

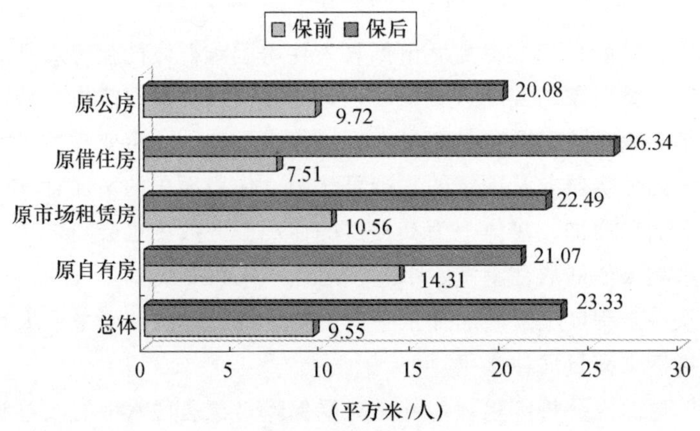

图 4.14　武汉市实物配租家庭人均住房面积变化情况

就武汉市 7 个区而言，受保障对象在接受实物配租后人均居住面积的变化情况与武汉市总体大致相同，均得到显著增加。按照保障前后人均居住面积的提升比例依次为 292.67%、186.28%、183.78%、123.46%、120.02%、92.70%、83.11%。表 4.31 反映了武汉市 7 个区实物配租家庭人均居住面积的变化情况：

表 4.31 **武汉市 7 区实物配租家庭人均住房面积的变化情况** （平方米/人）

	总体		原自有房		原市场租赁房		原借住房		原公房	
	保前	保后	保前	保后	保前	保后	保前	保后	保前	保后
武昌区	10.34	22.75	-	-	11.34	22.45	8.87	23.97	8.77	15.31
江汉区	9.25	26.25	17.11	17.97	11.39	22.46	4.44	33.56	14.67	36.40
汉阳区	11.50	22.16	7.45	11.35	10.91	20.56	17.19	26.76	8.50	22.29
江岸区	8.09	23.16	-	-	11.23	23.48	6.49	26.86	5.03	15.77
硚口区	9.72	21.72	7.95	17.13	10.08	21.92	10.76	25.37	7.87	17.02
青山区	13.50	24.72	31.50	36.64	9.36	25.30	12.00	21.13	15.25	23.19
洪山区	6.01	23.60	6.71	17.63	9.98	20.60	3.81	26.20	8.97	19.81

通过以上分析可知，实物配租方式对受保障对象居住水平的改善效果是十分明显的。保障前后总体人均居住面积得到显著增加。并且从各区和各住房类型保障前后人均住房面积增幅大小所反映的情况来看，大体而言，保障前原人均居住面积越小，实物配租对受保障对象居住水平的提高效果越大。其原因主要是实物配租通过直接为受保障对象提供廉租住房，能够直接、有效地提高人均居住面积。从总体数据情况可知，在保障前，受保障对象的人均居住面积仅为 9.55 平方米，远低于武汉市 13 平方米人均住房保障面积的标准。在保障后，受保障对象享受政府提供的廉租住房，武汉市规定的廉租住房保障面积为每户 50 平方米左右，另外，根据对武汉市家庭人口状况统计数据可知，武汉市三人及三人以下人口的家庭占总体的 90.9%，因此在接受实物配租后受保障对象的人均住房面积得到明显增加。

（二）宜昌、襄阳等市

从表 4.32 的总体数据可知，宜昌市、襄阳市、麻城市、兴山县在保障后受保障家庭的人均居住面积变化情况具体如下：宜昌市受保障家庭在保障前后的人均住房面积由 11.1 平方米增加到 21.2 平方米，增幅为 91.0%；襄阳市由 10.4 平方米增加到 16.4 平方米，增幅为 57.7%；麻城市由 15.3 平方米增加到 16.4 平方米，增幅为 7.2%；兴山县由 19.8 平方米减少到 18.9 平方米，降幅为 4.5%。由于黄石市的住房保障方式均是以配物补租形式存在的租赁补贴方式，因此这里不讨论黄石市实物配租对居住水平的影响情况。

表 4.32　　**实物配租家庭的人均住房面积变化**　　（平方米/人）

	总体		原自有房		原市场租赁房		原借住房		原公房	
	保前	保后	保前	保后	保前	保后	保前	保后	保前	保后
宜昌市	11.1	21.2	16.7	16.0	8.7	20.0	8.5	20.1	13.7	22.6
襄阳市	10.4	16.4	–	–	9.6	16.5	8.3	16.9	13.4	15.7
麻城市	15.3	16.4	–	–	16.0	16.5	12.2	15.7	15.3	14.9
兴山县	19.8	18.9	–	–	22.5	17.7	10.8	27.9	13.3	22.3
黄石市	–	–	–	–	–	–	–	–	–	–

从各市、县人均住房面积变化整体情况来看，实物配租对受保障对象居住水平的改善有着比较明显的促进作用。实物配租是政府通过直接为受保障对象提供廉租住房，使得受保障对象的人均住房面积有了较明显地增加。其中，兴山县实行实物配租后人均住房面积略有下降，这主要是由于兴山县 78.0% 的受保障对象在接受实物配租前为市场租赁房住户，由于兴山县房价普遍较低，因此其原人均住房面积较大，在接受保障后尽管受保障家庭的人均住房面积略有下降，但是其他住房条件都得到了相应改善，因而实物配租政策对受保障对象的居住水平依然起到了改善作用。

二　租赁补贴家庭的居住水平变化

租赁补贴通过政府直接向受保障对象发放货币补贴，由住户在住房租赁市场上自行租赁住房，其实质是提升受保障对象的实际可支配收入，增强其住房消费能力，进而提高家庭居住条件。但是现实中许多因素的存在会导致租赁补贴政策实施效果的差异，因此需要在评价租赁补贴对受保障家庭居住水平改善效果的基础上，对导致政策效果差异的原因进行解释。下面按照保障前后住房类型的不同划分为住房类型相同和住房类型不同两类，分别对武汉市及其他五市、县租赁补贴政策实施前后受保障对象人均住房面积的变化情况进行比较分析，进而评价租赁补贴政策对居住水平的实际改善效果。

（一）武汉市（住房类型相同）

从总体来看，武汉市租赁补贴家庭（住房类型相同）的人均居住面积，在保障前后由 14.02 平方米提高到 14.47 平方米，增幅仅为 3.32%；从不同住房类型在保障前后人均居住面积变化的情况来看，原借住房类型由 14.11 平方米提高到 14.63 平方米，增幅为 3.69%，增幅最大；原自有房类型由 8.14 平方米增加到 8.42 平方米，增幅为 3.43%；原市场租赁房类型由 15.94 平方米增加到 16.35 平方米，增幅为 2.57%；原公房类型由 8.15 平方米增加到 8.27 平方米，增幅为 1.47%。可以看出，不同房屋类型在保障前后，其人均居住面积均有小幅增加，但增幅普遍不大。图 4.15 表示武汉市租赁补贴家庭（住房类型相同）总体的人均住房面积变化情况。

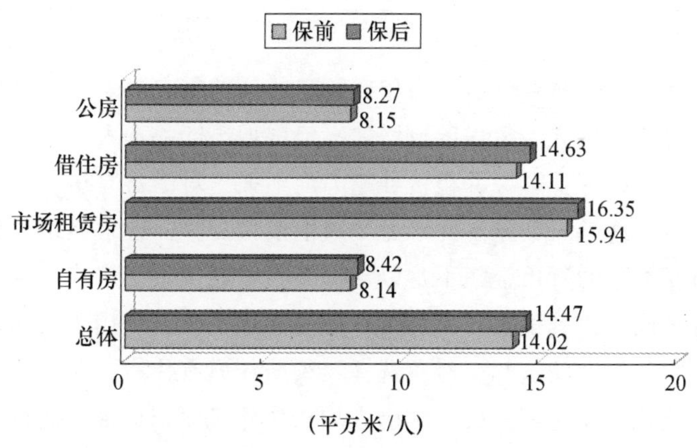

图 4.15　武汉市租赁补贴家庭（住房类型相同）的人均住房面积变化情况

从各区调查数据来看，不同区之间租赁补贴家庭（住房类型相同）在保障前后人均住房面积变化有所波动。其中，汉阳区、洪山区在保障前后住房类型相同的受保障对象在接受租赁补贴后人均住房面积得到较大程度地增加，其增加幅度分别为 18.37% 和 46.28%。相反，江岸区在保障前后人均住房面积由 10.43 平方米减少到 9.52 平方米，下降了 8.72%。江汉区、硚口区在保障前后人均住房面积略微增加，增幅分别为 5.80%、5.02%，武昌区和青山区在保障前后人均住房面积略有下降，降幅分别为 0.002% 和 1.14%，可将这四个区保障前后的人均住房面积视为几乎维持不变。表 4.33 为武汉市各区租赁补贴家庭（住房类型相同）人均居住面积的变化情况。

表 4.33 租赁补贴家庭（住房类型相同）人均住房面积变化的情况（平方米/人）

	总体		自有房		市场租赁房		借住房		公房	
	保前	保后	保前	保后	保前	保后	保前	保后	保前	保后
武昌区	14.00	13.96	7.52	6.89	16.82	16.33	11.97	13.19	6.72	6.95
江汉区	13.97	14.78	7.15	7.14	12.85	13.68	18.04	18.39	6.41	8.30
汉阳区	11.54	13.66	9.01	8.09	14.05	16.66	9.53	12.56	6.50	7.06
江岸区	10.43	9.52	5.38	7.31	14.60	14.22	9.63	6.79	8.81	8.83
硚口区	13.51	14.22	7.34	7.31	15.30	15.91	14.07	15.96	9.31	8.88
青山区	16.67	16.48	9.29	5.16	17.64	18.08	16.40	15.65	10.13	10.12
洪山区	12.64	18.49	13.11	31.56	15.53	16.67	11.67	16.72	7.67	7.67

针对这类保障前后住房类型相同的租赁补贴家庭而言，接受租赁补贴后人均住房面积虽有一定程度地增加，但增加幅度并不大。出现这种现象的原因可归结如下：第一，租赁补贴力度不强。对于自有房、借住房和公房家庭而言，这类对象原本并不需要缴纳或只需象征性地缴纳少数房租费用，其所受补贴的货币金额不足以支持其租赁其他市场房或更换面积更大的房子，抑或租赁其他市场房所带来的居住水平改善效用不明显，因此大部分接受租赁补贴的这几类对象选择继续居住原有住房，从而该类对象的人均居住建筑面积达不到所要求的人均居住建筑面积标准，居住水平并没有得到相应改善。第二，租赁补贴资金挪作他用。接受租赁补贴的绝大部分家庭并未将补贴资金用于居住水平的改善，而是挪用作其他非房屋租金的消费。由此可知，租赁补贴政策对于保障前后住房类型不同家庭居住水平的改善效果并不明显。

（二）武汉市（住房类型不同）

就总体数据而言，在接受租赁补贴保障前后住房类型发生变化的家庭人均居住面积由10.76平方米增加到13.30平方米，增加比例为23.61%。就各不同住房类型总体数据而言，在保障前后其人均住房面积都有所增加。其中，原借住房类型增加幅度最为明显，保障前后由10.26平方米增加到15.93平方米，增加幅度为55.26%。原公房类型由8.51平方米增加到11.77平方米，增幅为38.31%。原自有房家庭类型基本上维持不变，增幅仅为1.87%。图4.16表示武汉市租赁补贴家庭（住房类型不同）的人均居住面积变化情况。

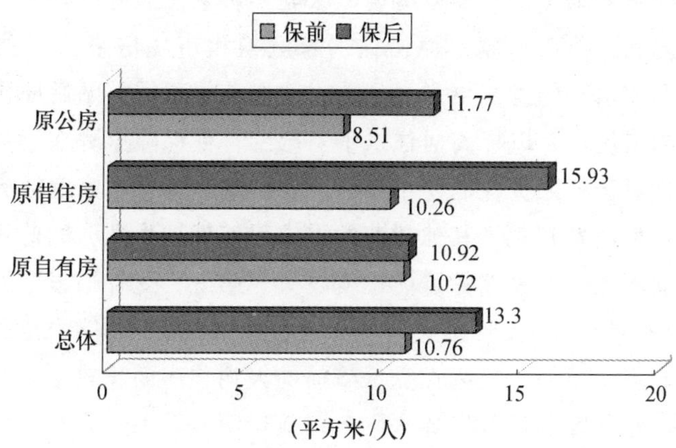

图 4.16　武汉市租赁补贴家庭（住房类型不同）的人均住房面积变化情况

就武汉市各区而言，租赁补贴家庭（住房类型不同）在保障前后人均住房面积均得到一定程度地增加。其中，洪山区在保障后的人均居住面积增幅最大，由 13.60 平方米增加到 19.58 平方米，增幅为 43.97%。江岸区、汉阳区、青山区、武昌区、硚口区在保障后的人均住房面积增幅依次为 31.23%、29.32%、27.42%、18.98%、17.71%。江汉区在保障后的人均居住面积增幅最小，由 9.02 平方米增加到 9.66 平方米，增幅仅为 7.10%。

表 4.34　租赁补贴家庭（住房类型不同）的人均住房面积变化情况（平方米/人）

	总体		原自有房		原借住房		原公房	
	保前	保后	保前	保后	保前	保后	保前	保后
武昌区	10.38	12.35	6.71	6.80	11.45	14.32	10.20	14.99
江汉区	9.02	9.66	8.88	7.04	7.59	13.15	7.39	8.73
汉阳区	10.71	13.85	23.12	23.70	11.00	17.00	7.45	12.24
江岸区	8.71	11.43	–	–	4.26	8.71	7.16	7.00
硚口区	11.35	13.36	5.60	7.79	10.82	15.74	5.95	7.00
青山区	11.89	15.15	–	–	11.44	19.13	7.50	5.89
洪山区	13.60	19.58	10.17	15.83	17.08	23.33	12.21	16.46

归纳分析造成原不同住房类型家庭在保障前后人均住房面积增加幅度

不同的原因是：第一，不同住房类型家庭换房意愿强度有差异。相对于原自有房家庭和原公房家庭，原借住房家庭换租市场房来获得独立生活空间、改变居住水平的意愿更为强烈，因此在获得租赁补贴后原借住房家庭更愿意改租市场房，以提高居住水平。第二，受保障家庭在享受保障之前的住房条件对于补贴资金的使用具有重要影响。受保障家庭原有居住条件越差，其住房消费相对于其他消费的需求程度就越强烈，因此租金补贴被用于租房而不是其他消费的可能性就越大。第三，受补贴家庭原有住房面积越小，获得的补贴水平也越高，因而运用补贴租房的能力也越强。对比原自有房家庭，原公房家庭在受保障前的人均住房面积较小，因此其租房能力较强，在保障前后其居住水平改善效果明显。另外，这一因素可能也加大了原居住条件对家庭租房决策的影响程度。

通过以上分析可知，接受租赁补贴后住房类型发生变化的受保障对象人均住房面积均得到了一定的增加。这说明租赁补贴提高了受保障对象的实际可支配收入，其住房消费能力得到提高，从而其居住水平得到改善，租赁补贴政策对这一类受保障对象居住水平的改善在一定程度上产生了效果。

（三）宜昌、襄阳等市（住房类型相同）

根据表 4.35 的数据，宜昌市、襄阳市、兴山县三个市、县在保障前后人均住房面积变化的总体情况如下：宜昌市在保障后受保障家庭的人均居住面积不变；襄阳市由 11.0 平方米增加到 12.0 平方米，增幅为 9.1%；兴山县由 26.7 平方米增加到 27.5 平方米，增幅为 3.0%。因为麻城市只存在实物配租一种保障方式，黄石市只存在配物补租一种形式，在保障后受保障家庭的住房类型均变为廉租住房，所以这里不对这两个市进行讨论。

表 4.35　**租赁补贴家庭（住房类型相同）人均住房面积的变化情况**（平方米/人）

	总体		自有房		市场租赁房		借住房		公房	
	保前	保后	保前	保后	保前	保后	保前	保后	保前	保后
宜昌市	8.2	8.2	9.8	8.6	11.5	11.6	7.1	7.4	8.0	8.6
襄阳市	11.0	12.0	10.6	10.4	11.1	11.3	11.0	13.7	10.4	11.0
麻城市	-	-	-	-	-	-	-	-	-	-
兴山县	26.7	27.5	-	-	28.0	29.0	-	-	-	-
黄石市	-	-	-	-	-	-	-	-	-	-

从表4.35中的数据可知，租赁补贴家庭（住房类型相同）的人均住房面积在保障后有了一定的增加，但变化不明显，这说明租赁补贴对于受保障对象居住水平的改善有一定的效果。造成这种现象的原因可能与武汉市在同种情况下的原因一致，即政府租赁补贴力度不够和补贴资金外溢。需要指出的是，兴山县由于保障前只存在市场租赁房和借住房两种类型，接受租赁补贴后原市场租赁房的受保障对象从政府领取住房券用于改善居住水平，这种形式能保证受保障对象将补贴资金全部用于租住房屋，可以很好地防止补贴资金外溢的情况发生，从而实现了住房保障政策解决中低收入家庭住房问题的目的。

（四）宜昌、襄阳等市（住房类型不同）

从各市、县总体数据来看，在保障前宜昌市受保障家庭的人均住房面积为9.3平方米，在保障后增加到9.9平方米，增幅为6.5%。襄阳市由11.7平方米增加到12.0平方米，增幅为2.6%。兴山县在保障前后总体人均住房面积不变。黄石市由11.8平方米增加到18.2平方米，增幅达54.2%，比较显著。麻城市由于不实行租赁补贴，因此表4.36中不存在这方面的数值。

表4.36　**租赁补贴家庭（住房类型不同）人均住房面积的变化情况**（平方米/人）

	总体		原自有房		原借住房		原公房	
	保前	保后	保前	保后	保前	保后	保前	保后
宜昌市	9.3	9.9	20.4	6.4	7.9	10.5	9.4	5.7
襄阳市	11.7	12.0	45.0	11.3	11.2	11.5	11.0	11.5
麻城市	-	-	-	-	-	-	-	-
兴山县	21.6	21.6	-	-	12.5	12.5	-	-
黄石市	11.8	18.2	-	-	8.7	20.0	8.8	17.7

从各市、县的数据所反映的情况来看，租赁补贴对受保障对象住房面积的提高有一定的促进作用，有利于提高受保障对象的居住水平。租赁补贴通过提升受保障对象的实际可支配收入，增强其住房消费能力，进而改善了家庭居住条件。单从宜昌、襄阳、兴山数据的变化情况来看，受保障对象在获得保障后人均住房面积增幅并不显著，这与武汉市在租赁补贴保障模式下住房类型变为市场租赁房类型的情况基本一致，

造成这一政策效果的原因也可归纳为不同住房类型家庭在购房意愿、原居住条件和住房面积方面存在差异。但是黄石市的情况略有不同，由于黄石市租赁补贴以配物补租的形式存在，受保障对象在接受保障后的住房类型全部变为廉租住房，故这种租赁补贴政策的实施效果与实物配租相类似，在保障后受保障对象分配到廉租住房，其人均住房面积得到较大比例地提升。

第四节　住房补贴对受保障对象非住房消费行为的影响

衣食住行是人类生存的基本需要，缺一不可，用于衣食住行方面的消费支出也必不可少。除了上文提到的低收入人群用于住房方面的消费以外，为了生活，人们必须考虑大量的非住房消费方面的支出。家庭非住房消费除了衣、食、行三个方面外，在日益文明的现代社会里，还包括教育、医疗、保险等各个方面。上文分析了住房补贴会对受保障对象的住房消费行为产生影响，由于家庭消费包括住房消费与非住房消费两个方面，住房补贴也必然会对家庭非住房消费行为产生一定的影响。对于实物配租家庭，在得到廉租住房保障之后其居住效用获得极大地增加。配租家庭获得了适当调节消费支出的空间，刺激了它们的非住房消费。而对于租赁补贴家庭来说，租赁补贴通过增加家庭总收入也在一定程度上调节了非住房消费支出的比例。

为了更深入分析廉租住房补贴对受保障对象非住房消费行为的影响，我们按照调研对象实际获得的保障方式，将调研对象分为实物配租家庭和租赁补贴家庭，分别考虑这两种补贴模式对受保障对象非住房消费行为的影响。而在每种补贴模式下，按照居民原住房类型，又将其分为自有房、市场租赁房、借住房和公房四类，分别讨论住房补贴对其非住房消费支出所产生的影响。下文中的非住房消费支出均指月总消费支出减去月住房消费支出后的余额。

一　实物配租家庭非住房消费支出的变化

结合上文实物配租家庭的住房消费支出变化情况可知，享受实物配租保障之后，不论武汉市总体还是各区家庭，其住房消费支出均有所下降，而且下降比例较大，即受保障家庭用于住房方面的费用大幅减少。相应地，受保障家庭用于非住房方面的消费支出则必然会增加。为了更深入分析不同住房类型的家庭住房消费支出的变化，此处按照实物配租家庭的原住房类型，将其分为原自有房、原市场租赁房、原借住房、原公房四类，暂不考虑其他住房类型。

（一）武汉市

在享有实物配租保障后，原低收入家庭随着其住房类型向廉租住房转变，其居住水平得到明显提高，而住房消费支出则明显下降，非住房消费支出也发生了相应变化。图 4.17 描述了保障前后武汉市实物配租家庭非住房消费支出的变化情况。

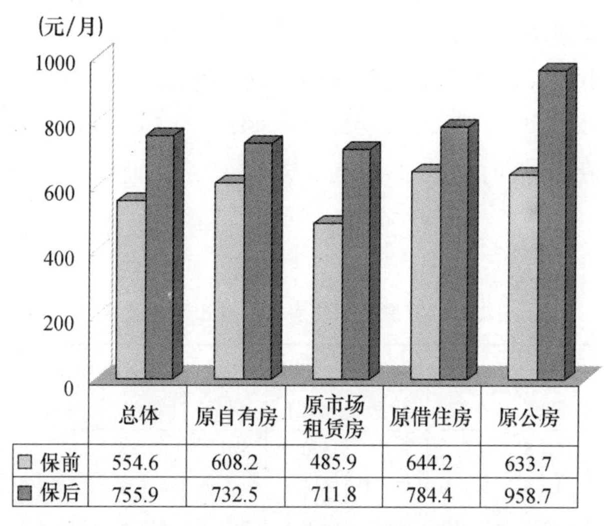

	总体	原自有房	原市场租赁房	原借住房	原公房
保前	554.6	608.2	485.9	644.2	633.7
保后	755.9	732.5	711.8	784.4	958.7

图 4.17　武汉市实物配租家庭非住房消费支出的变化情况

从总体上看，武汉市实物配租家庭非住房消费支出得到了较大幅度地增加，由保障前的 554.6 元/月增加至保障后的 755.9 元/月，净增长 201.3 元，增幅达到 36.3%。由此可以看出，实物配租不仅对家庭住房消费支出的效果显著，对家庭非住房消费支出的贡献也是很大的。从原住房类型来看，原自有房家庭、原市场租赁房家庭、原借住房家庭以及原公房家庭在享受实物配租保障后，其住房消费支出减少，非住房消费支出均有所增加，但是幅度不一。其中上升幅度最大的是原公房家庭，它们在保障前后的非住房消费支出由633.7元/月增加至958.7元/月，净增加325元，上升比例为51.3%。而原自有房家庭、原市场租赁房家庭和原借住房家庭非住房消费支出上升的比例分别为20.4%、46.5%、21.8%。需要特别说明的是，在保障后原公房家庭的人均月消费额度已经不符合人均月收入低于800元的实物配租准入机制，这说明政府的退出机制仍然有待改善，此处不对此作出分析。

就武汉市各区而言，受保障家庭的非住房消费支出也表现出明显的增长趋势。武昌区、江汉区、汉阳区、江岸区、硚口区、青山区以及洪山区实物配租家庭的非住房消费支出分别上涨了42.9%、44.4%、39%、42.7%、29.8%、14.4%、36.4%。其中占总体比重较大的原市场租赁房家庭在得到廉租住房保障之后，其非住房消费支出在各区均呈现出不同程度地增长。武昌区、江汉区、汉阳区、江岸区、硚口区、青山区以及洪山区原居住市场租赁房的家庭在保障后非住房消费分别增加了53.7%、82.6%、67.2%、45.5%、45%、17.6%、39.2%。原借住房和原公房家庭的增长比例也相对较高，在此不一一阐述（见表4.37）。

表4.37　**实物配租家庭的非住房消费支出变化情况**　（元/月）

	总体		原自有房		原市场租赁房		原借住房		原公房	
	保前	保后	保前	保后	保前	保后	保前	保后	保前	保后
武昌区	599.6	856.8	-	-	570.9	877.5	633.5	863.2	664.2	850.1
江汉区	497.7	718.6	549.3	538.1	418.4	764.0	428.3	553.6	745.3	943.2
汉阳区	438.8	610.1	11.40	33.1	429.6	718.5	662.5	778.8	317.8	606.9
江岸区	568.0	810.5	-	-	538.0	782.6	658.6	797.4	439.3	991.7
硚口区	535.8	695.6	640.4	858.1	452.3	655.4	818.7	727.8	448.9	448.9
青山区	501.1	573.1	848.8	163.0	352.3	414.4	869.6	1034.8	884.7	923.2
洪山区	621.9	848.3	727.6	1009.3	645.6	898.5	624.6	790.3	726.2	1056.1

一言以蔽之，实物配租保障方式对受保障家庭的非住房消费支出的提升作用明显，这主要是由于为低收入家庭提供廉租住房，既积极地改善了居民的居住条件，整体降低其家庭住房消费支出，又刺激了被保障家庭的非住房消费支出，提高了居民非住房消费支出的能力。

（二）宜昌、襄阳等市

由宜昌市、襄阳市、麻城市和兴山县实物配租家庭的住房消费支出数据可知，各市、县在保障后用于住房消费方面的支出大幅下降，这从理论上可以推出五市、县实物配租家庭用于非住房消费的支出会有比较明显地上升。表 4.38 统计了五市、县实物配租家庭的非住房消费支出情况，其中，黄石市的样本观测数据均为租赁补贴家庭，因此不存在数值。由表 4.38 中的数据可知，宜昌市、襄阳市、麻城市和兴山县实物配租家庭的非住房消费支出均呈上涨趋势，各市、县上涨幅度不一，分别为 30.5%、29.5%、2%、11.2%。

表 4.38　　实物配租家庭非住房消费支出的变化情况　　（元/月）

	总体		原自有房		原市场租赁房		原借住房		原公房	
	保前	保后	保前	保后	保前	保后	保前	保后	保前	保后
宜昌市	380.6	496.6	445.6	396.2	388.2	529.3	381.8	485.0	382.1	450.5
襄阳市	522.9	677.1	815.1	481.5	526.6	692.5	578.9	774.9	451.4	511.1
麻城市	738.5	753.0	–	–	754.2	746.2	595.2	744.5	705.5	808.7
兴山县	514.1	571.7	–	–	578.1	683.2	363.3	309.0	952.4	942.3
黄石市	–	–	–	–	–	–	–	–	–	–

发生以上变化的原因有：第一，宜昌市、兴山县和襄阳市实物配租家庭的非住房消费支出增长比例较大，主要因为较低的廉租住房租金改善了家庭原有高租金、低收入的状况，增加了家庭非住房消费支出的能力；第二，麻城市接近 600 个实物配租家庭样本的平均非住房消费支出变化甚微，但是住房消费支出上升幅度不明显，说明样本的有效性有欠缺。综合分析而言，政府实物配租政策不仅改善了家庭的居住条件，也提高了家庭的生活水平。

二　租赁补贴家庭非住房消费支出的变化

租赁补贴是通过增加家庭的总收入来提高受保障对象的住房支付能力的，总收入的增加会引起总消费额度的增加。结合上文租赁补贴家庭的住房类型和住房消费支出在保障后所发生的相应变化可知，受保障家庭用于非住房方面的消费支出也会发生变化。为了更深入地分析不同住房类型的受保障家庭非住房消费支出的变化情况，按照实物配租家庭的住房类型，将其分为自有房、市场租赁房、借住房、公房四类，暂不考虑其他住房类型。和实物配租家庭有所不同，此处将租赁补贴家庭分为保障前后住房类型相同家庭与保障前后住房类型不同家庭两种情况分别进行讨论。

（一）武汉市（住房类型相同）

上文已分析了对住房类型在得到租赁补贴保障后未发生变化的家庭，其住房消费支出在保障前后变化很小。从理论上说，这部分家庭非住房消费支出变动的空间更大，更有利于居民的非住房消费。从总体上看，住房类型未发生变化的家庭平均非住房消费支出由保障前的517.2元/月上升到保障后的580.4元/月，上升幅度达12.2%。由此可以说明，租赁补贴对于保障前后住房类型相同家庭的非住房消费支出有一定的影响。从住房类型来看，自有房家庭、市场租赁房家庭、借住房家庭、公房家庭在得到租赁补贴之后的非住房消费支出均有不同程度地增加，增加幅度分别为10.2%、13.8%、12.8%、6.6%。虽然不同住房类型家庭所呈现的非消费支出变化增加幅度不尽相同，但总体上差异不大。

就武汉市各区而言，住房类型相同的租赁补贴家庭在保障后住房消费支出均有不同幅度地提高。武昌区、江汉区、汉阳区、江岸区、硚口

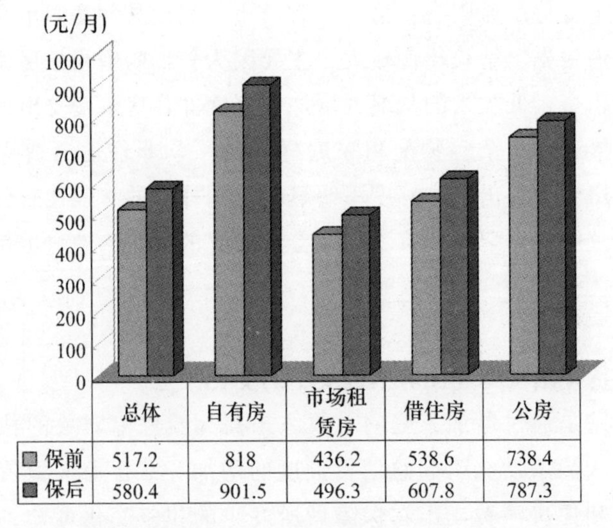

	总体	自有房	市场租赁房	借住房	公房
保前	517.2	818	436.2	538.6	738.4
保后	580.4	901.5	496.3	607.8	787.3

图4.18 武汉市租赁补贴家庭（住房类型相同）的非住房消费支出变化情况

区、青山区、洪山区住房类型未发生变化的家庭在得到租赁补贴之后，用于住房消费方面的支出上升的比例分别为 22.1%、8.1%、11.4%、2.8%、14.8%、9.6%、4.6%。其中，各区自有房家庭和公房家庭在得到租赁补贴后，用于非住房消费方面的支出有增有减。借住房家庭在得到保障后非住房消费支出整体呈现增长趋势，其非住房消费支出变化如下：武昌区由保障前的均值 539.9 元/月上升为保障后的 642.0 元/月，提高了 102.1 元；江汉区由 542.7 元/月提高至 625.6 元/月，提高了 82.9 元；汉阳区由均值 489.1 元/月攀升为 582.2 元/月，提高了 93.1 元/月；江岸区与硚口区涨幅接近，分别为 11.2% 和 14.9%；青山区相应样本取值较之江岸区与硚口区的数据，其保前保后的绝对值均较大，但涨幅略小，为 7.7%；特别地，洪山区受保障对象的非住房消费在保障前即已达到 853.2 元/月，保障后更是提高到将近 1000 元/月的高点。这里又涉及了不完善的退出机制，不再赘述。

表 4.39 中的数据说明了以下几点：第一，政府租赁补贴调节了家庭消费结构，促使受保障家庭人均非住房消费增加；第二，自有房居民在得到租赁补贴后，在未改变住房类型的前提下，部分居民会将租赁补贴用于增加非住房消费；第三，市场租赁房居民在得到租赁补贴保障之后，不论是维持原来住房不变，还是重新租赁面积更大、条件更好，或者离上班地点更近的市场房，都趋向于增加非住房消费支出，以改善生活水平；第四，借住房居民在维持原来居住类型不变的前提下，在得到租赁补贴后，均会增加衣食行等基本生活保障方面的非住房消费支出；第五，根据家庭

表 4.39　**租赁补贴家庭（住房类型相同）的非住房消费支出变化**　（元/月）

	总体		自有房		市场租赁房		借住房		公房	
	保前	保后	保前	保后	保前	保后	保前	保后	保前	保后
武昌区	480.3	586.6	777.5	1037.6	397.2	475.8	539.9	642.0	648.3	838.9
江汉区	621.5	672.0	1220.9	1229.9	569.0	610.0	542.7	625.6	1125.0	1106.6
汉阳区	530.0	590.5	753.3	736.9	531.6	588.9	489.1	582.2	595.0	553.5
江岸区	623.0	640.7	–	–	486.8	540.5	453.1	504.1	1002.2	950.0
硚口区	410.1	470.8	620.4	741.3	341.6	394.3	452.4	520.0	518.8	568.7
青山区	542.7	594.7	920.6	1229.9	480.8	528.1	593.3	639.1	758.7	770.8
洪山区	761.3	796.1	1216.8	845.6	361.8	672.6	853.2	990.9	1122.6	691.8

需求与偏好，部分公房居民会增加住房开支从而减少非住房消费支出，另一些则会增加非住房消费支出，提高生活质量。

（二）武汉市（住房类型不同）

上文分析指出，在得到租赁补贴保障前后住房类型发生变化家庭的住房消费支出在保障后较保障前得到了大幅提升。特别是原自有房居民，在得到租赁补贴转租市场房之后，其住房消费支出增加了1.24倍。租赁补贴对保障前后住房类型发生变化家庭的住房消费支出影响颇大，由此可以推断，租赁补贴同样会影响家庭非住房消费。从总体上看，住房类型发生变化家庭的平均非住房消费支出由保障前的573.2元/月上升到保障后的602.9元/月，上升幅度较小，约为5.2%。由此可以说明，租赁补贴对于保障前后住房类型相同家庭的非住房消费支出有一定的影响，但是影响较小。从住房类型来看，原自有房家庭、原借住房家庭、原公房家庭在得到租赁补贴之后的非住房消费支出均略微有所下降，降低幅度分别为1.2%、4.9%、4.8%。对比上文分析可知，这三种类型的家庭在得到租赁补贴后用于住房消费方面的支出增幅颇大，因此，在非住房消费支出方面呈下降趋势也属于正常现象，这与这些低收入家庭原先拥挤和不利的居住环境有关。

就武汉市各区而言，除洪山区外，其余6区样本中的非住房消费支出均值存在不同程度的涨幅。武昌区、江汉区、汉阳区、江岸区、硚口区以及青山区住房类型发生变化的家庭在得到租赁补贴之后，用于住房消费方面的支出上升的比例分别为15.6%、19.8%、0.5%、0.67%、4.1%、1.6%。与之相左，洪山区由居高的1251.6元/月下降为1125.0元/月，降低了126.6元。考虑到样本的准确性，洪山区数据表明，其受保障家庭不符合租赁补贴准入机制的要求，这里予以剔除。

其中，观察7区原居住借住房的受保障对象的非住房消费支出，在保障前，武昌区为563.7元，江汉区为468.6元，汉阳区为546.4元，江岸区为505.8元，硚口区为397.7元，青山区为407.0元，而在得到租赁补贴保障后，青山区最低，为293.4元，7区总体趋势略有回落。原租住公房的租赁补贴保障对象在更改住房类型之后，各区非住房消费方面的支出增减不一，不过大体上变化不大（具体情况见表4.40）。

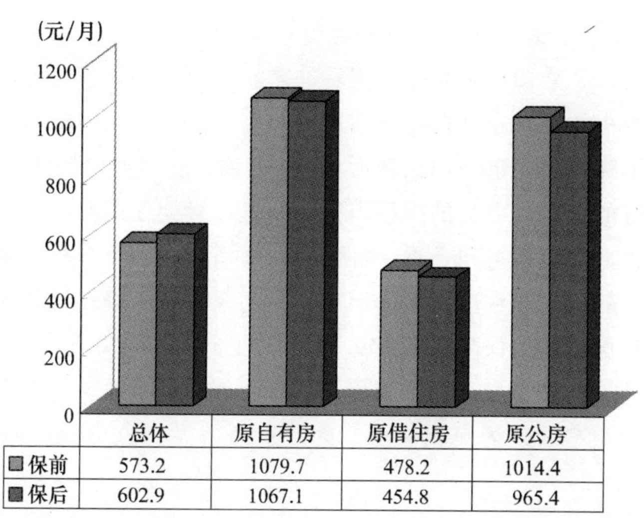

图 4.19　武汉市租赁补贴家庭（住房类型不同）非住房消费支出的变化情况

表 4.40　租赁补贴家庭（住房类型不同）的非住房消费支出变化情况　（元/月）

	总体		原自有房		原借住房		原公房	
	保前	保后	保前	保后	保前	保后	保前	保后
武昌区	502.2	580.3	968.8	1181.5	563.7	595.0	569.5	720.7
江汉区	619.1	741.6	1238.2	1184.6	468.6	417.0	710.5	996.8
汉阳区	722.6	725.9	887.3	799.8	546.4	633.4	978.5	852.0
江岸区	468.5	499.7	–	–	505.8	506.1	369.1	308.3
硚口区	524.2	545.8	–	–	397.7	465.3	987.8	959.6
青山区	472.8	480.2	–	–	407.0	293.4	1442.1	1074.5
洪山区	1251.6	1125.0	1437.5	1437.5	708.6	643.2	2372.5	2025.5

由表 4.40 数据分析可以得知：第一，政府对低收入家庭的租赁补贴总体上对家庭住房消费支出的冲击力度较大，虽然会促使保障前后住房类型不同家庭的非住房消费支出的增加，不过刺激幅度一般；第二，结合上文住房类型不同家庭的住房消费支出分析可以得知，原自有房家庭、原借住房家庭以及原公房家庭在得到租赁补贴之后，用于住房方面的消费支出大幅增长，这也从侧面解释了这三种住房类型家庭的非住房消费支出略有

下降的原因。

（三）宜昌、襄阳等市（住房类型相同）

就宜昌市、襄阳市和兴山县租赁补贴家庭而言，各市、县住房类型未发生变化的租赁补贴家庭在保障前后的非住房消费支出增减不一。其中宜昌市略有下降，襄阳市增加比例为6.4%，兴山县增加比例约为12%。特别值得注意的是，兴山县的市场租赁房家庭在得到住房券后，只能用于住房消费，由上文分析可知，这一群体的住房消费支出上升幅度较大，但是政府补贴不能用于非住房消费，而兴山县的租赁房家庭在得到住房券补贴后，其非住房消费由保障前的659.3元/月上升到757.2元/月，上升幅度明显。另外，麻城市只有实物配租一种保障方式，黄石市受保障家庭在保障后的住房类型均变为廉租住房，因此这两市没有这方面的数值（具体情况见表4.41）。

表4.41　**租赁补贴家庭（住房类型相同）非住房消费支出的变化情况**　（元/月）

	总体		自有房		市场租赁房		借住房		公房	
	保前	保后	保前	保后	保前	保后	保前	保后	保前	保后
宜昌市	572.6	559.2	474.0	477.6	331.5	359.8	640.4	632.2	598.0	529.4
襄阳市	662.4	705.1	–	–	647.2	661.2	691.1	798.7	634.1	740.9
麻城市	–	–	–	–	–	–	–	–	–	–
兴山县	634.9	710.9	–	–	659.3	757.2	–	–	–	–
黄石市	–	–	–	–	–	–	–	–	–	–

产生以上现象的原因是：第一，宜昌市租赁补贴家庭总体上的住房消费支出略有增加，相应地，用于非住房方面的消费略有下降，说明政府对租赁补贴家庭所给予的补贴金额不多，无法使居民的居住条件得到充分改善，更没能改善居民的生活水平；第二，兴山县的住房券在提高居民住房条件的同时，减少了家庭用于住房方面的消费，因此，非住房消费支出有所增加，尤其是原市场租赁房居民，其增加额度非常明显。

（四）宜昌、襄阳等市（住房类型不同）

就各市、县住房类型发生变化的租赁补贴家庭而言，除宜昌市和麻城市以外，其他三市在保障前后的非住房消费支出均有所增加。黄石市的增幅最为明显，由原来的707.2元/月增加到839.9元/月，增幅达到

18.8%；襄阳市和兴山县的非住房消费支出的增加比例略微偏低。宜昌市的非住房消费支出呈现下降的趋势，由保障前的620.3元/月下降为保障后的543.1元/月，下降比例达到12.4%。麻城市的观测样本全为实物配租家庭，所以不存在这一方面的数据。

表4.42　**租赁补贴家庭（住房类型不同）非住房消费支出的变化情况**　（元/月）

	总体		原自有房		原借住房		原公房	
	保前	保后	保前	保后	保前	保后	保前	保后
宜昌市	620.3	543.1	761.2	773.6	692.2	564.1	409.5	345.2
襄阳市	621.1	653.4	798.0	541.0	661.4	620.6	561.4	562.5
麻城市	–	–	–	–	–	–	–	–
兴山县	550.2	572.3	–	–	338.6	338.6	–	–
黄石市	707.2	839.9	–	–	446.5	537.5	989.2	1001.3

以上变化出现的原因是：第一，宜昌市对低收入家庭的住房补贴保障力度较小，虽导致住房类型发生变化家庭的住房消费支出得以增加，但降低了居民的生活水平；第二，兴山县的住房券政策不仅减轻了低收入人群的住房负担，提高了其家庭的居住条件，而且使其家庭非住房消费得以提升，改善了这些家庭的生活水平；第三，黄石市配物补租政策对居民的非住房消费所带来的影响非同一般，在一定程度上降低这些家庭的住房消费支出的同时，也大幅度提高了这些家庭的非住房消费支出，较大地改变了这些家庭的消费支出结构，提高了他们的生活水平。

第五节　住房补贴对受保障对象就业行为的影响

从理论上讲，住房保障作为一种社会保障制度对受保障对象的就业行为会产生积极的促进作用。政府通过给予目标群体住房补贴来促进目标群体获得居住、学习和就业的机会，使目标群体逐渐摆脱对政府福利的依赖，逐步成为对社会负责任和有贡献的社会成员。然而，住房保障的存在使目标群体过多地依赖政府救助性补贴的内生机制，其准入标准和筛选程序也容易导致“住房福利陷阱”——受保障对象为了得到公共租赁住房而选择不工作或者维持低收入的工作。另外，住房补贴保障方式还会对受保障对象的通勤费用产生影响，且不同的保障方式对受保障对象通勤费用产生影响的程度和原因不同。

为了进一步分析住房补贴对受保障对象就业行为的影响，我们在这里将讨论工资收入和通勤费用两个方面。按住房补贴类型的不同，将受保障对象分为实物配租家庭和租赁补贴家庭，在这两种模式下分别讨论住房补贴对受保障对象就业行为的影响。在此基础上，考虑到工作类型、年龄段和原住房类型对受保障对象在保障后的工资收入、通勤费用的变化会产生一定的影响，我们按工作类型将其分为无工作、临时工作、稳定工作三类；按年龄阶段将其划分为40岁及以下、41—60岁、60岁以上三类；将住房类型分为原自有房、原市场租赁房、原借住房、原公房四类。按照这样的分类框架，分别考察租赁补贴对武汉市及宜昌市、襄阳市等五市、县受保障对象工资收入和通勤费用的影响。

一　实物配租家庭就业行为的变化情况

实物配租由政府直接向受保障对象提供廉租住房，为低收入住房困难家庭提供住房保障。一方面，实物配租从理论上讲会使有劳动能力的人积极参与经济活动，提高技能，为就业做准备，提高受保障对象就业的积极性。但是由于廉租住房一般建在地理位置较为偏远的城区，周围环境设施尚不完善，会导致部分廉租住户尤其是老弱病残住户难以在住所周围找到工作，造成就业机会减少。同时，在实际中也要考虑“福利陷阱”现象所带来的消极作用。另一方面，公共租赁住房的区位一般距离就业中心太远，因而从理论上讲会造成受保障对象通勤费用的增加。

下面将从受保障对象的工资收入、通勤费用两方面，按照工作类型、年龄段、住房类型的划分，分别探讨在实物配租模式下补贴政策对武汉市及其他五市、县受保障对象就业行为的影响。

（一）工作类型

1. 武汉市

根据表4.43所显示的统计结果，武汉市实物配租家庭无工作、临时工作、稳定工作三种工作类型分别占67.2%、25.1%、7.7%，无工作类型占绝大多数，其次为临时工作类型，拥有稳定工作对象的比例最小。观察武汉市七个区实物配租家庭工作类型的比例数据，除江岸区无工作类型为48.7%之外，其他六区无工作类型均超过50%，其中汉阳区无工作类型的比例高达86.4%。相反，稳定工作类型所占比重最小，其中最小的江汉区为1.1%，最高的洪山区也仅有10.6%。从整体来看，接受实物配租家庭绝大部分以无工作和临时工作的对象为主。

表4.43　**武汉市实物配租家庭的工作类型**　（%）

	无工作	临时工作	稳定工作
武昌区	77.6	11.5	10.9
江汉区	68.1	30.9	1.1
汉阳区	86.4	6.8	6.8
江岸区	48.7	43.9	7.4
硚口区	73.6	18.6	7.9
青山区	74.5	18.9	6.6
洪山区	58.4	31.0	10.6
平均数	67.2	25.1	7.7

注：平均数为表中7个城区的加权平均数。

2. 宜昌、襄阳等市

从表4.44可知，宜昌市接受实物配租保障对象的工作类型以无工作类型为主，占总体的87.2%，从事临时工作和稳定工作的比例分别占7.4%和5.4%。麻城市无工作类型的人数占61.0%，临时工作类型人数占20.5%，稳定工作类型人数占18.5%。兴山县无工作、临时工作、稳定工作类型人数的比例分别为59.1%、40%和0.8%。其中，襄阳市的问卷调查没有工作类型这一选项，黄石市所提供的保障没有实物配租方式，因此这里不讨论这两个市的情况（下同）。从表4.44中的数据可知，接受实物配租家庭中的绝大部分都无工作或拥有临时工作。

表4.44　**实物配租家庭的工作类型**　（%）

	无工作	临时工作	稳定工作
宜昌市	87.2	7.4	5.4
襄阳市	-	-	-
麻城市	61.0	20.5	18.5
兴山县	59.1	40.0	0.8
黄石市	-	-	-

（二）工资收入的变化情况

由上文分析知，实物配租作为住房补贴的一种方式对于受保障对象的就业行为有着一定的积极促进作用，但也会由于福利依赖而使受保障对象不愿参加工作或保持低收入工作，因此对工资收入的增加产生了负效应。此外，实物配租的廉租住房的区位一般较偏远，周围环境设施较不发达，导致部分廉租户难以在住所周围找到工作。虽然在迁入廉租房后，住户在住房消费上节省了开支，但对于那些体弱多病或是年老、残疾的住户来说，想在小区周围找到临时工作赚取生活费则难上加难。也就是说，虽然住房问题解决了，生存难题依然存在。下面就按工作类型、年龄段、住房类型三方面讨论实物配租对受保障对象工资收入的影响。

1. 武汉市

（1）不同工作类型

从总体数据来看，武汉市实物配租家庭的月工资收入在保障前后由568.6元增加到722.4元，增幅为27.0%。不同工作类型的受保障家庭在保障后工资收入都有所增加。其中，临时工作类型家庭工资收入增幅最为明显，由每月的709.5元增加到923.0元，增幅为18.7%。无工作类型家庭的工资增加幅度略低，为26.1%。在保障后月工资收入增加最小的是稳定工作类型，由812.8元变为965.0元，增幅为18.7%。

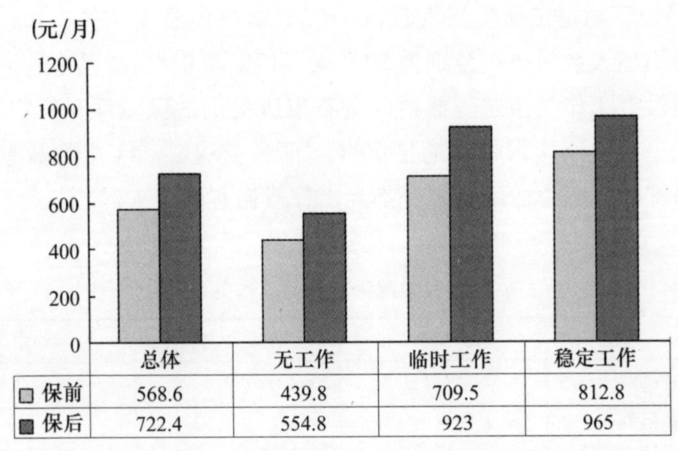

	总体	无工作	临时工作	稳定工作
保前	568.6	439.8	709.5	812.8
保后	722.4	554.8	923	965

图4.20 武汉市实物配租家庭的工资收入变化情况

比较武汉市各区的数据，武昌区、江汉区、汉阳区、江岸区、青山区、洪山区接受实物配租家庭的月工资收入都得到一定程度地提升，其比例分别为35.18%、46.3%、19.04%、42.30%、14.17%、22.54%，其中增幅最大的为江汉区，最小的为青山区，平均增幅为29.92%。相反，硚口区在进行实物配租后，其受保障对象的工资收入则由每月735.0元下降到538.5元，下降幅度为26.73%，具体表现为无工作类型家庭在保障后月工资收入的下降。

表4.45　**武汉市各区实物配租家庭工资收入的变化情况**　（元/月）

	总体		无工作		临时工作		稳定工作	
	保前	保后	保前	保后	保前	保后	保前	保后
武昌区	540.1	730.1	428.3	593.9	820.8	1084.0	655.5	857.5
江汉区	470.7	517.0	288.2	303.1	780.2	879.7	–	–
汉阳区	470.6	560.2	450.7	558.7	624.2	679.0	420.1	395.9
江岸区	545.6	776.4	545.8	692.8	542.7	824.4	–	–
硚口区	735.0	538.5	811.6	461.2	658.4	615.7	640.5	951.3
青山区	534.2	609.9	331.8	423.4	932.6	1001.3	886.5	877.6
洪山区	736.4	902.4	525.4	680.1	937.7	1144.7	1213.8	1305.1

根据武汉市总体和各区工资收入变化情况来看，在以实物配租方式进行保障后，受保障对象的工资收入在一定程度上有所增加，整体呈上升趋势，这说明实物配租政策对于受保障对象工资收入的增加有一定的促进作用。调查结果显示，不同工作类型的受保障对象月工资收入增加幅度有所不同，临时工作和无工作类型的受保障对象工资收入变化最为明显，稳定工作类型的受保障对象工资收入增幅反而最小。从理论上讲，廉租住房一般建在地理位置较为偏远的城区，周围环境设施较不发达，导致部分廉租户难以在住所周围找到工作。虽然迁入廉租住房后，住户在住房消费上节省了开支，但对于那些体弱多病或是年老、残疾的住户来说，想在小区周围找到临时工作赚取生活费则难上加难，因此从理论上说稳定工作类型的受保障对象月工资收入的增幅应更大。这里出现与理论上不同结果的原因可以归结为，解决住房问题对受保障对象就业积极性的提升作用比较大，因而能在一定程度上使其增加工资收入，并且“福利现象”并未体现出

来。另外，调查结果显示，临时工作类型和稳定工作类型的受保障对象的月平均收入分别为923.0元和965.0元，超过了武汉市廉租住房制度所规定的受保障对象月平均工资收入不得高于800元的标准，这从侧面反映了廉租住房退出机制的不完善。

(2) 不同年龄段

总体来说，武汉市实物配租家庭的月工资收入在保障后都得到了一定的增加。41—60岁年龄段的受保障对象工资收入增幅最大，保障前其月工资收入平均为551.3元，保障后其月平均工资增加到706.5元，增幅为28.15%；40岁及以下年龄段和60岁以上年龄段在保障前后的月平均工资收入增加幅度相差不大，分别为23.30%和23.13%。

武汉市各区的情况基本上与武汉市的总体情况一致，以实物配租方式进行住房补贴后，受保障家庭的月平均工资收入均得到一定的增加（硚口区除外）。按保障后月工资收入增幅由大到小排序依次为江岸区、青山区、武昌区、汉阳区、洪山区、江汉区，其增幅分别为38.0%、29.9%、23.1%、19.0%、18.5%、11.7%。

表4.46　**武汉市各区实物配租家庭的工资收入变化情况**　（元/月）

	40岁及以下		41—60岁		60岁以上	
	保前	保后	保前	保后	保前	保后
武昌区	757.3	804.4	459.0	669.3	833.4	1049.3
江汉区	362.3	487.4	477.0	518.4	543.0	538.5
汉阳区	546.3	717.5	503.9	597.4	343.2	343.2
江岸区	578.1	776.9	530.9	768.1	604.6	839.9
硚口区	-	-	735.0	538.5	-	-
青山区	509.0	540.4	541.8	611.8	576.5	960.9
洪山区	738.2	920.3	720.2	884.8	877.0	963.4
平均数	606.5	747.8	551.3	706.5	659.5	812.0

注：平均数为表中7个城区的加权平均数。

由年龄段差异所导致的实物配租政策对受保障对象工资收入产生变化的原因是：第一，不同年龄段受保障对象的工作能力不同。由于41—60岁这个年龄段的群体积累了丰富的工作经验，工作能力和工作精力相对其他两种类型要强，因此在获得同等住房补贴的条件下，该年龄段群体工资收入提升的可能性更大。第二，实物配租的廉租住房一般建在地理位置偏远的城区，周边环境设施不发达，对于年龄较大的住户来说，想在周围寻找临时工作赚取生活费很困难。

（3）不同住房类型

从总体来看，武汉市实物配租家庭（不同住房类型）在保障后的人均月工资收入是增加的，保障前月人均工资收入仅为619.8元，保障后增加到785.7元，提升比例为26.8%。再看不同住房类型在保障前后月人均工资收入的变化情况：原借住房和原公房家庭的月工资收入增加幅度较大，原借住房家庭由保障前每月674.9元增加到保障后每月999.1元，增加幅度为48.0%；原公房家庭由保障前每月479.1元增加到保障后的每月687.8元，增幅为43.6%；原市场租赁房类型家庭在保障后的月工资收入由603.8元增加到691.1元，幅度为14.5%，增幅较小；月工资收入增幅最小的是原自有房家庭，其提升幅度仅为6%。

分析武汉市各区的情况可以看出，在进行实物配租后，各个区受保障家庭的月人均工资收入变化情况与武汉市总体情况保持一致，均有一定幅度地增加。江岸区在保障后的月工资收入增幅最大，由519.1元增加到737.4元，增幅为42%；青山区增幅最小，由623.3元增加到723.6元，增幅为16.1%。另外，汉阳区、江汉区、洪山区、武昌区在保障后的人均收入增幅依次为32.9%、25.6%、24.9%、20.1%。武汉市各区实物配租家庭（不同住房类型）的工资收入情况如表4.47所示。

表4.47　**武汉市各区实物配租家庭工资收入的变化情况**　（元/月）

	原自有房		原市场租赁房		原借住房		原公房	
	保前	保后	保前	保后	保前	保后	保前	保后
武昌区	1537.4	1537.4	569.1	742.1	412.5	679.8	312.4	442.0
江汉区	706.1	794.3	376.6	373.7	-	-	378.4	666.6
汉阳区	230.6	230.6	717.4	798.2	127.6	506.6	322.9	322.9
江岸区	384.4	384.4	778.1	837.0	491.0	1108.1	423.3	619.9
硚口区	700.8	-	658.4	615.7	922.4	922.4	-	-
青山区	242.5	345.9	397.6	459.4	1014.4	1187.7	838.5	901.4
洪山区	922.6	1147.9	890.1	1016.2	843.7	1025.0	655.6	945.9
平均数	721.4	764.9	603.8	691.1	674.9	999.1	479.1	687.8

注：平均数为表中7个城区的加权平均数。

2. 宜昌、襄阳等市

（1）不同工作类型

从总体数据来看，宜昌市和兴山县受保障对象在接受实物配租后的工资收入变化趋势并不明显。宜昌市和兴山县的受保障对象在接受实物配租后的工资收入出现上升现象，其收入增幅分别为10.4%和0.5%。与此不同的是，襄阳市和麻城市的受保障对象在接受实物配租后的工资收入出现下降现象，其收入降幅分别为11.7%和20.7%。黄石市只存在租赁补贴一种方式，因此这里不予讨论。

表4.48　**宜昌、襄阳等市实物配租家庭工资收入的变化情况**　（元/月）

	总体		无工作		临时工作		稳定工作	
	保前	保后	保前	保后	保前	保后	保前	保后
宜昌市	393.9	434.9	370.5	397.5	478.3	494.0	486.7	636.6
襄阳市	514.8	454.4	–	–	–	–	–	–
麻城市	953.4	755.7	743.0	766.3	853.6	869.6	1050.7	998.9
兴山县	769.3	773.5	740.7	747.1	804.2	805.4	985.6	985.6
黄石市	–	–	–	–	–	–	–	–

从上文分析可知，实物配租既有促进人们就业积极性，从而增加劳动收入的可能性，又有由于廉租住房周边环境设施不发达而造成的部分人群难就业问题，以及“福利陷阱”对人们就业产生的负面影响，从而降低工资收入的可能性。由于不同城市实际情况不同，同样的政策对受保障对象就业所产生的影响也不同。对于宜昌市和兴山县而言，实物配租解决了低收入人群的住房困难问题，促进了这部分人群的就业积极性，从表4.48中的数据可以看出，这两个市三种不同工作类型受保障人群的工资收入都在一定程度上得到了提高。对于麻城市而言，无工作和临时工作类型的受保障人群在接受实物配租后的工资收入是增加的，只有拥有稳定工作类型的受保障对象的工资收入出现了小幅下降，基本上可视为维持不变。由此可知，实物配租对受保障人群的人均工资收入的增加有一定的促进作用，但也要谨防实物配租所带来的就业环境不稳定与“福利陷阱”等原因给受保障对象的工资收入变化所带来的负面效应。

（2）不同年龄段

从表 4.49 可知，实物配租对不同年龄阶段的受保障对象工资收入影响的总体情况如下：在 40 岁以下年龄段，宜昌市和兴山县实物配租家庭的工资收入是增加的，其增加幅度分别为 6.9%、0.7%，工资收入基本上可视为维持不变。襄阳市、麻城市实物配租家庭的工资收入在保障后有所下降，降幅分别为 2.2% 和 23.0%。在 41—60 岁年龄段，宜昌市和兴山县在保障后的工资收入略有增加，增幅分别为 12.4%、0.5%。襄阳市、麻城市实物配租家庭的工资收入是下降的，降幅为 15.7%、19.6%。在 60 岁以上年龄段，宜昌市和兴山县实物配租家庭的工资收入仍是增加的，增幅为 0.4% 和 0.04%，襄阳市、麻城市受保障对象的工资收入下降了，降幅为 4.9%、22.8%。

表 4.49　**宜昌、襄阳等市实物配租家庭工资收入的变化情况**　（元/月）

	40 岁及以下		41—60 岁		60 岁以上	
	保前	保后	保前	保后	保前	保后
宜昌市	585.7	626.3	360.2	404.7	375.2	376.8
襄阳市	520.1	508.7	538.6	454.3	396.7	377.3
麻城市	1017.8	783.3	929.9	748.0	970.8	749.7
兴山县	803.4	809.0	768.8	772.5	541.1	541.3
黄石市	-	-	-	-	-	-

由表 4.49 中的数据比较可知，宜昌市、兴山县在实施实物配租后各个年龄段的受保障对象的工资收入都有所增加，41—60 岁这个年龄段增幅较明显。襄阳市、麻城市在实施实物配租后各个年龄段的受保障对象的工资收入均是下降的。由此可知，实物配租对不同年龄段的受保障对象工资收入的影响十分微小。不同城市的情况不同，实物配租对工资收入影响的结果也可能截然相反。

（3）不同住房类型

从表 4.50 可知，宜昌市实物配租家庭原自有房、原借住房、原公房类型的工资收入均有所下降，降幅分别为 59.4%、2.1%、8.1%，原市场租赁房家庭的工资收入增幅为 18.9%。襄阳市原市场租赁房、原借住房家庭的工资收入降幅分别为 13.7%、10.0%。原公房家庭的工资收入

表 4.50　宜昌、襄阳等市实物配租家庭工资收入的变化情况　（元/月）

	原自有房		原市场租赁房		原借住房		原公房	
	保前	保后	保前	保后	保前	保后	保前	保后
宜昌市	477.9	193.9	371.4	441.5	472.1	462.3	381.5	412.4
襄阳市	-	-	492.6	425.3	490.1	441.1	587.9	597.8
麻城市	-	-	985.4	761.2	836.0	687.2	852.7	877.0
兴山县	-	-	897.4	902.8	444.3	444.3	404.9	401.1
黄石市	-	-	-	-	-	-	-	-

略有增加，增幅为 1.7%。麻城市原市场租赁房、原借住房家庭的工资收入增幅为 22.8%、17.8%，原公房家庭的工资收入则上涨了 2.8%。兴山县原市场租赁房家庭的工资收入增幅为 0.6%，原借住房家庭的工资收入维持不变，原公房家庭的工资收入下降了 0.9%。

（三）通勤费用的变化情况

政府通过实物配租为低收入家庭提供低租金的廉租住房，解决了这部分群体的住房困难问题，但是由于廉租住房地理位置比较偏远，就业环境和周边环境的不便利都会在一定程度上增加受保障对象的通勤费用。因此，下面从工作类型和住房类型两方面讨论武汉市和其他五市、县实物配租对受保障对象通勤费用的影响情况。

1. 武汉市

（1）不同工作类型

从武汉市保障前后通勤费用总体变化情况来看，实物配租家庭的通勤费用整体上呈增加趋势，由每月的 37.8 元增加为 51.5 元，增加幅度为 36.2%。再对比不同工作类型情况，临时工作、稳定工作和无工作三种类型的受保障对象在接受实物配租前的月通勤费用分别为 46.8 元、45.6 元、30.7 元，保障后这三种类型的月通勤费用依次增加到 69.1 元、65.5 元、37.7 元，增幅分别为 47.6%、43.6%、22.8%。

再分别考察七个区通勤费用的变化情况，整体来说，接受实物配租后七个区的通勤费用均有所增加。其中，汉阳区和江岸区增幅最大，分别为 71.2% 和 60.1%，增幅超过了原通勤费用的 50%。武昌区、江汉区、硚口区增幅相对较小，分别为 25.5%、49.2%、14.5%。青山区和洪山区在实物配租后受保障家庭的通勤费用基本维持不变，增加幅度分别为

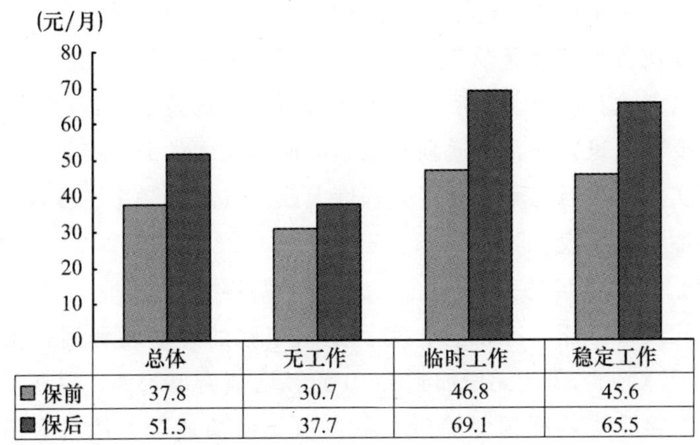

图 4.21　武汉市实物配租家庭通勤费用的总体变化情况

2.1% 和 4.3%。

表 4.51　**武汉市各区实物配租家庭通勤费用的变化情况**　(元/月)

	总体		无工作		临时工作		稳定工作	
	保前	保后	保前	保后	保前	保后	保前	保后
武昌区	37.2	46.7	35.3	47.4	40.1	49.6	40.8	40.7
江汉区	44.7	66.7	35.3	41.5	63.5	117.1	-	-
汉阳区	38.5	65.9	44.73	71.1	30.7	30.7	0.0	76.9
江岸区	51.1	81.8	34.0	57.4	61.1	95.3	33.2	67.6
硚口区	11.0	12.6	4.3	3.8	21.0	28.4	14.6	0.0
青山区	18.7	19.1	12.0	12.0	33.7	35.9	42.3	42.3
洪山区	44.4	46.3	46.7	42.0	28.5	29.2	79.6	121.3
平均数	37.8	51.5	30.7	37.7	46.8	69.1	45.6	65.5

注：平均数为表中 7 个城区的加权平均数。

从表 4.51 中的数据对比可知，实物配租保障方式会增加保障对象的通勤费用，通勤费用的增加幅度与受保障对象的工作类型有关，保障前的通勤费用越低，保障后的通勤费用增加幅度越大。在三种工作类型中，临时工作和稳定工作类型的通勤费用增加幅度最大，无工作类型的通勤费用增幅最小。究其原因，实物配租的廉租住房一般建在较为偏远的地区，距离就业中心和市中心较远，因此造成廉租住房租户通勤费用的增加，这一点对于须花费大部分通勤费用在上班路程中的临时工作和稳定工作类型的受保障对象尤其明显。相反，无工作者多为老弱及身体行动不便群体，他们不需要在上班方面花费通勤费用，因而其原本的通勤费用就不高，所以在接受实物配租后也不会在多大程度上改变其通勤频率，故保障后的通勤费用增加幅度不大。

（2）不同住房类型

从武汉市总体情况来看，实物配租家庭的月通勤费用在保障后增加了，由保障前的33.7元增加到47.0元，增幅为39.5%。从不同住房类型来看，在接受实物配租保障后，各住房类型的通勤费用均有所增加。其中，原借住房和原公房通勤费用增幅大致相同，分别为46.9%和48.4%；原自有房通勤费用增加幅度相对较小，由22.7元增加到31.7元，增幅为39.6%；原市场租赁房增幅最小，仅为34.2%。

再分别对武汉市各区进行分析，实行实物配租后各区受保障对象的通勤费用整体上均呈增加趋势，增幅大小各区差别较大。在保障前，武昌区、江汉区、汉阳区、江岸区、硚口区、青山区、洪山区的通勤费用增幅分别为10.5%、41.3%、271.1%、62.3%、8.7%、4.9%、22.6%。其中，汉阳区通勤费用增幅最大，其余六个区通勤费用的增幅维持在大致相当的水平上，增幅最小的是青山区，仅为4.9%。

表4.52　**武汉市各区实物配租家庭通勤费用的变化情况**　（元/月）

	原自有房		原市场租赁房		原借住房		原公房	
	保前	保后	保前	保后	保前	保后	保前	保后
武昌区	–	–	34.7	37.0	33.1	41.9	38.4	38.4
江汉区	52.5	76.9	29.2	24.2	45.9	101.2	66.3	71.7
汉阳区	0.0	153.7	54.0	28.8	22.9	102.5	–	–
江岸区	–	–	46.5	60.1	73.4	114.1	13.0	41.5
硚口区	8.0	0.0	11.5	16.2	11.7	20.9	38.4	38.4
青山区	–	–	2.8	2.8	151.7	161.4	42.3	42.3
洪山区	64.7	76.9	47.6	71.6	44.5	39.4	27.0	37.6
平均数	22.7	31.7	29.3	34.2	54.4	79.9	28.5	42.3

注：平均数为表中7个区的加权平均数。

实物配租为受保障对象直接配租廉租住房，但由于廉租住房较偏的地理区位而导致了受保障对象购物出行、上班交通的不便利，从而导致通勤费用的增加。由此可以看出，受保障对象选择入住廉租住房以解决住房难题的同时，也迎来了新的问题，生活上的不便导致其日常生活更加拮据。因此政府应为廉租住房配套相应的设施，解决住户出行不便问题，使其通勤费用得到一定程度地减少。

2. 宜昌、襄阳等市

（1）不同工作类型

根据表4.53，不同工作类型实物配租家庭的通勤费用变化情况如下：宜昌市和兴山县实行实物配租后受保障家庭的通勤费用有所下降。宜昌市由30.3元/月下降到23.8元/月，下降了21.5%。兴山县由148.6元/月下降到136.8元/月，下降了7.9%。麻城市在保障后通勤费用略微增加，由46.9元/月增加到50.5元/月，增加幅度为13.9%。

表4.53　**宜昌、襄阳等市实物配租家庭通勤费用的变化情况**　（元/月）

	总体		无工作		临时工作		稳定工作	
	保前	保后	保前	保后	保前	保后	保前	保后
宜昌市	30.3	23.8	28.4	20.8	26.4	17.4	58.2	59.5
襄阳市	10.8	12.3	-	-	-	-	-	-
麻城市	46.9	50.5	48.2	48.0	69.0	62.5	50.0	62.2
兴山县	148.6	136.8	87.7	87.7	154.5	141.6	-	-
黄石市	-	-	-	-	-	-	-	-

实物配租方式一方面由于廉租住房区位偏远而导致通勤费用直接增加，另一方面也可能因为促进了就业而导致通勤费用的间接增加。宜昌市、兴山县在实行实物配租后受保障家庭的通勤费用出现下降，主要体现在无工作和临时工作这两个类型中，这与这两种类型人群多为老弱及身体行动不便者有关，在实行实物配租后，这部分人群出行概率减少，从而降低了通勤费用。

（2）不同住房类型

从表4.54中的数据可知，宜昌市原市场租赁房和原公房家庭在接受实物配租后的通勤费用是增加的，增幅分别为12.2%、35.7%；原借住房家庭通勤费用下降了42.3%。襄阳市原市场租赁房、原借住房、原公房家庭的通勤费用均有所增加，增幅分别为8.3%、8.9%、162.5%。麻城市这三种住房类型的通勤费用增幅分别为0.8%、96.2%、7.8%。兴山县原市场租赁房家庭的通勤费用下降了8.3%。

表4.54 宜昌、襄阳等市实物配租家庭通勤费用的变化情况 （元/月）

	原自有房		原市场租赁房		原借住房		原公房	
	保前	保后	保前	保后	保前	保后	保前	保后
宜昌市	–	–	35.2	39.5	34.3	19.8	11.5	15.6
襄阳市	–	–	12.1	13.1	12.7	14.4	2.4	6.3
麻城市	–	–	48.1	48.5	50.4	98.9	43.5	46.9
兴山县	–	–	148.5	136.2	–	–	–	–
黄石市	–	–	–	–	–	–	–	–

由上可知，各市、县实物配租家庭的通勤费用整体上是增加的，这主要是由于廉租住房区位远离市中心，并且保障房周边环境不完善，缺乏配套生活设施，如超市、商场等，这就使得受保障对象花费在上班、购物等方面的通勤费用增加。

二 租赁补贴家庭就业行为的变化情况

租赁补贴是通过对低收入人群提供货币补助，直接提高家庭的住房消费能力以刺激居民住房需求的增加。这种方式实际上增加了家庭的总收入，提高了受保障对象的消费总支出。从理论上讲，一方面，租赁补贴通过增加低收入家庭住房消费、促进房地产市场发展，为社会创造了额外的工作岗位，增加了低收入无工作人群的就业机会，从而增加了家庭收入；另一方面，得到租赁补贴会改善贫困家庭的居住条件以及提高他们的生活水平，从而促使有劳动能力的人积极参与经济活动，提高技能为就业做准备，提高了受保障对象就业的积极性。但是，上文提到了租赁补贴会对家庭住房类型产生影响，家庭住址的变化必然会影响家庭人口的通勤费用。

下面将从受保障对象的工资收入、通勤费用两方面，按照工作类型、年龄段、住房类型三种划分，分别探讨租赁补贴模式下的补贴政策对武汉市及其他五市、县受保障对象就业行为的影响。

（一）工作类型

1. 武汉市

根据表4.55所显示的统计结果，武汉市无工作、临时工作、稳定工作三种工作类型的受保障对象分别各占68.9%、22.1%、9.0%，无工作类型的受保障对象占绝大多数，其次为临时工作类型，拥有稳定工作的对象比例最小。观察武汉市七个区租赁补贴家庭工作类型的比例数据，除洪山区无工作类型的比例为48.4%之外，其他六个区无工作类型的比例均超过50%，其中江岸区无工作类型比例高达81.4%。相反，稳定工作类型所占比例很小，其中最小的江岸区仅为3.6%，最高的青山区也只有14%。

表4.55　**武汉市租赁补贴家庭的工作类型**　（%）

	无工作	临时工作	稳定工作
武昌区	62.0	25.3	12.7
江汉区	57.1	35.2	7.6
汉阳区	74.3	19.9	5.8
江岸区	81.4	15.0	3.6
硚口区	75.5	17.5	7.0
青山区	65.9	20.1	14.0
洪山区	48.4	40.6	10.9
平均数	68.9	22.1	9.0

注：平均数为表中7个城区的加权平均数。

由此可知，政府的租赁补贴政策主要是针对无工作和拥有临时工作的低收入家庭进行的。因为无工作和拥有临时工作的家庭与拥有稳定工作的家庭相比，生活更难得到保障，只有政府的援助才能满足这部分人群的基本生活需要。

2. 宜昌、襄阳等市

从表4.56可知，宜昌市接受租赁补贴保障的对象绝大多数是无工作类型，占总体的51.4%，从事临时工作和稳定工作的受保障对象分别只占36.1%和12.5%。兴山县无工作、从事临时工作人数的比例分别为42.6%、57.4%，稳定工作类型的对象为零。黄石市无工作类型占71.0%；稳定工作类型次之，占17.6%；临时工作类型最少，占11.4%。其中，襄阳市由于问卷调查中没有工作类型选项，麻城市的住房保障没有租赁补贴方式，因此这里不讨论这两个市的情况（下同）。从以上数据可知，接受租赁补贴家庭的绝大部分是无工作和从事临时工作的对象。

表 4.56　**宜昌、襄阳等市、县租赁补贴家庭的工作类型**　(%)

	无工作	临时工作	稳定工作
宜昌市	51.4	36.1	12.5
襄阳市	-	-	-
麻城市	-	-	-
兴山县	42.6	57.4	0
黄石市	71.0	11.4	17.6

（二）工资收入变化情况

由表4.56可知，保障前无工作和从事临时工作的家庭在受保障对象里占了绝大部分的比例。租赁补贴在促使居民住房消费和非住房消费增加的同时，也为就业带来了契机。这种促进消费、拉动增长的方式在某种程度上改善了部分无工作和从事临时工作的家庭所面临的收入不稳定境况，为他们带来了稳定的就业岗位，提高其工作动力，从而推动其工资收入的增加。而拥有稳定工作的家庭也会因为经济的增长，工资收入会发生相应地变化。

1. 武汉市

(1) 不同工作类型

从理论上讲，租赁补贴会对受保障家庭的工资收入产生有利影响，促使其得到一定程度地增加。图4.22描述了武汉市租赁补贴家庭工资收入的变化情况。从总体上看，武汉市租赁补贴家庭人均收入由保障前的522.4元/月上升为保障后的553.3元/月，上升比例为5.9%。从工作类型上看，无工作、临时工作和拥有稳定工作的家庭在保障后的工资收入均呈上升趋势，无工作家庭在保障后由351.8元/月增至372.3元/月，从事临时工作家庭在保障后则由802.3元/月上升为855.9元/月，而拥有稳定工作的家庭在保障前的工资收入为780.6元/月，在保障后

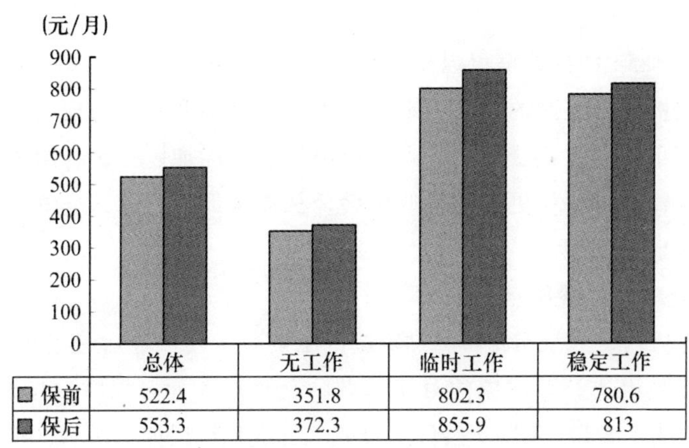

图 4.22 武汉市租赁补贴家庭工资收入的变化情况

则上升为 813 元/月。这些数据进一步证实了政府租赁补贴政策会在一定程度上推动家庭平均工资收入的增长。

就武汉市各区而言，除江汉区外，租赁补贴家庭的工资收入在各区均呈现增长势头，不过幅度相对较小。武昌区、汉阳区、江岸区、硚口区、青山区以及洪山区租赁补贴家庭在保障后工资收入的增长幅度分别为 9.3%、6.5%、6.6%、5.3%、5.6%、9.5%。其中，无工作群体接受租赁补贴保障后，在武昌区、汉阳区、江岸区、硚口区以及青山区、洪山区均呈现上升趋势，稳定工作群体的变化情况也与之类似。而临时工作群体的上升幅度较无工作和稳定工作群体更为明显。

表 4.57 **武汉市各区租赁补贴家庭工资收入的变化情况** (元/月)

	总体		无工作		临时工作		稳定工作	
	保前	保后	保前	保后	保前	保后	保前	保后
武昌区	476.1	520.4	364.6	395.0	590.4	672.1	715.0	740.8
江汉区	714.1	707.3	410.0	378.2	982.1	1010.6	798.3	732.6
汉阳区	551.0	586.7	471.6	482.0	672.3	751.8	704.4	770.1
江岸区	506.9	540.2	403.8	434.3	952.6	967.5	627.7	813.2
硚口区	315.1	331.9	186.8	191.3	649.9	741.0	741.8	682.4
青山区	473.7	500.4	267.5	280.1	681.1	728.7	870.2	915.3
洪山区	993.6	1088.0	516.5	706.0	1517.1	1547.4	705.1	724.2

从表 4.57 中的数据可以得知，政府租赁补贴对低收入阶层的工资收入具有积极的、正面的刺激和影响，虽然上升幅度没有预期的明显，但其作用不可小觑。在租赁补贴进入和退出机制上应加以完善，给特定无工作和临时工作人群提供更多的就业机会，从而降低低收入家庭的比例，这应是值得考虑的问题。

(2) 不同年龄段

总体来看，武汉市租赁补贴家庭的工资收入在保障后是呈小幅增加的。保障前接受租赁补贴对象的月工资收入为 565.8 元，保障后增加为 598.5 元，增幅为 5.8%。不同年龄段工资收入的变化情况如下所示：40 岁及以下和 60 岁以上增幅均为 6.2%，前者由 514.5 元/月增加到 546.2 元/月，后者由 685.6 元/月增加到 728.0 元/月。41—60 岁年龄段工资收入变化幅度相对较小，由 497.2 元/月增加到 521.4 元/月，增幅为 4.9%。表 4.58 表示实施租赁补贴方式下武汉市不同年龄段保障对象工资收入的变化情况。

再从武汉市各区的情况来看，接受租赁补贴后各区保障对象总体的月人均工资收入均得到一定幅度的增加，但增加幅度不大。

表 4.58　**武汉市各区租赁补贴家庭工资收入的变化情况**　（元/月）

	40 岁及以下		41—60 岁		60 岁以上	
	保前	保后	保前	保后	保前	保后
武昌区	536.3	548.1	476.7	520.8	341.8	438.3
江汉区	828.4	894.8	657.4	614.1	960.4	1001.0
汉阳区	460.4	584.7	570.5	590.8	626.8	653.1
江岸区	506.7	553.2	514.5	546.2	367.2	355.8
硚口区	476.7	520.8	317.1	329.7	253.5	270.4
青山区	657.4	614.1	418.3	446.5	575.2	699.7
洪山区	570.5	590.8	845.7	921.6	1868.6	1868.0
平均数	514.5	546.2	497.2	521.4	685.6	728.0

注：平均数为表中 7 个城区的加权平均数。

表 4.58 中的可知，租赁补贴对不同年龄段保障对象工资收入的增加有一定的积极作用，但促进效果并不十分明显。其原因是租赁补贴以货币的

方式向受保障对象发放一定的住房补贴，但现有的租赁保障力度对受保障对象的保障效果十分有限，因而对其在就业方面的影响效果也并不明显。

（3）住房类型相同

从总体来看，保障前后住房类型相同的受保障家庭在接受租赁补贴后的工资收入由每月 513.5 元增加到 539.4 元，总体提升比例为 5.0%。再分别观察不同住房类型保障前后工资收入的变化情况。原自有房类型在保障前后的工资收入由 784.4 元/月增加到 850.9 元/月，增幅为 8.5%，其增幅是所有房屋类型中最大的。相反，原公房类型家庭保障后工资收入由 599.8/月增加到 623.3 元/月，增幅仅为 3.9%，是所有房屋类型中增幅最小的。另外，原市场租赁房、原借住房类型家庭在保障后工资收入的增幅分别为 4.1%、5.4%。不同住房类型家庭在保障前后月工资收入变化情况如表 4.59 所示。

再对比武汉市七个区租赁补贴前后受保障对象工资收入的变化情况（如表 4.59 所示）。整体来讲，各区实行租赁补贴后受保障家庭的工资收入都有一定幅度地增加。其中，洪山区在保障后，受保障家庭的工资收入由 930.7 元/月增加到 1077.5 元/月，上升比例为 15.8%，增幅相对较大。其他六个区在保障后受保障家庭的工资收入增幅大体一致，均维持在小范围内。武昌区、江汉区、汉阳区、江岸区、硚口区、青山区受保障家庭的工资收入增幅依次为 6.0%、2.7%、3.9%、5.7%、1.6%、4.5%。

表 4.59　**租赁补贴家庭（住房类型相同）工资收入的变化情况**　（元/月）

	总体		自有房		市场租赁房		借住房		公房	
	保前	保后	保前	保后	保前	保后	保前	保后	保前	保后
武昌区	485.4	514.4	800.9	907.7	495.2	528.8	421.3	380.8	446.6	519.5
江汉区	665.9	683.7	1327.3	1327.3	688.9	695.0	612.6	637.2	497.1	573.3
汉阳区	585.4	608.1	769.0	784.9	571.2	584.5	515.1	559.0	869.9	830.2
江岸区	565.9	598.2	215.2	215.2	593.9	618.3	387.8	427.0	805.4	781.5
硚口区	295.1	299.9	548.9	599.6	231.5	246.7	301.5	253.4	354.6	361.1
青山区	479.8	501.6	371.2	626.5	563.1	572.6	367.7	406.8	705.9	700.0
洪山区	930.7	1077.5	1371.4	1332.4	718.4	958.4	507.6	730.3	1190.6	1383.7
平均数	513.5	539.4	784.4	850.9	519.3	540.8	421.4	444.2	599.8	623.3

注：平均数为表中 7 个城区的加权平均数。

由以上分析可知，在保障后各住房类型受保障对象的工资收入均得以提升。保障后工资收入的普遍增加说明，租赁补贴对于工资收入的增加有一定的积极促进作用，但促进作用并不十分明显。另外，不同住房类型的受保障对象工资增加幅度出现微小差异，增幅最大的为 8.5%，最小的为 3.9%，这一差异并不明显，因此住房类型导致租赁补贴对工资收入变化的影响效果并不十分明显。由保障前后住房类型没有发生变化的情况可知，租赁补贴对这类群体的保障效果不是十分明显的，从上文分析可知，这与租赁补贴力度和补贴资金被挪用有关。工资收入增幅不大，从侧面反映了租赁补贴对住房类型在保障前后相同的受保障对象的保障效果不明显。

（4）住房类型不同

针对保障前后住房类型不同的受保障对象总体而言，在租赁补贴后这一群体的工资收入有了小幅增加，由保障前的 556.0 元/月增加到保障后的 594.2 元/月，增幅为 6.9%。从不同住房类型来看，原公房家庭在保障后的月工资收入增加最明显，由 803.2 元/月增加到 887.4 元/月，增幅为 10.5%。原自有房类型次之，由 1102.5 元/月增加到 1153.3 元/月，增幅为 4.6%。相反，原借住房类型在接受租赁补贴后的工资收入由 455.8 元/月下降为 451.9 元/月，降幅为 0.86%，降幅并不明显。

由表 4.60 数据可以看出不同区租赁补贴对工资收入的影响。武昌区、汉阳区、江岸区、硚口区、青山区、洪山区住房类型不同的受保障对象在接受租赁补贴后的工资收入是增加的，其增幅分别为 21.9%、9.7%、6.1%、19.9%、9.3% 1.7%，增幅最大的为硚口区，增幅最小的是洪山区。江汉区在实行租赁补贴后受保障对象的工资收入出现小幅下降，由 762.6 元/月下降到 731.4 元/月，降幅为 4.1%。

由表 4.60 中的数据比较可知，租赁补贴对保障后住房类型发生变化的受保障群体工资收入的影响是积极的，但是影响效果并不十分明显。除了住房补贴本身对就业的积极促进效应之外，还可能因为住房类型的改变使受保障对象可以选择在距上班地点较近、就业机会更多的地点租房，距离限制因素的减小，使得就业选择更多，从而有助于增加工资收入。另外，表 4.60 中有部分数据显示，受保障对象在保障后的工资收入水平较高，超过了政策规定的住房保障准入线，因此住房保障制度退出机制的完善也是亟须解决的问题。

表 4.60　**租赁补贴家庭（住房类型不同）工资收入的变化情况**　（元/月）

	总体		原自有房		原借住房		原公房	
	保前	保后	保前	保后	保前	保后	保前	保后
武昌区	454.0	553.3	1616.8	1921.8	312.5	289.5	437.6	631.7
江汉区	762.6	731.4	1153.1	1153.1	583.3	588.8	726.7	726.7
汉阳区	518.6	569.1	769.3	769.3	524.2	382.0	540.7	637.2
江岸区	543.1	576.5	–	–	584.4	587.1	394.0	394.0
硚口区	301.2	361.1	–	–	538.1	538.1	304.1	334.6
青山区	413.5	451.9	–	–	235.0	226.4	1729.6	1729.6
洪山区	1147.6	1166.6	1537.4	1537.4	615.0	747.7	2539.5	2536.7
平均数	556.0	594.2	1102.5	1153.3	455.8	451.9	803.2	887.4

注：平均数为表中 7 个城区的加权平均数。

2. 宜昌、襄阳等市

（1）不同工作类型

表 4.61 是宜昌市、襄阳市、麻城市、兴山县和黄石市不同工作类型受保障家庭在得到租赁补贴前后工资收入的变化数据。由于襄阳市调查问卷未对调查样本的工作类型作出统计，麻城市样本数据均为实物配租家庭，在此处对这两市不作讨论。由表 4.61 的数据可知，宜昌、兴山和黄石三市、县的样本家庭在得到租赁补贴之后，其工资收入均略有增加，不过效果不明显。其中，黄石市拥有稳定工作的群体在得到租赁补贴后的工资收入上升最为显著，由保障前的 1101.8 元/月增加到保障后的 1189.2 元/月。

表 4.61　**宜昌、襄阳等市、县租赁补贴家庭工资收入的变化情况**　（元/月）

	总体		无工作		临时工作		稳定工作	
	保前	保后	保前	保后	保前	保后	保前	保后
宜昌市	557.3	565.3	420.3	433.1	618.3	631.9	785.2	770.5
襄阳市	825.9	816.5						
麻城市	–	–	–	–	–	–	–	–
兴山县	953.3	954.4	937.7	943.4	967.5	965.2		
黄石市	704.5	769.0	611.9	705.5	780.7	732.5	1001.8	1189.2

由表 4.61 中的数据可以得知，政府租赁补贴对低收入家庭的工资收入有一定的影响力，不过，由于保障力度不好把握，对居民工资收入的影响效果不明显。这些地方的政府可以在结合各地居民实际困难的前提下，将就业与住房保障相结合，切实提高居民的生活水平。

（2）不同年龄段

总体来看，剔除仅有实物配租保障方式的麻城市，宜昌、襄阳等市、县租赁补贴家庭各年龄段人群在得到保障后的工资收入增减不一。其中 60 岁以上居民的工资收入整体上呈上升趋势，而 40 岁及以下和 41—60 岁居民的工资收入在保障后变化幅度较小，有的有所增加，有的则略有下降，但总体上还是呈增长趋势的，不过幅度不明显（具体情况见表 4.62）。

表 4.62　**宜昌、襄阳等市、县租赁补贴家庭工资收入的变化情况**　（元/月）

	40 岁及以下		41—60 岁		60 岁以上	
	保前	保后	保前	保后	保前	保后
宜昌市	680.9	684.6	513.9	519.4	355.0	394.3
襄阳市	822.5	838.9	838.7	803.5	604.6	670.6
麻城市	-	-	-	-	-	-
兴山县	899.5	896.6	1002.1	1006.9	930.6	930.6
黄石市	639.1	611.4	731.8	805.7	760.9	1075.7

比较表 4.62 中的数据可知，政府租赁补贴政策对不同年龄段受保障对象的工资收入有一定的积极影响，但效果并不显著。其原因是租赁补贴以货币方式向受保障对象发放一定量的住房补贴，但现有的租赁保障力度对受保障对象的保障效果十分有限，因而对其在就业方面的影响效果也并不明显。

（3）住房类型相同

在保障前后家庭住房类型不发生变化的前提下观察宜昌、襄阳和兴山三市、县租赁补贴家庭的工资收入变化情况（麻城市和黄石市的样本观测数据不属于此范畴），从总体上看可以发现除兴山县工资收入无变化外，宜昌市和襄阳市略有增加，不过幅度较小。其中值得注意的是，襄阳市自有房群体在保障前的工资收入为670.8元/月，保障后则为997.6元/月，租赁补贴对其工资收入的影响颇大。

表4.63　　**租赁补贴家庭（住房类型相同）工资收入的变化情况**　　（元/月）

	总体		自有房		市场租赁房		借住房		公房	
	保前	保后	保前	保后	保前	保后	保前	保后	保前	保后
宜昌市	590.1	599.0	560.5	620.6	487.7	545.0	660.4	647.5	461.1	498.2
襄阳市	837.0	840.1	670.8	997.6	829.4	827.5	853.1	887.2	890.1	820.1
麻城市	-	-	-	-	-	-	-	-	-	-
兴山县	995.6	995.2	-	-	1036.7	1036.2	-	-	-	-
黄石市	-	-	-	-	-	-	-	-	-	-

由以上分析可知，保障后各住房类型受保障对象的工资收入总体上略有提升，这说明租赁补贴对于工资收入的增加有一定的积极作用，但促进效果并不十分明显。由保障前后住房类型没有出现变化家庭的情况可知，租赁补贴对这类群体的保障效果并不显著，从上文分析可知，这与租赁补贴力度和出现补贴资金挪用情形有关，值得政府进一步关注并采取相应的管理措施。

（4）住房类型不同

根据表4.64中的数据，在接受租赁补贴后，住房类型不同家庭的工资收入是普遍呈增加趋势的。除襄阳市工资收入整体降低了6.9%外，宜昌市、兴山县、黄石市在保障后的工资收入总体上都增加了，增幅分别为3.5%、2.2%、10.3%，黄石市工资收入增幅最为明显。

表4.64　　**租赁补贴家庭（住房类型不同）工资收入的变化情况**　　（元/月）

	总体		原自有房		原借住房		原公房	
	保前	保后	保前	保后	保前	保后	保前	保后
宜昌市	559.3	578.9	753.3	784.9	595.7	636.0	292.2	296.6
襄阳市	752.5	700.5	690.6	498.8	562.2	473.7	702.2	604.0
麻城市	-	-	-	-	-	-	-	-
兴山县	744.6	761.2	-	-	273.3	323.1	-	-
黄石市	724.1	799.0	-	-	632.6	822.9	820.5	981.9

从表4.64中的数据可知，租赁补贴对保障后住房类型发生变化的受保障群体工资收入的影响总体上是积极的。这除了住房补贴本身具有对就业的积极促进效应之外，还可能因为住房类型的改变使受保障对象可以选择距上班地点较近的、就业机会更多的地点租房，距离限制因素的减小，使得就业选择增多，从而有助于增加工资收入。但是，襄阳市在实行租赁补贴后工资收入出现下降的情况说明，租赁补贴所带来的“福利陷阱”问题会影响受保障对象的就业积极性，从而影响工资收入的增加。

（三）通勤费用的变化情况

租赁补贴是政府以货币价值形式向受保障对象发放住房补贴，以提升受保障对象的实际可支配收入，增强其住房消费能力，从而改善其住房消费状况。从理论上讲，一方面，受保障对象在接受租赁补贴后可通过租住距离较近的房屋来缩短上班距离，从而达到减少通勤费用的效果；另一方面，租赁补贴有促进受保障对象提高就业积极性的积极效应，也有产生福利依赖的负面效应，通过影响受保障对象的就业选择行为，从而对通勤费用产生影响。下面就从工作类型和住房类型两方面讨论租赁补贴对武汉市和其他五市、县受保障家庭通勤费用的影响。

1. 武汉市

（1）不同工作类型的通勤费用

由图4.23可知，武汉市租赁补贴家庭的通勤费用在保障后有所增加，由25.9元/月提高到27.1元/月，增幅为4.6%，变化不明显。对不同工作类型进行比较，无工作类型的通勤费用在保障后由17.1元/月上升到18.2元/月，增幅为6.4%；临时工作类型在保障后的通勤费用由43.3元/月增加到45元/月，增幅为3.9%；稳定工作类型在保障后的通勤费用由38.7元/月上升到40.1元/月，增幅为3.6%。无工作类型的通勤费用增幅最大，临时工作类型次之，最后为稳定工作类型。整体而言，实行租赁补贴后不同工作类型受保障对象的通勤费用有所增加，但增幅不大。

就武汉市七个区而言，不同区租赁补贴家庭在保障后的通勤费用既有增加也有减少。其中，保障后通勤费用增加的区有武昌区、汉阳区、江岸区、洪山区，其增幅依次为4.9%、19.9%、1.8%、72.3%，增幅差异较大。洪山区通勤费用由41.9元/月增加到72.2元/月，通勤费用增加最

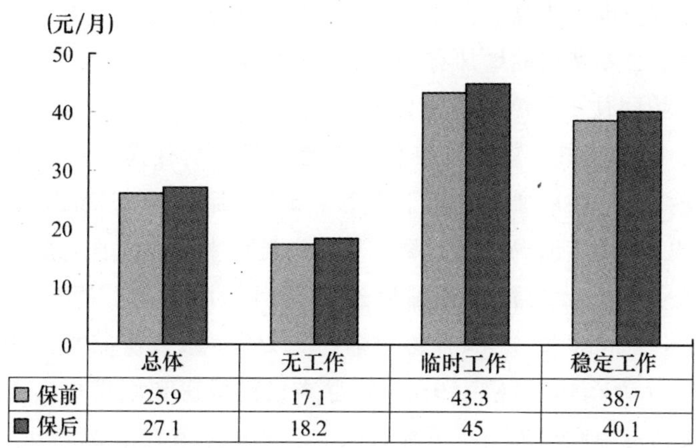

图 4.23　武汉市租赁补贴家庭通勤费用的变化情况

多。与之相反，江汉区、硚口区、青山区实行租赁补贴后受保障对象的通勤费用反而下降了，其下降幅度分别为 3.1%、0.03%、20.9%。

表 4.65　**武汉市各区租赁补贴家庭的通勤费用变化**　(元/月)

	总体		无工作		临时工作		稳定工作	
	保前	保后	保前	保后	保前	保后	保前	保后
武昌区	18.2	19.1	11.3	11.9	28.0	28.0	28.3	32.2
江汉区	38.8	37.6	30.9	30.6	49.1	50.5	29.3	14.2
汉阳区	43.8	52.5	28.3	39.9	70.5	75.1	69.9	69.8
江岸区	21.9	22.3	20.5	20.6	26.2	25.4	44.0	56.4
硚口区	23.1	22.3	11.6	13.0	55.3	44.5	55.8	57.3
青山区	19.6	15.5	14.3	6.7	31.4	28.7	21.9	27.5
洪山区	41.9	72.2	16.4	45.7	45.2	89.1	114.8	98.7

由上文分析可知，租赁补贴有促进受保障对象的就业积极性，增加就业选择机会的积极效应。在接受租赁补贴后，随着受保障对象就业数量的增多，其花费在住房与上班地点之间的通勤费用便增多了。对于无工作类型和临时工作类型的对象而言，在接受租赁补贴后他们中有更多的人实现了就业，就业人群的增加会导致其中工作类型相对稳定的群体通勤费用增幅的加大。在这里，由福利依赖所导致的就业降低现象不明显，对通勤费

用变化的影响也不明显。由此可知，武汉市租赁补贴政策对于不同工作类型保障对象通勤费用的增加有一定的影响效果。

（2）相同住房类型的通勤费用

由表4.66可知，就武汉市总体而言，保障后住房类型发生变化的家庭在接受租赁补贴后通勤费用下降了1.5%，保障前为26.5元/月，保障后为26.1元/月，出现微幅下降。从住房类型来看，原自有房和原公房类型受保障家庭在接受租赁补贴后通勤费用是增加的。原自有房家庭由54.6元/月增加到56.4元/月，增幅为3.3%；原公房家庭由28.0元/月增加到30.7元/月，增幅为9.6%。原市场租赁房和原借住房类型家庭在保障后通勤费用则出现小幅下降。原市场租赁房家庭由25.3元/月减少到24.4元/月，降幅为3.6%；原借住房家庭由23.0元/月降为30.7元/月，降幅为6.5%。

就武汉市各区而言，武昌区、汉阳区、江岸区、洪山区的受保障家庭在接受租赁补贴后通勤费用是增加的，其增幅分别为5.9%、5.0%、6.1%、60%，可以看出洪山区的增幅较大；江汉区、硚口区和青山区的受保障家庭在接受租赁补贴后通勤费用则减少了，其降幅分别为1.2%、7.6%和25.4%，可以看出青山区的降幅较大。

表4.66　**租赁补贴家庭（住房类型相同）的通勤费用变化情况**　（元/月）

	总体		自有房		市场租赁房		借住房		公房	
	保前	保后	保前	保后	保前	保后	保前	保后	保前	保后
武昌区	18.7	19.8	32.9	23.1	19.9	21.0	15.4	18.5	11.5	14.1
江汉区	43.4	42.9	89.7	89.7	44.0	43.2	35.1	30.4	52.1	74.9
汉阳区	48.4	50.8	137.6	139.3	23.0	23.4	60.7	60.7	72.3	74.7
江岸区	27.7	29.4	-	-	54.6	53.0	5.7	17.6	19.1	20.9
硚口区	22.5	20.8	14.9	15.4	20.1	21.1	25.4	14.1	37.2	37.3
青山区	19.3	14.4	56.7	25.6	22.2	16.1	13.6	11.0	31.5	31.5
洪山区	41.8	66.9	0	71.7	19.2	19.2	102.5	102.5	-	-
平均数	26.5	26.1	54.6	56.4	25.3	24.4	23.0	21.5	28.0	30.7

注：平均数为表中7个城区的加权平均数。

比较表4.66中数据可知，总体而言，租赁补贴使不同住房类型家庭的通勤费用呈下降趋势，但下降幅度并不明显。出现这种现象的原因是租赁补贴有助于受保障对象通过换租距离就业中心较近的房子从而减少通勤费用。对于市场租赁房和借住房类型家庭而言，这种效果可能体现得较为明显。

（3）不同住房类型的通勤费用

从武汉市总体来看，保障后住房类型不同的租赁补贴家庭的通勤费用有所增加，由 25.6 元/月增加到 32.0 元/月，增幅为 25.0%。从各住房类型来看，原借住房类型家庭在接受租赁补贴后通勤费用出现大幅增加，由 9.9 元/月增加到 16.5 元/月，提高了 66.7%；原公房类型家庭在保障后通勤费用也出现较大程度地增加，由 51 元/月增加到 71.2 元/月，增加幅度为 39.6%；原自有房类型家庭在接受租赁补贴保障后通勤费用则由 42.6 元/月下降为 41.7 元/月，降幅为 2.1%。

就各区而言，不同区在保障前后的通勤费用变化情况有所差异。除了江岸区通勤费用由 23.2 元/月下降为 21.4 元/月，降幅为 7.8%，出现小幅下降之外，其他各区在接受租赁补贴后通勤费用均增加了，其增加幅度有明显差异。其中洪山区增幅最大，由 32.2 元/月增加到 94.4 元/月，增幅达 193.2%。汉阳区次之，由 37.5 元/月增加到 63.4 元/月，增幅为 69.1%。其余各区增幅均较小，基本上在 10% 左右。

表 4.67　**租赁补贴家庭（住房类型不同）通勤费用的变化情况**　（元/月）

	总体		原自有房		原借住房		原公房	
	保前	保后	保前	保后	保前	保后	保前	保后
武昌区	24.3	22.1	92.2	92.2	12.3	12.3	19.4	17.7
江汉区	27.9	24.8	54.1	42.3	14.3	6.8	12.8	12.8
汉阳区	37.5	63.4	39.2	46.1	19.8	96.6	72.5	103.1
江岸区	23.2	21.4	–	–	3.1	2.9	40.8	28.8
硚口区	26.7	27.7	–	–	15.0	15.0	142.2	142.2
青山区	13.6	14.3	–	–	13.7	16.2	16.9	16.9
洪山区	32.2	94.4	–	–	0.0	23.1	34.0	135.3
平均数	25.6	32.0	42.6	41.7	9.9	16.5	51.0	71.2

注：平均数为表中 7 个城区的加权平均数。

总体而言，武汉市租赁补贴家庭的通勤费用是增加的，但是不同住房类型的家庭在保障后通勤费用变化是不一样的。其原因可能是，从租赁补贴家庭的居住水平分析结果可知，租赁补贴对于原借住房和原公房类型受保障对象居住水平的提高效果较原自有房要大，即原借住房和原公房类型家庭有更多比例的人可能选择到距就业中心近的地方租房，从而其通勤费用得到相应地减少。

2. 宜昌、襄阳等市、县

（1）不同工作类型的通勤费用

据表 4.68 的数据，宜昌市租赁补贴家庭通勤费用由 34.5 元/月下降到 31.8 元/月，降幅为 7.8%。兴山县通勤费用由 129.1 元/月下降为 124.1 元/月，降幅为 3.9%。黄石市通勤费用由 49.3 元/月下降为 46.2 元/月，降幅为 6.3%。其中襄阳市调查问卷中缺乏住房类型这一项，麻城市只存在实物配租一种保障方式，因此这里不对这两个市这方面的情况进行讨论（下同）。

表 4.68　**宜昌、襄阳等市、县租赁补贴家庭通勤费用的变化情况**　（元/月）

	总体		无工作		临时工作		稳定工作	
	保前	保后	保前	保后	保前	保后	保前	保后
宜昌市	34.5	31.8	26.4	22.7	31.7	33.5	44.6	46.6
襄阳市	46.9	50.0	–	–	–	–	–	–
麻城市	–	–	–	–	–	–	–	–
兴山县	129.1	124.1	108.1	108.1	146.6	137.4	–	–
黄石市	49.3	46.2	55.0	54.3	49.9	51.0	100.6	88.3

由表 4.68 中的数据可知，租赁补贴后受保障对象的通勤费用下降了，说明租赁补贴实际上通过增加受保障对象的可支配收入，增加了住房消费支出，受保障对象更有能力换租距离就业中心较近的房子，从而减少通勤费用。

（2）相同住房类型的通勤费用

据表 4.69 中的数据，宜昌市在实行租赁补贴后住房类型相同的受保障对象总体通勤费用有所减少，由 36.9 元/平方米下降为 35.5 元/平方米，降幅为 3.8%。襄阳市在保障后受保障对象的通勤费用由 57.7 元/月增加到 65.2 元/月，增幅为 13.0%。兴山县在保障后受保障对象的通勤费用由 127.7 元/月下降为 125.6 元/月，降幅为 1.6%。

表 4.69　**租赁补贴家庭（住房类型相同）通勤费用的变化情况**　（元/月）

	总体		自有房		市场租赁房		借住房		公房	
	保前	保后	保前	保后	保前	保后	保前	保后	保前	保后
宜昌市	36.9	35.5	37.4	33.9	96.9	96.9	41.5	21.5	38.5	37.5
襄阳市	57.7	65.2	38.4	38.4	–	–	17.3	17.3	63.9	72.7
麻城市	–	–	–	–	–	–	–	–	–	–
兴山县	127.7	125.6	–	–	127.7	125.6	–	–	–	—
黄石市	–	–	–	–	–	–	–	–	–	–

实行租赁补贴会提高受保障对象的实际可支配收入，进而提高其住房消费能力，通过缩短住房与市中心的距离来实现减少通勤费用的目的，从宜昌市和兴山县的数据来看，租赁补贴政策达到了这个目的。

（3）不同住房类型的通勤费用

从表 4.70 中的数据来看，各市、县住房类型不同的受保障对象在接受租赁补贴后通勤费用没有呈现出一致变化。宜昌市和黄石市在接受补贴后受保障对象的通勤费用呈下降趋势，其降幅分别为 8.9% 和 5.2%。襄阳市在接受租赁补贴后受保障对象的通勤费用由 44.1 元/月增加到 45.7 元/月，增幅为 2.9%。

表 4.70　**租赁补贴家庭（住房类型不同）通勤费用的变化情况**　（元/月）

	总体		原自有房		原借住房		原公房	
	保前	保后	保前	保后	保前	保后	保前	保后
宜昌市	30.4	27.7	61.2	64.6	24.9	27.4	36.6	25.7
襄阳市	44.1	45.7	–	–	60.8	58.1	75.4	76.2
麻城市	–	–	–	–	–	–	–	–
兴山县	–	–	–	–	–	–	–	–
黄石市	53.9	51.1	–	–	59.3	53.9	72.6	75.7

由此可知，租赁补贴对于受保障对象通勤费用的变化有一定的影响。从理论上讲，租赁补贴会造成通勤费用出现一定比例地下降，但是部分受

保障对象在接受租赁补贴后就业积极性增加，而且由于受保障对象实际可支配收入增加了，因此有部分受保障对象可能会变换交通方式，由原来的步行或者骑自行车变为换乘公交等交通方式，最终导致交通费用的增加。

第六节　样本数据整体影响的比较分析

一　实物配租的补贴效果

在廉租房保障实践过程中，实物配租是一种各地政府经常采用的补贴模式，在整个廉租房补贴中处于主导地位。实物配租实现方式是政府直接为受保障对象提供租金低廉的保障房，降低受保障对象所应缴纳的房租，减轻其租房负担，从而提升受保障对象的居住水平。现实中，享受廉租房实物配租保障的受保障对象只需缴纳少许租金，一般每平方米 1 元左右，租住面积在 50 平方米左右的廉租房，获得的补贴额较大。该种补贴方式会带来受保障对象住房消费支出的大幅下降、非住房消费的相应增加、居住面积的显著提升。湖北省武汉、宜昌等六市、县的廉租房实物配租保障的有关调研数据见表 4.71①。

表 4.71　　实物配租家庭的各指标的变化情况　　（元/月；平方米/人）

	住房消费支出		非住房消费支出		人均居住面积		月均收入		通勤费用	
	保前	保后	保前	保后	保前	保后	保前	保后	保前	保后
武汉市	171.2	92.9	551.1	752.9	8.3	22.4	568.6	722.4	37.8	51.5
宜昌市	120.7	88.4	388.5	489.2	7.5	21.3	393.9	434.9	30.3	23.8
襄阳市	140.6	82.4	533.4	697.0	10.2	16.3	514.8	454.4	10.8	12.3
麻城市	228.5	157.7	699.5	757.5	15.5	16.5	953.4	755.7	46.9	50.5
兴山县	233.9	147.4	511.6	566.4	19.8	18.7	769.3	773.5	148.6	136.8
黄石市	–	–	–	–	–	–	–	–	–	–
总体	195.7	123.8	566.4	675.5	13.5	18.9	679.1	682.4	41.2	46.4

注：黄石由于市采用配物补租补贴形式，不存在实物配租保障的相关数据；总体为表中 6 个市、县的加权平均。

① 在统计表中实物配租家庭的住房消费支出、非住房消费支出、人均住房面积中，只选用同时包含这几个指标的样本，故与上文中指标的样本数量、统计值存在差异，但这种差异并不影响结论；考虑到样本数量的有限，对于月均收入和通勤费用的统计值，仍采用上文的统计值。

从表 4.71 的数据可以看出，实物配租的补贴效果在住房消费支出、人均居住面积方面较为显著。总体而言，在住房消费支出方面，实物配租补贴导致受保障对象住房消费支出降到 123.8 元/月，下降 36.74%；在非住房消费支出方面，保障后，受保障对象的非住房消费量增幅达 19.26%，非住房消费量达到 675.5 元/月；在居住面积方面，实物配租补贴会带来受保障对象的居住面积由 13.5 平方米/人[①]上升至 18.9 平方米/人，上升幅度高达 40%。就收入和通勤费用而言，整体上看，实物配租家庭的收入有轻微上升，通勤费用有较大幅度上升，升幅为 12.6%。但从各个城市看，实物配租家庭的收入变化并未出现一致的不变现象，除兴山县外，其他城市的通勤费用都出现了上升现象。

二　租赁补贴的补贴效果

租赁补贴是另一种廉租房保障补贴模式，在廉租房保障实践过程中，各地政府也经常采用这种补贴模式。一般而言，由于这种补贴模式的补贴额与实物配租相比，相对较少，政府经常对收入相对较低的住房困难群体采用这种补贴模式。按照补贴发放的形式，租赁补贴有三种具体形式，分别是租金补贴、住房券和配物补租。租金补贴的实现方式是政府按照居住面积制定一个现金补贴标准，如每平方米 7 元，然后根据受保障对象的现有居住面积大小，直接向受保障对象发放现金，从而减轻其住房消费负担，在此次调研的六个市、县中，武汉、宜昌和襄阳市的廉租房租赁补贴都是采用这种方式的。住房券的实现方式与租金补贴方式相似，不同之处是政府并不发放现金，而是给予与现金等价的住房券，在此次调研的六个市、县中，兴山县的廉租房租赁补贴模式就是采用住房券方式。配物补租的实现方式与租金补贴、住房券差异较大，是政府兴建一批廉租房，给廉租房保障对象分配廉租房，然后以市场租金标准收取廉租房租金，最后再定期给廉租房住户发放现金补贴，是一种资金收支两条线管理模式，在此次调研的六个市、县中，黄石市的廉租房租赁补贴模式就是采用配物补租

① 由于襄阳、麻城和兴山县的实物配租保障对象中有很多是保障前居住市场租赁房或借住房，与武汉市、宜昌市相比，这三个城市的房租水平较低，所以保障对象在保前的居住面积稍大，如兴山县实物配租保障对象保前的人均住房面积高达 19.8 平方米。

方式。

现实中，与享受廉租房实物配租保障的受保障对象相比，享受租赁补贴保障的保障对象获得的补贴额度较低。在此次调研的六个城市中，享受租赁补贴保障的家庭每月获得补贴额为150元左右。租金补贴方式会促使受保障对象增加住房消费支出，居住面积相应得到提升；住房券和配物补租方式会降低受保障对象的住房消费支出，提升其居住面积。湖北省武汉、宜昌等6市、县的廉租房租赁补贴保障的有关调研数据见表4.72。[①]

表4.72　**租赁补贴家庭各指标的变化情况**　（元/月；平方米/人）

	住房消费支出		非住房消费支出		人均居住面积		月均收入		通勤费用	
	保前	保后	保前	保后	保前	保后	保前	保后	保前	保后
武汉市	225.0	244.5	548.7	608.5	13.1	14.1	522.4	553.3	25.9	27.1
宜昌市	103.3	120.8	602.5	573.0	7.8	8.6	557.3	565.3	34.5	31.8
襄阳市	247.7	274.0	651.3	707.1	11.0	11.7	825.9	816.5	46.9	50.0
麻城市										
兴山县	311.0	221.7	612.3	690.6	24.2	25.4	953.3	954.4	129.1	124.1
黄石市	246.1	217.0	689.7	815.8	15.6	18.5	704.5	769.0	49.3	46.2
总体	203.0	223.6	577.2	626.9	11.9	12.9	609.0	637.0	34.5	35.3

注：麻城市的调研对象仅为实物配租保障家庭，不存在租赁补贴保障的相关数据；总体为表中6个市、县的加权平均。

从表4.72的数据可以看出，总体而言，在住房消费支出方面，租赁补贴导致受保障对象住房消费支出由203元/月增加至223.6元/月，上升10.15%；在非住房消费支出方面，保障后，受保障对象的非住房消费量增幅为8.61%，非住房消费为626.9元/月；在居住面积方面，租赁补贴促使保障对象的居住面积由11.9平方米/人提升至12.9平方米/人，增幅仅为8.40%。就收入和通勤费用而言，从整体上看，租赁补贴家庭的收入有轻微上升，通勤费用几乎保持不变。

就六个市、县而言，武汉、宜昌和襄阳市的租赁补贴保障对象的住房

① 在统计表中租赁补贴家庭的住房消费支出、非住房消费支出、人均住房面积，只选用同时包含这几个指标的样本，故与上文中指标的样本数量、统计值存在差异，但这种差异并不影响结论；考虑到样本数量的有限，对于月均收入和通勤费用的统计值，仍采用上文的统计值。

消费支出的上升幅度较低，分别为 8.67%、16.94% 和 10.62%；受保障对象的人均居住面积的提升幅度也较低，分别为 7.63%、10.26% 和 6.36%。这说明租金补贴的效果并不理想，补贴资金并没用于住房消费，存在资金外溢现象。兴山和黄石市的租赁补贴保障对象的住房消费支出下降幅度分别为 28.71% 和 11.82%，人均居住面积的提升幅度分别为 4.96% 和 18.59%。兴山县获得住房券家庭的住房面积并没有得到较大提升，说明住房券的补贴效果也并不理想，并不能促使受保障对象租住面积较大的住房，其补贴效果仅仅是减轻保障家庭的住房消费负担。黄石市的配物补租家庭的住房面积得到较大提升，住房消费支出出现合理下降，说明配物补租的补贴效果较为理想，能够有效提升受保障对象的居住面积，合理降低受保障家庭缴纳租金的水平。

三　两种补贴模式的比较

上述数据表明，实物配租的补贴效果较为明显，能够带来受保障对象居住面积的大幅度提升，相应地减轻受保障家庭的住房消费负担。而在受保障对象住房面积、住房消费方面，租赁补贴的效果较差，没有实物配租的补贴效果明显。事实上，得出这种结论的主要原因在于实物配租的补贴额度远远大于租赁补贴的额度。以 50 平方米的廉租房为例，廉租房租金标准为 1 元/平方米，假定市场租金为 8 元/平方米，对于获得实物配租保障的家庭而言，其获得的补贴额度为 350 元/月；而租赁补贴保障的家庭获得的补贴额仅为 150 元/月，两者存在很大差距。除此之外，租金补贴方式的补贴资金用于非住房消费，存在严重的资金外溢现象；住房券并不能够促使保障前租住市场租赁房的保障对象选择面积较大的住房，仅仅有利于促使保障前居住借住房的保障对象到住房租赁市场上租住市场租赁房。这些原因也是导致租赁补贴效果不明显的重要原因。

第五章　廉租住房补贴政策的效果评价

政府为低收入人群提供廉租住房补贴的目的是促进目标群体获得更多居住、学习和就业的机会，使得目标群体逐渐摆脱对政府福利的依赖，融入主流社会。

住房补贴的使用效果及影响因素分析是政策改进的依据。廉租住房不同的补贴政策会带来不同的经济效应和社会效应。从理论层面分析，在住房市场价格快速上涨的过程中，廉租住房补贴政策宜选用实物配租模式，这样既可保证受保障人群的居住水平得到提升，又能对快速上涨的住房价格起到抑制作用；在住房市场价格较低，整个市场处于萧条时期，廉租住房补贴政策宜选用租赁补贴政策，这样能够在保证受保障对象居住水平提升的前提下，促使整个住房市场快速复苏。通过对政府实施不同住房补贴方式的送达效率、退出效率和执行成本等指标的分析，可以了解不同补贴方式的实施效果，为日后政策的改进提供依据。

第一节　住房补贴状况

为进一步贯彻实施廉租住房保障政策，让需要廉租住房保障的住房困难家庭都能够充分享受党和政府的温暖，我们在六个市、县广泛进行入户调查的同时，还收集了其中五个市政府的相关统计数据，便于从宏观上了解住房补贴的实施状况，进而更有效地进行廉租住房租赁补贴政策的完善和改进。这一部分主要从廉租住房实物配租与租赁补贴标准、发放实施情况和退出情况三部分进行分析。

一　补贴标准

（一）面积准入标准

考虑到各市、县的实际情况差异，其各自的面积准入标准有所不同，但总体上都呈现出随年份推移、面积增加的趋势，且租赁补贴的面积准入标准均大于实物配租的面积准入标准。其中襄阳市和麻城市的实物配租与租赁补贴面积准入标准每年都保持一致，且这两个城市除 2008 年外每年的面积准入标准都相同，现为人均 13 平方米。黄石和宜昌两市的实物配租面积准入标准始终为零。截至 2013 年，黄石市的租赁补贴面积准入标准为五个城市中最高的，达到人均 14 平方米，而宜昌市的租赁补贴面积准入标准最低，为人均 10 平方米。襄阳市和麻城市的实物配租面积准入标准同为五个城市中最高的，达到人均 13 平方米。详细数据比较见表 5.1 所示。

表 5.1　**实物配租与租赁补贴面积准入标准**　（平方米/人）

	武汉		黄石		襄阳		宜昌		麻城	
	实物配租	租赁补贴	实物配租	租赁补贴	实物配租	租赁补贴	实物配租	租赁补贴	实物配租	租赁补贴
2008	0	8	0	12	12	12	0	8	10	10
2009	0	10	0	12	12	12	0	10	12	12
2010	0	10	0	14	13	13	0	10	13	13
2011	8	12	0	14	13	13	0	10	13	13
2012	8	12	0	14	13	13	0	10	13	13
2013	8	12	0	14	13	13	0	10	13	13

（二）收入准入标准

表 5.2 的数据显示，各市的实物配租收入准入标准和租赁补贴收入准入标准均随着年份的变化而呈现出增长的趋势，其中武汉、黄石和襄阳三个城市各自的实物配租收入准入标准与租赁补贴收入准入标准年年都保持一致。黄石市的收入准入标准与其他市相比相对较高，并在 2013 年达到了 680 元。而宜昌市的实物配租收入准入标准与租赁补贴收入准入标准相差较大，其实物配租收入准入标准始终定为低保水平，

但租赁补贴收入准入标准从低保水平逐年上升且于2013年达到了月均700元。

表5.2 **实物配租与租赁补贴收入准入标准** （元/月）

	武汉		黄石		襄阳		宜昌		麻城	
	实物配租	租赁补贴	实物配租	租赁补贴	实物配租	租赁补贴	实物配租	租赁补贴	实物配租	租赁补贴
2008	低保	低保	180	180	330	330	低保	低保	100	100
2009	400	400	450	450	330	330	低保	400	300	300
2010	400	400	560	560	405	405	低保	500	300	400
2011	600	600	600	600	495	495	低保	600	300	400
2012	600	600	680	680	570	570	低保	700	300	400
2013	600	600	680	680	570	570	低保	700	300	400

综合表5.1和表5.2数据可以得出，两表中数据的整体变化趋势与政府针对廉租住房租赁补贴政策所采取的具体措施有关。自廉租住房租赁补贴政策实施以来，各地政府不断进行“提标扩面”：提高准入标准，扩大准入面积，以期更好地解决未实现保障困难家庭的住房问题。以宜昌为例，该市从2009年起，经过4次调整，将纳入廉租房租赁保障范围的家庭人均月收入从400元扩大到700元以下，并结合住房保障水平和地方财政能力，拟进一步“提标扩面”，扩大廉租补贴保障的范围。

（三）租赁补贴发放标准

除黄石市和麻城市以外，其他三个城市在制定租赁补贴发放标准的时候均区分了低保家庭与非低保家庭，令低保家庭每平方米获得的租赁补贴额大于非低保家庭，这也符合客观的需要。其中，武汉市的租赁补贴发放标准为五个城市中最高的，且2008—2013年一直保持不变，低保家庭的租赁补贴发放标准为每平方米10元，非低保家庭的租赁补贴发放标准为每平方米7元。

（四）实物配租租金标准

与租赁补贴发放标准的情况相似，在制定实物配租租金标准时，武汉市和襄阳市区分了低保家庭与非低保家庭，令低保家庭在获得实物配租后

表 5.3 **租赁补贴发放标准** （元/平方米）

	武汉		黄石		襄阳		宜昌		麻城	
	低保户	非低保户	低保户	非低保户	低保户	非低保户	低保户	非低保户	低保户	非低保户
2008	10	7	4.5	4.5	3.5	3.5	7	7	2.6	2.6
2009	10	7	4.5	4.5	3.5	3.5	8	6.4	4.0	4.0
2010	10	7	4.5	4.5	3.5	3.5	8	6.4	4.5	4.5
2011	10	7	7.1	7.1	5	3.5	8	6.4	4.5	4.5
2012	10	7	7.1	7.1	5	3.5	8	6.4	4.5	4.5
2013	10	7	7.1	7.1	5	3.5	8	6.4	4.5	4.5

每平方米缴纳的租金额小于非低保家庭，从而进一步减轻了这一群体的房租费用负担。其中，黄石市的实物配租租金标准从 2011 年起有了很大幅度的提升，由原先的 0.5 元/平方米增加到 7.1 元/平方米。而襄阳市的低保户实物配租租金标准和非低保户实物配租租金标准相差最大，分别为每平方米 0.8 元和每平方米 2.33 元，非低保户的实物配租租金标准数额几乎为低保户的三倍（详细情况见表 5.4）。

表 5.4 **实物配租租金标准** （元/平方米）

	武汉		黄石		襄阳		宜昌		麻城	
	低保户	非低保户	低保户	非低保户	低保户	非低保户	低保户	非低保户	低保户	非低保户
2008	0.75	1.5	0.5	0.5	0.8	0.8	0.9	0.9	1.35	1.35
2009	0.75	1.5	0.5	0.5	0.8	0.8	0.9	0.9	1.35	1.35
2010	0.75	1.5	0.5	0.5	0.8	0.8	0.9	0.9	1.35	1.35
2011	0.75	1.5	7.1	7.1	0.8	2.33	0.9	0.9	1.35	1.35
2012	0.75	1.5	7.1	7.1	0.8	2.33	0.9	0.9	1.35	1.35
2013	0.75	1.5	7.1	7.1	0.8	2.33	0.9	0.9	1.35	1.35

二 补贴实施情况

（一）保障户数

表 5.5 给出了武汉、黄石等五个城市实物配租与租赁补贴保障户数

的具体情况。需要说明的是，表5.5中的实物配租保障户数为当年年末的累计数，租赁补贴保障户数包括实物配租轮候家庭。表5.5中的数据显示，五个城市的实物配租累计保障户数均呈现出逐年增加的变化趋势，且武汉市的实物配租累计保障户数明显多于其他城市，于2013年达到11001户。麻城市实物配租累计保障户数为五个城市中最少的，黄石市实物配租累计保障户数与租赁补贴保障户数相差最悬殊。由于租赁补贴每年的退出户数较多，各市租赁补贴保障户数均呈现出随年份推移而先增加后减少的变化趋势。表5.5中的数据还显示，武汉市的租赁补贴保障户数也明显多于其他城市，这主要是因为武汉市的样本数据所占比重最大。

表5.5　**实物配租与租赁补贴的保障户数**　（户）

	武汉		黄石		襄阳		宜昌		麻城	
	实物配租	租赁补贴	实物配租	租赁补贴	实物配租	租赁补贴	实物配租	租赁补贴	实物配租	租赁补贴
2008	1267	15334	152	2097	588	5739	-	724	-	434
2009	2025	27125	324	2625	1729	10223	-	1921	143	2849
2010	2445	39385	514	5472	4244	12398	-	2648	508	2164
2011	5105	34950	341	5924	5162	11944	-	3961	-	1895
2012	10786	29301	304	5604	5162	8758	2092	3902	711	2076
2013	11001	25705	-	-	6162	7536	2436	4332	-	-

（二）租赁补贴发放总额

与累计保障户数的情况相似，武汉市的租赁补贴发放总额每年都成倍高于其他城市。出现这种情况的原因，一是我们在武汉市选取的样本数多于其他城市；二是武汉市政府对廉租住房政策的财政拨款力度大于其他城市。另外，我们还得到除了黄石市外，其他各市的租赁补贴发放总额均呈现出随年份推移而先增后减的趋势，且大多于2011年前后达到峰值。麻城市的租赁补贴发放总额在五个城市中数额最少，仅为每年300多万元，因为麻城市的租赁补贴累计保障户数最少。

表 5.6　　租赁补贴发放总额　　（万元）

	武汉	黄石	襄阳	宜昌	麻城
2008	6565.78	228.58	666.87	146.65	37.3
2009	5480.21	297.73	1186.47	379.14	377
2010	8437.08	552.87	1879.41	419.11	410
2011	9136.54	747.00	2138.10	595.40	337
2012	7694.40	1049.80	1717.75	656.71	378
2013	5940.26	–	967.38	490.40	–

三　补贴退出情况

（一）退出户数

在享受廉租住房两种保障方式的家庭中，随着家庭住房状况的改变，一部分家庭不再符合保障条件，按政策应限期腾退，使国家的保障资源分配给其他更需要保障的家庭。然而在退出过程中实物配租退出机制执行难度较大，腾退难，退出户数非常少，大多数市仅为个位数，黄石市甚至没有一户实物配租退出的情况；而享受租赁补贴保障的家庭，由于其补贴资金是由房管部门审核合格后，由财政按月划入被保障家庭银行账号的，在此过程中，一经动态审核显示被保障家庭不符合保障标准时，主管部门可以马上停止对其划拨补贴资金，执行清理退出的难度低于实物配租家庭。但黄石市的租赁补贴退出情况比较特殊，其退出户数仅为个位数。表 5.7 给出了各市实物配租与租赁补贴退出户数的具体情况。

表 5.7　　实物配租与租赁补贴退出户数　　（户）

	武汉		黄石		襄阳		宜昌		麻城	
	实物配租	租赁补贴	实物配租	租赁补贴	实物配租	租赁补贴	实物配租	租赁补贴	实物配租	租赁补贴
2008	0	617	0	0	0	124	0	33	0	17
2009	0	1559	0	4	0	262	0	167	0	34
2010	0	4296	0	6	2	311	1	224	5	347
2011	0	4892	0	4	6	581	1	267	13	731
2012	30	8666	0	3	0	837	1	440	7	511
2013	3	5815	–	–	18	303	2	261	–	–

（二）租赁补贴退出情况

了解了两种保障方式的退出户数之后，我们再进一步看看具体的退出情况，可以分别从主动退出、清理退出和应退未退三种情况来分析。由于实物配租情况非常少，缺乏可遵循的规律性，在此我们只看租赁补贴的退出情况。其中各地应退未退的户数均为零，因此表 5.8 中只给出了主动退出和清理退出户数的数据。又因为宜昌和麻城两市没有相关数据，所以此处只分析武汉、黄石和襄阳三个城市的租赁补贴退出情况。经过观察和比较，我们发现武汉市和黄石市没有一户家庭主动退出，而襄阳市主动退出的户数也非常之少，除2008 年和2009 年外均不足清理退出的1/10。其中武汉市除了清理退出户外，还有很多轮候家庭被实施了实物配租以及因单身申请人死亡等的情形。

表 5.8 租赁补贴退出情况 （户）

	武汉		黄石		襄阳	
	主动退出	清理退出	主动退出	清理退出	主动退出	清理退出
2008	0	123	－	－	16	108
2009	0	312	0	4	37	225
2010	0	1719	0	6	21	290
2011	0	1712	0	4	42	539
2012	0	2600	0	3	53	784
2013	0	2062	－	－	15	288

第二节 住房补贴的资金送达效率评价

一 住房补贴资金送达效率

为解决城市低收入家庭住房困难问题，财政部出台《廉租住房保障资金管理办法》，明确了廉租住房保障资金的来源渠道，对廉租住房保障资金实行专款专用并且对资金的预算管理、资金拨付、决算管理、监督检查等作出详细规定。按照《廉租住房保障资金管理办法》，廉租住房保障资金来源于八个方面。廉租住房保障资金实行专项管理、分账核算、专款专用，专项用于廉租住房保障开支，包括收购、改建和新建廉租住房开支，以及向符合廉租住房保障条件的低收入家庭发放租赁补贴开支。

关于保证资金及时到位，提高资金使用效益，加强资金监督管理，确保资金专款专用的情况，可选用不同市的住房补贴送达效率来衡量。送达效率值（e_s）是通过政府投入资金（g）减去本级管理成本（c）和结余，再除以政府投入资金而得出的。同样，还可以用租赁补贴资金（z）加上廉租住房建设资金（s），再除以政府投入资金而得出。

送达效率值反映的是政府在廉租住房上投入的资金实际用于住户的比重，比重高说明资金送达可观，比重低则说明政府的管理成本过高，没能很好地确保资金的专款专用，资金使用效益较低。

由上文表述，通过政府投入资金（g）减去本级管理成本（c）和结余，再除以政府投入资金得出的送达效率值（e_{s1}），可以用公式表达为：

$$e_{s1} = \frac{g - c}{g}$$

通过用租赁补贴资金（z）加上廉租住房建设资金（s）再除以政府投入资金得出的送达效率值（e_{s2}），可以用公式表达为：

$$e_{s2} = \frac{z + s}{g}$$

由 $g = c + z + s$①可知，$e_{s1} = e_{s2}$，即这两种表达形式的送达效率值相等。

二　各地区补贴资金送达效率的测算

表5.9列举了各城市2008—2012年的政府投入资金、管理成本、廉租住房建设资金、租赁补贴资金的数值以及各个城市2008—2012年整体平均补贴送达效率值。从表5.9的数据可以看出，武汉市在政府投入资金中的上级财政拨款约为襄阳市的4倍有余，本级财政预算更是超出襄阳市约9倍，但是襄阳市近几年来其他资金来源数额可观。从整体数据来看，武汉市这5年的平均送达效率为85.80%，襄阳市5年的平均送达效率值为97.84%，从数值上看，襄阳市送达效率值高于武汉市。

① 由于数据提供有限，故采用理论上等价的两种测算表达式来计算各个城市的送达效率值，实际操作中可能会出现一些误差，故此说明。

表 5.9 住房补贴送达效率相关指标基本统计分析 （万元）

	财政投入资金			管理成本		租赁补贴发放资金	廉租住房建设资金	资金送达效率（%）
	上级财政	本级财政	其他资金	管理人员工资	管理运行成本			
武汉	43136	389656.23	0	–	–	37314.0	334138.21	85.8
襄阳	10835	39061.71	9355.63	690	591	7588.60	59252.52	97.84
宜昌	–	–	–	–	–	2196.99	76460	–
黄石	69623.69	0	–	–	–	2875.98	65262	–
麻城	–	–	–	–	–	1539.30	10983	–

三 各地区补贴资金送达效率的趋势分析

表 5.10 列举了各个城市自 2008 年以来住房补贴送达效率值，并进行了比较分析。从表 5.10 中可以看出，襄阳市的送达效率历年来都在 96% 以上，多数年份处于 97% 以上，最高达到了 98.34%，波动性不大，比较稳定。相比较而言，武汉市住房补贴送达效率的波动性较大，2008 年，武汉市住房补贴送达效率仅为 58.55%，而 2009—2011 年其送达效率均达到了 90% 以上，较之 2008 年有明显的上升，2012 年又下降到 75% 左右。

表 5.10 住房补贴送达效率比较分析 （%）

	2008	2009	2010	2011	2012
武汉	58.55	113.52	93.12	92.28	75.82
襄阳	97.66	97.93	98.97	96.21	97.05
宜昌	–	–	–	–	–
麻城	–	–	–	–	–
黄石	–	–	–	–	–

通过下面送达效率的趋势图可以看出，襄阳市住房补贴的送达效率值在 2008—2010 年期间呈上升趋势，虽然 2012 年相对于 2011 年有所上升，但 2010—2012 年整体呈下降趋势。

根据上面的趋势分析，可以相应地得出趋势变化的公式：

$$y = -0.19x^2 + 763.51x - 7.7E + 5$$

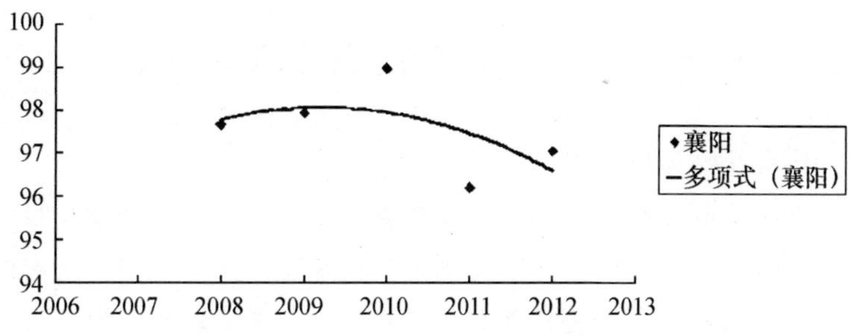

图 5.1　送达效率趋势变化情况

四　补贴送达效率评价

从上文对送达效率值的整体分析可以看出，武汉市廉租住房政府投入资金，不论是上级财政拨款还是本级财政预算都远远高于襄阳市，但是襄阳市的其他资金来源数值可观，说明襄阳市积极探索社会资金等其他资金来源渠道，并取得一定的效果。此外，各个城市租赁补贴和实物配租投入资金不同，武汉市实物配租投入资金为租赁补贴的 9 倍，襄阳市也达到了 8 倍，说明政府在实物配租上的投入资金明显高于租赁补贴方式所投入的资金。在送达效率值上，武汉市送达效率为 85.80%，襄阳市送达效率为 97.84%，可以看出襄阳市的送达效率高出武汉市 12 个百分点。

根据各个城市送达效率的趋势分析可以看出，襄阳市各个年度的送达效率值均在 96% 以上，且各个年度的送达效率值波动性不大，上下波动在 3% 之内，说明襄阳市资金监管比较到位，较能保证资金的使用效益。相比较而言，武汉市送达效率值波动性较大，2008 年为 58.55%，2009—2011 年均处在 90% 以上，2012 年又下降到 75.82%。从数据分析可以看出，武汉市应加强对廉租住房的资金管理，提高资金的使用效益。产生武汉市与襄阳市送达效率差距过大的可能的潜在原因有：（1）在计算送达效率指标的时候采取了两种理论上等价的计算方法，但在实际操作上可能会存在误差；（2）武汉市保障户数较多，范围较广，管理难度较大，因此中间成本耗费过大。

从趋势线以及趋势方程可以看出，襄阳市的送达效率近年来有下降趋势，应从政策制定以及实施方面多加注意，以防资金使用效益继续降低。

第三节　住房补贴的退出效率评价

一　住房补贴退出效率

现行廉租房制度在运行中普遍存在着退出机制方面的问题，目前中国缺乏住房保障方面的专门法律，特别是有关廉租住房的法律。现有的相关法规如《城镇最低收入家庭廉租住房管理办法》《城镇最低收入家庭廉租住房申请、审核及退出管理办法》《廉租住房保障办法》等，都属于部门法规，效力层次相对较低，影响力度不大。另外，中国尚未颁布有关廉租住房退出环节的专项法规。上述相关法规虽然涉及廉租住房的退出问题，但都只是以列举的方式规定了廉租户退出廉租住房保障的几种情况，而现实的情况很复杂，远远不止这些。

为了解湖北省整体以及各个地区的退出情况，我们进行了退出效率相关指标的分析。退出效率可从应退未退比率（r_y）和退出难度系数（r_q）两个指标进行分析。应退未退比率可以表述为，应退未退的保障户数（y）除以整体的保障户数（b）。对退出难度系数的分析，可以引入清理退出的户数（q），用清理退出的户数除以总的退出户数（t）。

由上文表述可知，应退未退比率（r_y）是通过应退未退的保障户数（y）除以整体的保障户数（b）得出的，可以用公式表达为：

$$r_y = \frac{y}{b}$$

退出难度系数（r_q），是通过用清理退出的户数（q）除以总的退出户数（t）得出的，可以用公式表达为：

$$r_q = \frac{q}{t}$$

二　整体退出效率分析

表 5.11 列举了各个城市 2008—2012 年实物配租与租赁补贴各自的总保障户数、退出户数、应退未退户数、清理退出户数，以及各自的应退未退比率和退出难度系数指标值。通过表 5.11 的数据可以看出，各城市租赁补贴保障户数明显多于实物配租保障户数，且大多超过 6 倍。黄石市租赁补贴保障户数为 21722 户，而实物配租的户数仅为 1635 户，租赁补贴

保障户数高出实物配租保障户数 12 倍有余。5 年间，各城市实物配租退出户数总体较少，从宜昌市的数据来看，2008—2012 年，宜昌市实物配租退出户数仅为 3 户，实物配租退出户数最多的武汉市，退出户数也仅为 30 户。相比较而言，租赁补贴退出户数则较多，其中武汉市达到了 20030 户。同样，在清理退出户数中，实物配租清理退出的户数也较少，清理退出户数最多的城市还是武汉市，为 30 户。应退未退户数则总体较少，除了宜昌市在实物配租保障上有 2 户应退未退外，其他城市均没有出现应退未退户数。

就各城市五年来整体的应退未退比率与退出难度系数而言，应退未退比率除了宜昌市 66.67% 之外，其他城市均为 0。在退出难度系数上，武汉市和襄阳市实物配租的应退未退比率达到了 100%，麻城市数值较为可观，为 8.00%。租赁补贴的难度系数，武汉市为 32.28%，黄石市达到了 100%。

表 5.11　住房退出效率相关指标的基本统计分析　（户;%）

		武汉	襄阳	宜昌	麻城	黄石
保障户数	实物配租	21628	16885	2092	1362	1635
	租赁补贴	29219	9812	2631	1884	4344
退出户数	实物配租	30	6	3	25	-
	租赁补贴	20030	2115	1131	1640	17
应退未退户数	实物配租	0	0	2	0	-
	租赁补贴	0	0	-	-	0
清理退出户数	实物配租	30	6	1	2	-
	租赁补贴	6466	1946	-	-	17
应退未退比率	实物配租	0	0	66.67	0	-
	租赁补贴	0	0	-	-	0
退出难度系数	实物配租	100.00	100.0	33.33	8.00	-
	租赁补贴	32.28	92.01	-	-	100.00

三　各城市退出效率趋势分析

（一）应退未退比率

应退未退比率是将应退未退户数除以总体保障户数，该指标反映了应退未退户数占总体保障户数的比率，该比率越低，则说明退出效率越高。

通过廉租住房政府实施效果调研表（政府卷）可以看出，除了宜昌市出现2户应退未退户数外，武汉、黄石、襄阳等地均未出现应退未退情况。说明不论是货币补贴形式还是实物配租形式，各地政府基本上都可以通过不同方法使得应退出的保障群体退出廉租住房保障。

（二）退出难度系数

退出难度系数是将清理退出户数除以退出户数总数得出的，清理退出需要花费政府一定的人力、物力等资源，是政府不愿意看到的现象，清理退出占退出户数总数的比率越高，政府所需花费的退出成本也就越高。

1. 实物配租的退出难度系数

从表5.12的数据可以看出，襄阳市实物配租廉租住房自2010年开始出现退出户数，并且该退出户数均为清理退出的户数。2011年，清理退出难度系数有所下降，为66.67%，2012年，退出难度系数又回到100.00%。

从武汉市的数据来看，武汉市2012年退出的户数全部为清理退出的，退出难度系数达到了100%。宜昌市2010年退出户数全为清理退出的，但是2011—2012年，由于不存在清理退出户数，退出难度系数在此3年里均为0。麻城市的退出难度系数也较低，最高值出现在2011年，退出难度系数也仅为15.38%，其他年度退出难度系数为0。

表5.12　**实物配租廉租住房的退出难度系数情况**　（%）

	2008	2009	2010	2011	2012
武汉	–	–	–	–	100.00
襄阳	–	–	100.00	66.67	100.00
宜昌	–	–	100.00	0	0
麻城	–	–	0	15.38	0
黄石	–	–	–	–	–

2. 租赁补贴的退出难度系数

从表5.13的数据可以看出，武汉市租赁补贴廉租住房的退出难度系数较低，最高值为35.46%，最低值为19.93%。襄阳市的租赁补贴难度系数相比于武汉市则偏高，处在87.07%以上，最高值为95.04%，可以看出，襄阳市的退出难度系数值较为稳定，上下波动性不大。从表 5.13 中可以较为明显地看出，黄石市的租赁补贴难度系数 2008—2012 年一直是 100.00%，说明黄石市租赁补贴退出户数均为清理退出。

表 5.13　**租赁补贴廉租住房的退出难度系数情况**　（%）

	2008	2009	2010	2011	2012	2013
武汉	19.93	20.01	40.01	35.00	30.00	35.46
襄阳	87.07	85.88	93.23	92.77	93.67	95.04
宜昌	–	–	–	–	–	–
麻城	–	–	–	–	–	–
黄石	100.00	100.00	100.00	100.00	100.00	100.00

通过下面租赁补贴廉租住房退出难度系数的趋势图可以看出，武汉市退出难度系数整体偏小，最高值 40.01% 也远小于襄阳市的最低值 85.88%。从整体趋势看，武汉市退出难度系数 2008—2010 年处于上升状态，2010—2012 年略有下降。襄阳市退出难度系数值则比较平稳，处在 85.88%—93.67% 之间，整体的退出难度系数较高。黄石市则一直处在 100.00% 的高位。

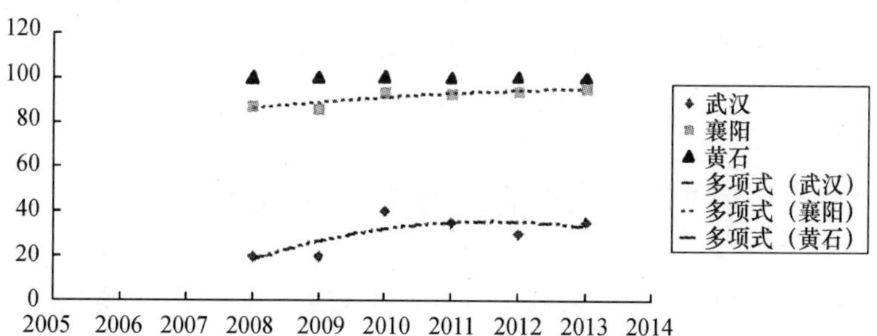

图 5.2　租赁补贴廉租住房的退出难度系数趋势变化情况

根据上面的趋势分析，可以得出襄阳市的趋势方程如下：

$$y = -0.2321x^2 + 935.24x - 9.4E + 5$$

同样，可以得到武汉市的趋势方程如下：

$$y = -1.3054x^2 + 5251.8x - 5.3E + 6$$

四 退出效率评价

从上文采取应退未退比率以及退出难度系数这两个指标对退出效率进行的分析中可以看出，大多数城市的应退未退比率都为0，也就是说，除了宜昌市出现2户应退未退的情形外，武汉、黄石、襄阳等地均未出现应退未退的情况。由此可以说明，从应退未退角度出发，实物配租和租赁补贴这两种方式的差异不是很大，基本上没有区别，应退的保障户数都能按时退出廉租房保障体系。产生这种现象可能的原因是：（1）这两种保障方式通过一定的制度措施都可以使得应退的保障人群退出；（2）政府与保障群体之间信息不对称，保障群体可能存在瞒报收入的情形，以防不符合廉租住房的收入准入标准而被迫退出保障体系。

在实物配租的退出难度系数分析中，武汉、襄阳和宜昌均出现退出难度系数达100.00%的情况。麻城市的退出难度系数则较小，最高值为15.38%，宜昌市和麻城市都出现退出难度系数为0的情况。说明各个城市的退出难度系数相差较大，同时，同一城市难度系数的波动性也比较大。由于实物配租的退出户数较少，因此这次分析可能不具有代表性。在租赁补贴难度系数分析中，武汉市的退出难度系数整体偏小，最高值为40.01%。襄阳市的退出难度系数值处在85.88%—93.67%之间，整体的退出难度系数较高。黄石市则一直处在100.00%的高位。说明襄阳市和黄石市应加强廉租住房退出机制的制度建设，以期降低在清理退出过程中所花费的成本，减少不必要的资金投入。

第四节 政策执行成本的比较分析

廉租住房的资金大多来源于当地政府或者上级政府，市县财政部门按照批准的廉租住房保障支出项目预算，根据廉租住房保障计划和投资计划，以及实施进度拨付廉租住房保障资金，确保廉租住房保障资金切实落实到廉租住房购建项目以及符合廉租住房保障条件的低收入家庭。因此降低政策实施过程中的政策执行成本也是资金管理的重要内容之一。

政策的执行成本（c_z），可以由管理成本（c）在每位廉租住房保障对象的分摊额来进行估算，即计算政策的执行成本，可将管理成本总额除以所有的廉租住房的保障户数（b），该分摊额越高说明政策执行成本越高，反之则越低。

根据上文的表述，政策执行成本的计算公式可以表达为：

$$c_{z1} = \frac{c}{b}$$

由 $g = c + z + s$ [①]可得出：

$$c_{z2} = \frac{g - z - s}{b}$$

同样，在理论上 $c_{z1} = c_{z2}$ 。

一 整体执行成本估算

表 5.14 是各城市 2008—2012 年廉租住房整体执行成本相关指标的基本统计情况。从表 5.14 的数据可以看出，较之武汉市，襄阳市的管理成本较低，为 1281 万元，武汉市则为 61340.02 万元。与此同时，武汉市保障户数也远远多于襄阳市。

表 5.14 住房执行成本相关指标的基本统计分析

	管理成本（万元）	保障户数（户）			执行成本（元）
		实物配租	租赁补贴	总计	
武汉	61340.02	21628	146095	167723	3657.22
襄阳	1281	16885	49062	65947	194.24
宜昌	-	2092	13156	15248	-
麻城	-	1362	9418	10780	-
黄石	-	1635	21722	23357	-

二 各地区执行成本比较

表 5.14 是各城市 2008—2012 年廉租住房各地区执行成本的估算情况。从表 5.15 的数据可以看出，襄阳市在 2012 年执行成本最高，为 288.79 元/户，最低成本在 2010 年，为 139.40 元/户。武汉市的整体执行成本则明显高于襄阳市，且在 2012 年增长到 22396 元/户。

① 由于数据提供有限，故采用理论上等价的两种测算表达式来计算各个城市的政策执行成本，实际操作中可能会出现误差，故此说明。

表 5.15　**各地区的整体执行成本估算**　(元/户)

	2008	2009	2010	2011	2012
武汉	3843.36	-1723.61	1394.99	2809.06	22396
襄阳	181.76	154.78	139.40	202.85	288.79
宜昌	-	-	-	-	-
麻城	-	-	-	-	-
黄石	-	-	-	-	-

从图 5.3 的趋势线可以看出，襄阳市政策执行成本 2008—2010 年呈下降趋势，2010—2012 年，执行成本从 139.40 元/户增长到 288.79 元/户。

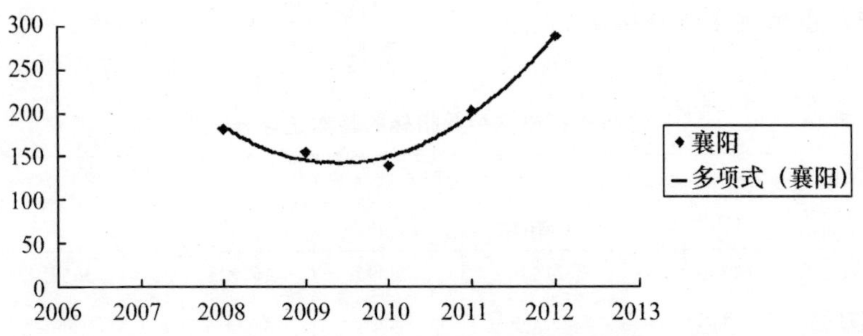

图 5.3　政策执行成本趋势变化情况

根据趋势线，可以得出襄阳市的政策执行成本的趋势方程：

$$y = 21.762x^2 - 87458x + 8.8E + 7$$

三　政策执行成本评价

从上文对政策执行成本的分析可以看出，襄阳市 5 年平均政策执行成本约为 194.24 元/户，在 2010 年之后，襄阳市的政策执行成本有上升趋势。政策执行成本的管理也是资金管理的重要内容之一，说明近年来襄阳市应当注重对资金使用的监督管理，确保廉租住房保障资金切实落实到廉租住房购建项目以及符合廉租住房保障条件的低收入家庭。

第五节　租赁补贴与实物配租的效果评价

从理论上讲，租赁补贴和实物配租两种补贴方式都会改变受保障对象的预算约束，进而影响受保障对象的住房消费和非住房消费，最终导致受保障对象居住水平和福利水平的改善。现实中，租赁补贴和实物配租两种补贴方式是否与上述理论分析一致？这有待于对两种补贴方式的效果进行客观评价。下面，根据此次政府卷和入户卷的调研数据统计结果，我们分别从政策执行、退出、居住水平改善等多个方面对这两种补贴方式的补贴效果进行评价。

一　实物配租效果评价

实物配租是政府直接向申请对象提供廉租住房，仅收取具有象征意义租金的补贴方式，用以对廉租住房的日常维护和管理。该种方式的实行往往需要政府兴建大量的廉租住房，财政投入较大。下面将从各地区廉租住房的建设情况、实物配租政策的执行情况、退出情况以及居住条件改善情况等方面进行分析。

（一）廉租住房建设情况

从2003年12月底建设部颁发《城镇最低收入家庭廉租住房管理办法》以来，在房价开始高涨的背景下，政府大力敦促廉租住房制度的推进工作。湖北省各城市开始从制度建立、资金筹措和兴建廉租房等方面，积极响应中央政府的号召，为城镇最低收入家庭提供廉租住房保障。根据武汉、宜昌等城市的政府问卷数据可以看出，自2008年以来，各城市在廉租住房兴建方面的力度较大，尤其是在2010年，各城市的廉租住房建设量很大。根据调查结果，自2008年以来，武汉市累计建成30781套廉租住房，黄石市累计建成8360套，宜昌市、襄阳市和麻城市分别累计建成4962套、5962套和2244套。

在资金投入方面，自2008年以来，武汉市累计投入386449万元，黄石市累计投入65262万元，宜昌市、襄阳市和麻城市分别累计投入76460万元、59253万元和12343万元。根据建设数量和投入资金数值，可以粗略估测廉租房的建设成本。计算结果显示，湖北省廉租住房建设成本处于

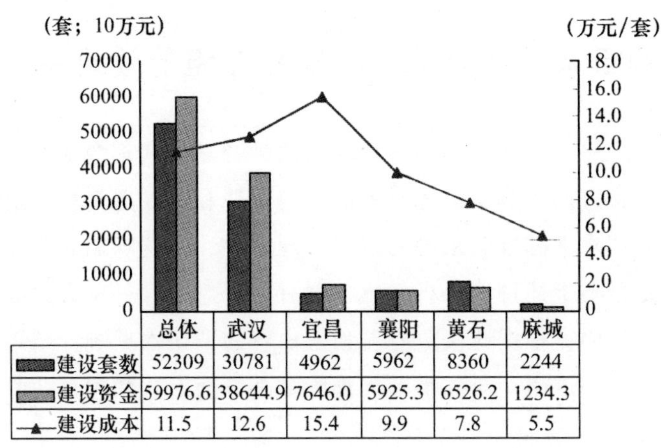

	总体	武汉	宜昌	襄阳	黄石	麻城
建设套数	52309	30781	4962	5962	8360	2244
建设资金	59976.6	38644.9	7646.0	5925.3	6526.2	1234.3
建设成本	11.5	12.6	15.4	9.9	7.8	5.5

图 5.4　2008 **年以来武汉、宜昌等城市的廉租房建设情况**

11.5 万元/套左右，其中，武汉市、宜昌市的廉租住房建设成本较高，分别为 12.6 万元/套和 15.4 万元/套，麻城市的廉租住房建设成本最低，为 5.5 万元/套。

（二）政策执行效率

廉租住房保障是一种为低收入住房困难群体提供住房补贴的公共政策。一种有效的补贴方式应在保证补贴发放的同时，补贴发放的耗时也应较少，以减少受保障对象的等待时间，即确保补贴政策执行的高效。

在实物配租政策执行期间，受保障对象从资格申请、提交证明材料到接受多部门的审核，再到获得保障资格，需要等待，这段等待时间可视为获得保障资格耗时；受保障对象从获得保障资格，到轮候实物配租，再到入住廉租住房，也需要等待，这段等待时间可称为享有保障福利耗时。实物配租政策执行效率的高低，在很大程度上取决于这两段等待时间的长短，如果受保障对象的等待时间较短，说明实物配租政策执行效率较高；如果受保障对象的等待时间较长，说明实物配租政策执行效率较低。

根据此次入户问卷的数据，可以统计出各地区实物配租家庭获得保障资格耗时和享有保障福利耗时（具体统计结果见表 5.16）。

从表 5.16 数据可知，总体而言，受保障对象从申请实物配租保障到获得廉租住房实物分配资格须耗时 490 天左右，即需要等待 1 年半时间；受保障对象从获得廉租住房实物分配资格到入住廉租住房须耗时 350 天左

表 5.16　**保障对象获得实物配租保障的耗时情况**　（天）

	获得保障资格耗时	享有保障福利耗时	总耗时
武汉	610.2	541.2	1151.4
宜昌	438.1	218.7	656.8
襄阳	–	–	–
黄石	–	–	–
麻城	719.6	477.7	1197.3
兴山	179.6	34.9	214.5
总体	489.5	350.6	840.1

注：总体为表中 6 个市、县的加权平均。

右，即需要等待 1 年时间。就各个市、县而言，仅兴山县的受保障对象获得廉租住房实物配租保障的耗时时间最短，在 1 年内，其他城市的受保障对象获得廉租住房实物配租保障需要等待 2 年之久。可见，廉租住房实物配租保障政策的执行效率比较低。

（三）退出情况

住房保障的资金来源于公共财政，其资金的使用应遵循公共政策的公平、效率原则。对于廉租住房保障，其保障对象应符合廉租住房准入标准，一旦不符合政策规定的标准，就应退出廉租住房保障，否则会损害廉租住房保障的公平和效率。因此，廉租住房保障的退出情况也应是评价廉租住房保障的一项重要因素。

廉租住房实物配租保障的家庭属于收入极低的住房困难群体，该类群体即使获得少许租金补贴，也不具备支付租赁市场房的能力。但随着被保障家庭收入状况的变好，即住房支付能力的增强，它不再符合实物配租保障的标准，按照政策规定，应限期腾退，将这类群体所享有的廉租住房分配给其他需要实物配租保障的住房困难群体。实物配租保障的退出难易程度在一定程度上可以评价实物配租方式的好坏。

根据此次政府问卷数据，可以统计出各地区实物配租保障的退出情况，具体统计结果见图 5.5 所示。

从图 5.5 可以看出，享有廉租住房实物配租保障的家庭退出较少，自 2008 年以来，共计只有 89 户退出，其中绝大多数属于清理退出，主动退出的家庭只占极少比例。从各地区来看，退出户数的绝对数相差不大，每

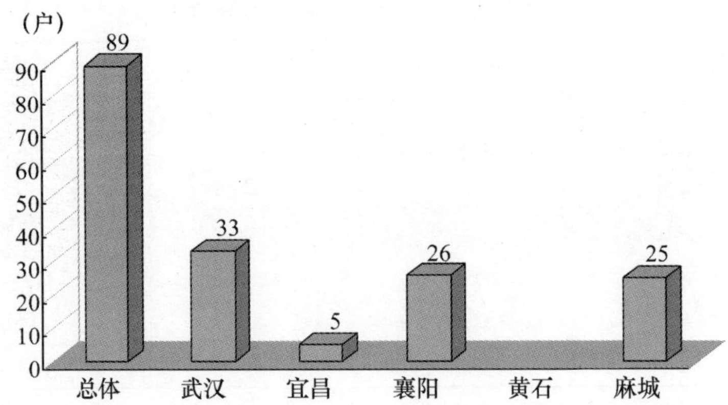

图 5.5　2008 **年以来武汉、宜昌等城市实物配租退出情况**

个城市 30 户左右。与实物配租保障人数（20945 户）相比，退出户数显得微乎其微。可见，享有廉租住房实物配租保障的家庭随着收入的增高，并不愿意退出廉租住房。作为制度的制定者和管理者，政府也很难将这类群体予以强制清退，廉租住房实物配租的退出机制有待完善。

（四）居住条件改善情况

住房保障是为了改善住房困难群体的居住条件，尤其是提高其住房消费支出和居住面积。廉租住房保障就是为了提高收入极低的城镇居民的住房面积，改善其居住条件，减轻其住房消费支出负担。因此，居住条件的改善情况是判定住房保障是否有效的一项重要因素。

居住条件包含房屋面积、选址、质量等多方面内容。在此，仅利用房屋面积这一指标来评价廉租住房实物配租政策是否改善了受保障对象的居住条件。廉租住房实物配租保障的家庭属于收入极低的住房困难群体，该类群体所居住的住房面积很小。在获得廉租住房实物配租保障后，这类群体居住的房屋是政府为其提供的廉租住房，居住面积较以前得到了显著改善。

根据此次入户问卷的数据，可以统计出各地区实物配租保障家庭在保障前后的人均居住面积，具体统计结果见图 5.6 所示。

从图 5.6 可知，获得廉租住房实物配租保障家庭的居住面积得到了较大幅度地提升，提升幅度高达 40%。就各个市、县而言，武汉市、宜昌市和襄阳市的廉租住房实物配租保障家庭的居住面积提升幅度较大，分别

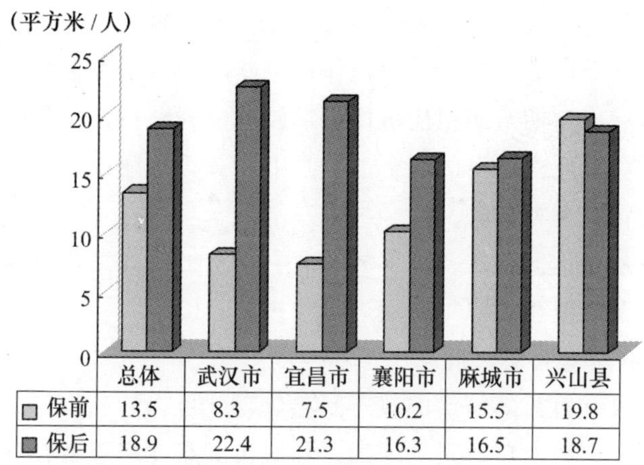

	总体	武汉市	宜昌市	襄阳市	麻城市	兴山县
保前	13.5	8.3	7.5	10.2	15.5	19.8
保后	18.9	22.4	21.3	16.3	16.5	18.7

图 5.6　实物配租保障家庭的居住面积改变情况

为 170%、184% 和 60%；而麻城市和兴山县廉租住房实物配租保障家庭的居住面积改变不大，这可能是由于这两个城市的市场租金较低、市场上的租赁房源面积较大，在保障前，保障对象已经租住与廉租住房面积相当的市场租赁房，在保障后，受保障对象租住租金更低的廉租住房，所以保障前后的居住面积改变不大。可见，廉租住房实物配租保障政策可以带来居住条件的显著改善。

二　租赁补贴效果评价

租赁补贴是另一种廉租房保障补贴模式，在廉租住房保障实践过程中，各地政府也经常采用这种补贴模式。一般而言，由于这种补贴模式的补贴额与实物配租相比相对较少，政府经常对收入相对较低的住房困难群体采用这种补贴模式。按照补贴发放的形式，租赁补贴有三种具体形式，分别是租金补贴、住房券和配物补租。

租金补贴的实现方式是政府按照居住面积制定一个现金补贴标准，如每平方米 7 元，然后根据受保障对象现有居住面积的大小，直接向受保障对象发放现金，从而减轻其住房消费负担。在此次调研的六个城市中，武汉、宜昌和襄阳市的廉租住房租赁补贴都是采用这种方式的。

住房券的实现方式与租金补贴方式相似，不同之处是政府并不发放现金，而是给予与现金等价的住房券。在此次调研的六个市、县中，兴山县的廉租住房租赁补贴模式就是采用住房券方式的。

配物补租的实现方式与租金补贴、住房券差异较大，是政府兴建一批廉租住房，为受保障对象分配廉租住房，然后以市场租金标准收取廉租住房租金，最后再定期给廉租住房住户发放现金补贴，是一种资金收支两条线管理模式。在此次调研的六个市、县中，黄石市廉租住房租赁补贴模式就是采用配物补租方式的。

下面将从各地区租赁补贴发放情况、租赁补贴政策执行情况、退出情况以及居住条件改善情况等方面进行分析。

（一）补贴资金发放情况

根据武汉、宜昌等城市的政府问卷数据，可以看出，自2009年以来，随着租赁补贴保障对象数量的增加，各城市廉租住房租赁补贴发放额逐步增大。以武汉市为例，租赁补贴保障户数由2009年的15334户增加到2012年的29301户；补贴资金发放额也由2009年的6565.8万元增加到2012年的7694.4万元。为了便于比较各个城市廉租住房租赁补贴发放情况，在此通过计算每月每户领取的租赁补贴额，分析各城市受保障对象每月领取补贴额的变化趋势。各城市廉租住房租赁补贴保障对象每月领取补贴额情况见图5.7所示。

由图5.7中的信息可知，近年来，整体上廉租住房补贴资金发放额呈现增加态势，但增加幅度并不明显。就各个城市而言，武汉市租赁补贴保障对象每月领取的补贴额最多，每户每月获得的补贴额达到200元左右。

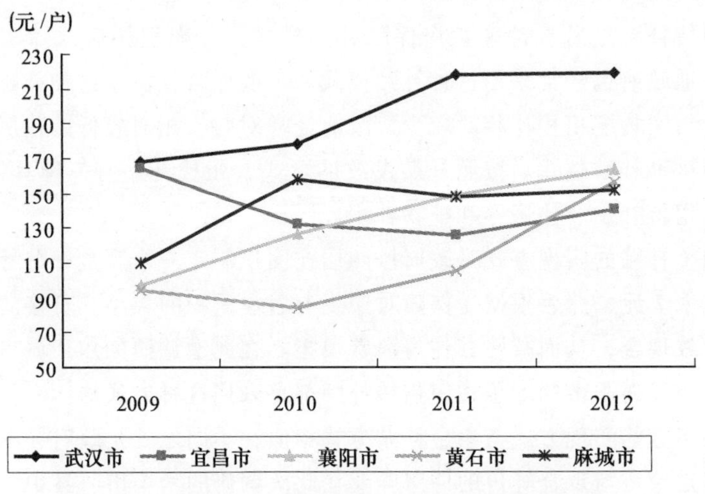

图5.7　廉租住房租赁补贴保障对象每月领取补贴额情况

其他城市租赁补贴保障对象每月领取的补贴额差别不大，每户每月获得的补贴额在150元左右。上述数据并没有剔除价格指数因素，考虑到近年来物价上涨因素，廉租住房租赁补贴保障对象领取的实际补贴额有可能减少了。

（二）政策执行情况

与实物配租政策执行相同，租赁补贴政策执行效率的高低也取决于受保障对象的等待时间。同样，将等待时间分为获得保障资格耗时和享有保障福利耗时两段。根据此次入户问卷的数据，可以统计出各地区租赁补贴家庭获得保障资格耗时和享有保障福利耗时（具体统计结果见表5.17）。

表5.17　**受保障对象获得租赁补贴保障的耗时情况**　（天）

	获得保障资格耗时	享有保障福利耗时	总耗时
武汉	177.5	199.1	376.6
宜昌	56.8	50.8	107.6
襄阳	–	–	–
黄石	243.0	273.1	516.1
麻城	–	–	–
兴山	180.0	30.0	210.0
总体	147.9	142.1	290.0

注：总体为表中6个市、县的加权平均。

从表5.17的数据可知，总体而言，受保障对象从申请租赁补贴保障到获得租赁补贴资格需耗时148天左右；受保障对象从获得资格到领取补贴资金需耗时142天左右。就各个城市而言，黄石市受保障对象获得廉租住房租赁补贴保障的耗时时间最长，需要等待1年半之久，其他城市受保障对象的等待时间较短，都在1年内。这是由于黄石市推行的租赁补贴属于配物补租模式，需要政府为受保障对象提供可居住的廉租住房，所以耗时较长。可见，廉租住房租赁补贴保障政策的执行效率比较高。

（三）退出情况

廉租住房租赁补贴保障的家庭属于收入极低的住房困难群体，该类群体在住房租赁市场上只能租住面积较小的市场租赁房，其住房可支付能力较弱。为此，政府向这类群体发放补贴资金，以增强其可支付能力，促使其租住面积较大的市场租赁房。但随着受保障家庭收入状况的变好，即住房支付能力增强，不再符合租赁补贴保障的标准，按照政策规定，应取消对其住房补贴的发放。租赁补贴保障的退出难易程度在一定程度上可以评价租赁补贴方式的好坏。

根据此次入户问卷数据，可以统计出各地区租赁补贴保障的退出情况（具体统计结果见图5.8）。

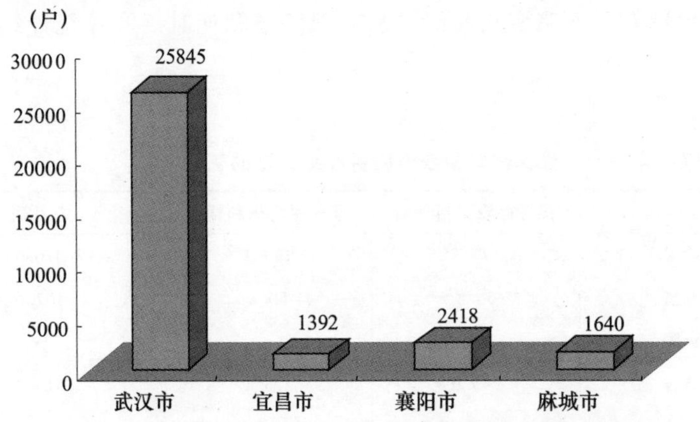

图5.8　2008年以来武汉、宜昌等城市的租赁补贴退出情况

从图5.8可以看出，各地区廉租住房租赁补贴保障都有一定数目的保障家庭退出，其退出难度并不是很大。以武汉市为例，自2008年以来，武汉市累计退出25845户，其中8528户属于清理退出，其余家庭主要是通过转为实物配租保障而退出的。在现实中，在受保障家庭收入增大，不符合保障标准后，政府可以停发补贴资金，完成对非保障对象的清理退出。可见，廉租住房租赁补贴保障的退出机制较为完善。

（四）居住条件改善情况

廉租住房租赁补贴保障的政策目的是通过向住房可支付能力较弱的低收入住房困难群体发放补贴资金，增强其住房可支付能力，促使其增加住房消费，改善其居住条件。同样，在此利用居住面积这一指标来评价廉租住房实物配租政策是否改善了受保障对象的居住条件。

根据此次入户问卷数据，可以统计出各地区租赁补贴保障家庭在保障前后的人均居住面积（具体统计结果见图 5.9）。

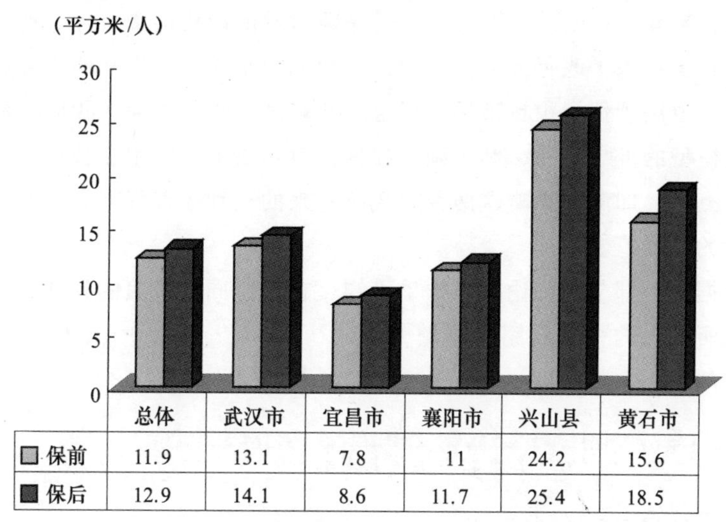

	总体	武汉市	宜昌市	襄阳市	兴山县	黄石市
保前	11.9	13.1	7.8	11	24.2	15.6
保后	12.9	14.1	8.6	11.7	25.4	18.5

图 5.9　租赁补贴保障家庭居住面积的改变情况

从图 5.9 可知，获得廉租住房租赁补贴的保障家庭居住面积的改善状况并不明显，提升幅度仅为 8.4%。就各个市、县而言，黄石市租赁补贴保障家庭居住面积提升较大，由保前的人均 15.6 平方米提升至 18.5 平方米，提升幅度达 18.6%；其他城市租赁补贴保障家庭的居住面积提升较小，提升幅度在 6% 左右。可见，租赁补贴保障的居住条件改善效果并不明显。相比之下，租赁补贴中配物补租方式的效果最好，住房券和租金补贴这两种方式的效果并不理想。这是由于在租金补贴方式下补贴资金可以用于非住房消费，存在资金外溢现象；住房券仅仅降低了租住市场租赁房家庭的房租支出，并没有促使受保障对象选择租住面积更大的市场租赁房。

第六节　租赁补贴政策的实施条件

在评价补贴方式好坏时，需要从多个方面进行比较分析。我们利用政府和入户调研数据，从居住水平改善、政策执行情况和退出情况几个方面进行论证，发现在居住水平改善方面，实物配租的确优于租赁补贴；但在补贴政策执行和退出机制方面，租赁补贴却明显优于实物配租。而其对福利水平改善的影响，我们尚未进行分析。在前文中，我们曾利用消费者选择理论，推导出在不同补贴方式下受保障对象的最优消费组合。理论结论表明，在福利水平改善方面，两种方式所能带来的福利水平的改善程度孰大孰小，取决于住房租赁市场中租金上涨幅度大小。下面，我们根据前文中数理模型的推导结果，利用调研数据，对实物配租和租金补贴的实施条件进行测算，即测算影响这两种方式所带来的福利改善程度大小的租金上涨幅度的临界值。

根据第一部分的理论推导结果可知，在获得同等价值的补贴额后，两种模式所带来的福利效用的差额大小（$U^{**}-U^{*}$）取决于受保障对象所在区域的租金上涨幅度（g_t）。

$$f(g_t)=\alpha\cdot\ln\left(\frac{\alpha\cdot Y}{\alpha\cdot Y+s_0}+\frac{g_t\cdot s_0}{\alpha\cdot Y+s_0}\right)+\ln\left(\frac{Y+s_0}{Y}\right)$$

其临界值（g^*）为：

$$g_t^*=\left(\frac{\alpha\cdot Y}{s_0}+1\right)\left(\frac{Y}{Y+s_0}\right)^{1/\alpha}-\frac{\alpha\cdot Y}{Y+s_0}$$

当$g_t\in(0,g_t^*)$时，有$U^{*}>U^{**}$，即租金补贴优于实物配租；因此，在实施补贴政策后，市场租价上涨变动不太剧烈（$0<g_t<g_t^*$），政府应选择租金补贴方式。

当$g_t\in(g_t^*,+\infty)$时，有$U^{*}<U^{**}$，即实物配租优于租金补贴；因此，在实施补贴政策后，市场租价上涨变动过于剧烈（$g_t>g_t^*$），政府应选择实物配租方式。

从式子中可知，g^*大小取决于所在地区受保障对象的住房消费弹性（α）、人均收入水平（Y）和租赁补贴的额度（S_0）。理论上，受保障对象的收入应大于其消费支出，但调研数据表明，现实中，受保障对象存在借贷消费现象，即消费支出大于其收入。从理论上讲，受保障对象的收入完全用于住房消费和非住房消费两个部分，为了与理论模型保持一致，我们用受保障对象的总消费支出代替人均总收入。此外，我们用受保障对象的房租和水电费用的总和表示住房消费，其与总消费的比值为住房消费比例，也即住房消费弹性。

为了与理论模型保持一致，我们在选择样本时，应选择租金补贴家庭，且该家庭在保障前后的住房类型均为市场租赁房。在此次调研的六个市、县中，只有武汉市、宜昌市和襄阳市的租赁补贴模式属于租金补贴，即给予受保障对象现金。所以我们只利用这三个城市中所有获得租金补贴保障且保障前后租住市场租赁房的样本数据。具体数据见表 5.18。

表 5.18　**武汉、宜昌等市廉租住房租赁补贴政策的实施条件**　（元/月）

	武汉市	宜昌市	襄阳市
住房消费支出	458.9	338.4	394.9
总消费支出（Y）	846.2	734.8	1134.3
住房消费比例（α）	69%	53%	46%
补贴额（S_0）	200.4	121.6	139.9
获得补贴的年份	2010	2010	2010
市场租金年均涨幅（g^*）	78%	84%	119%
样本数	415	61	226

从表 5.18 中数据可知，受保障对象大多数是在 2010 年获得租金补贴的，武汉市受保障对象的住房消费支出、住房消费比例高于宜昌市和襄阳市，这说明武汉市受保障对象的住房困难程度较高。将各城市的数据指标带入 g_t^* 的表达式，可以得到临界值 g_t^*，然后根据获得补贴的年份，可以求得临界值的年度均值，武汉市、宜昌市和襄阳市的市场租金年均涨幅的临界值分别为 78%、84% 和 119%，数值较大。

事实上，2010—2013 年，武汉市、宜昌市和襄阳市的市场租金年均涨幅远小于上述临界值，租金上涨幅度处于（0，g^*）内，这说明在同等补贴额度的前提下，租金补贴所带来的福利水平改善程度大于实物配租。

综上所述，在福利水平改善、保障政策执行效率、退出机制方面，租金补贴方式优于实物配租；但由于租金补贴存在资金外溢现象，导致在居住水平提升方面，租赁补贴方式劣于实物配租。在防止资金外溢方面，租赁补贴可以采用住房券、配物补租形式，防止受保障对象将补贴资金用于非住房消费，从而促进受保障对象居住水平的提升。所以建议廉租住房补贴方式采用配物补租、住房券形式。

第六章　世界代表性国家或地区住房租赁补贴政策及其启示

住房问题是工业化、城镇化的产物，是一个世界性的问题，解决中、低收入群体的住房问题是世界各国与地区政府的职责。世界各国解决住房问题的方式主要有公房建设、公房建设补贴和租金补贴三种模式。在世界范围内，欧美等发达国家最先面对并解决中低收入者的住房问题，为这类群体提供住房保障。在工业化起始阶段，人口的集聚导致住房相对短缺，西方国家解决住房问题的主要途径是大量兴建公共住房，增加低端住房的存量。自 20 世纪 70 年代中期以来，随着西方国家住房市场住房存量的增多，住房需求日趋稳定，西方国家的住房保障逐步转向租赁补贴方式。

在实施住房制度改革后，中国住房市场得到较快发展，较大地改善了广大城镇居民的居住水平。但由于过度强调住房市场化，忽视了住房保障制度建设，加之大量农村剩余劳动力转移到城镇，城镇中低收入者和农民工的住房问题较为严峻。近年来，政府开始积极建立住房保障制度，加大对住房保障的投入，大量兴建廉租住房、经济适用住房、公共租赁住房等保障性住房，城镇居民的住房问题得到有效缓解。伴随着保障性住房存量的增多，中国住房保障势必由早期以经济适用住房建设的形式转向以公租房为主体的租赁补贴形式。为此，有必要对西方国家的租赁补贴政策进行深入剖析，为中国租赁补贴政策的制定提供启示、参考。

第一节　美国住房租赁补贴政策的经验

美国公共住房体系是随着 1928 年经济大萧条后建立的社会保障制度而逐步发展起来的。较为完善的公共住房体系在一定程度上起到了稳定社会的作用，促进了美国第二次世界大战后至今的经济繁荣发展。从 20 世纪 30 年代起，美国实行正统公共住房建设政策，由政府直接出资建房，政府集公共住房建设者、所有者和管理者于一身。从效率方面来看，政府集中建设公共住房能够在短期内增加城市住房存量，缓解低收入群体的住房压力，但从长远来看，形势一旦好转，低收入群体数量会大大减少，大量公共住房就会被闲置。并且政府兴建大量公共住房需要巨额财政资金投入，财政负担加剧。从公平角度看，美国正统公共住房政策在其发展过程中，“种族隔离”、贫困集中等社会问题频繁出现，社会公平问题成为主要矛盾。1965 年，美国实行住房建设补贴政策，政府仅作为住房的管理者。从效率方面来看，由于政府补贴的吸引，私人开发商对公共住房建设的参与热情较高。从公共住房供给量来看，住房建设补贴政策效率高于正统公共住房建设政策的效率。然而，住房补贴政策如昙花一现，20 世纪 90 年代基本上停止了。主要原因在于在政策实施过程中政府过度干预住房市场，有悖于实现住房商品化、市场化的目标，一旦住房补贴资金出现问题，将会面临整个住房市场崩溃的局面。从公平角度来看，补贴住房建设计划本身可以兼顾城市中低收入两个阶层的利益，但是 1968 年住房法规定补贴住房建设计划只针对接近低收入阶层的中等偏下收入阶层实施，使得城市低收入者的住房需求和利益没有得到体现，低收入阶层仍然面临着住房窘境。20 世纪 70 年代以后，美国以房租补贴政策为主。从效率角度看，房租补贴政策一方面可以避免政府的过度干预，另一方面允许参与计划的公共住房住户到住房市场上自由选择住房，这样既可以充分利用现有存量房产，又节约了社会资源，因此房租补贴优势明显。在公平方面，房租补贴政策对于缓解种族隔离这一社会问题也有重大意义。

一　补贴对象

在美国，收入为所在地区家庭平均收入 80% 以下的家庭，均可申请住房补贴。其中，收入占美国家庭平均收入 37% 以下的家庭被视为最低收入家庭，可以由政府直接提供廉租公房（一般低于市场租金的 20%—50%）；其他低收入家庭可以享受政府租金补贴，但必须租住符合政府规定要求的住房，同时将家庭收入的 25%（现已增至 30%）支付房租，其余由政府补贴。[①] 从租房券计划建立到 20 世纪 90 年代中期，越来越多的

① ［美］阿列克斯·施瓦兹：《美国住房政策》，中国社会科学出版社 2012 年版。

家庭成功地获得并使用了租房券。与公共住房的住户类似，大多数租房券持有者的收入都很低，并且很多还是老年人或残疾人。自从 1998 年以来，参与租房券项目的家庭中有超过 75% 的都是收入极低的家庭。他们收入的最主要来源是养老保险、残疾保险或退休金，这反映了租房券持有者的人口特征。56% 的租房券持有者是残疾人或老年人，其中 11% 是年老又有残疾的人。超过一半的租房券持有者不仅家中有儿童，而且几乎都是单身母亲。

二　补贴方法及标准

（一）租房券计划

由于廉租公房建设多集中在城市某些区域，“贫民窟”现象日益严重。为减少社会隐患，自 1973 年起，美国政府开始把分散低收入者住房、改善社区质量纳入住房政策。1975 年，美国的四个城市发行房租补助券，这一做法现已遍及全美国。租房券是用于领取住房补贴的凭证，只能用来支付房租，个人不能向政府兑取现金。其做法是：持券人能自由选择居住地，地方当局按议定的“合理”房租给与补贴，受益的家庭将自己家庭收入不超过 30% 的部分缴做房租，与市场租金的差额由政府发券补足，这种补贴方式使受补贴人在自由选择住房的同时，提高了人口的流动性，促进了穷人与富人的居住融合。

（二）现金补贴

在里根政府上台后，联邦政府先确定一个低收入家庭的标准，然后再规定达到这一标准所须付出的房租占家庭总开支的比例，政府对超出该比例的部分直接给予现金补助。家庭收入越低，所获得的补贴就越多。1965 年，约翰逊政府提出“租金增补计划”，该计划限定低收入阶层家庭收入的 20% 用于住房支出，与市场租金的差额部分直接由政府承担。1974 年提出租金证明计划，符合申请该计划资格的低收入住户需要先从地方住房管理机构获得租金证明，然后再到市场上求租符合规定的质量等级和租金限额以内的住房。同时，政府规定低收入者在享有政府补贴的同时，也要履行一定的义务，只要年龄在 18—62 岁之间没有工作或者没有在全日制大学学习的，每个月必须参加 8 个小时以上的社区服务。

（三）廉价公屋

廉价公屋是指政府提供的、由收入偏上家庭租住的公有住房。其家庭年收入的限制数额相对较高，如一家一口的年收入为 28150 美元，一家两口的年收入为 32150 美元，一般租金标准要超过家庭收入的 1/3，但房子比较舒适，房屋环境和设计要好一些，地段也好一些。以上两个层次政策的透明度都比较强，运作程序也比较规范。其做法是，由低收入者向政府房屋署提出申请，房屋署进行调查，待调查核实后，进行排队轮候，一般至少要 2—3 年。一旦家庭收入超过标准，则必须搬出去，否则，将大幅度提高租金，高达 5 倍以上。[①]

三　资金来源

美国公共住房主要针对低收入群体，大量的公共住房投入导致财政资金吃紧。因此，美国通过丰富多样的财政措施以及多渠道的融资途径来干预公共住房领域，美国公共住房资金主要有五种筹集方式。

（一）财政拨款

在公共住房发展的最初阶段，财政资金拨款是公共住房主要的资金来源，公共住房建设完全依赖于财政资金，才得以运营发展，即便到了成熟阶段，财政拨款也是公共住房项目成败的关键。

（二）发行公共住房建设债券

联邦政府发行公共住房建设债券，通过债券市场面向广大机构投资者及个人融入资金。公共住房建设债券由国家信用做担保，具有较小的投资风险和较稳定的投资回报，从而吸引着众多的金融机构、投资机构及个人。债券融资是美国拓宽公共住房建设资金的一种有效手段，是公共住房资金筹措的辅助方式。

（三）民间融资

一直以来，联邦政府以各种优惠政策鼓励房地产开发商、非营利组织等民间力量参与公共住房建设，分担部分公共住房的建设任务，以减轻政府的财政压力。一方面，地方政府通过低价出售公有土地给开发商，确保公共住房建设资金来源。另一方面，政府通过提供专项拨款、减免税收、建设资金补贴、提供贴息贷款等优惠方式吸引社会力量进入公共住房领

---

① 张昕、张宇祥：《典型国家和地区住房保障政策的经验与启示》，《宏观经济研究》2008 年第 3 期。

域，以此保证公有住房供给的连续性。①

（四）住房抵押

通过提供政府信用担保（CA 抵押贷款担保、FHA 抵押贷款担保）的方式，促进公共住房抵押贷款市场的发展，将贷款机构的资金引入公共住房金融市场。②

（五）住房抵押贷款证券化

为增强公共住房抵押贷款市场的资金流动性，并吸引更多的资金，通过将住房抵押贷款证券化的手段，美国拓展了公共住房抵押贷款二级市场，面向国内、外的各类投资者，为公共住房融资。

四　相关法律法规

美国国会于 1937 年出台了第一部公共住房法《美国住房法》，成立了地方公共住房管理局（PHA），专门负责公共住房的建设与管理，决定由联邦政府提供融资辅助、由地方政府建造公共住房并出租给低收入家庭。租金由地方政府制定，以家庭收入的 16%—25% 为界限。1949 年，联邦政府对原有的《美国住房法》进行了修改，重新颁布了新的《美国住房法》，在住房法中提出“让每一个美国人拥有合适的住宅和居住环境”的住房发展目标，并且制定了住房发展计划，计划在今后的 6 年内每年兴建 135000 个公共住宅单元。《美国住房法》规定，政府须为低收入者提供低租金住宅。公房租金一般不到市场租金的 50%。市场房租也不是任意上涨的，美国实行“住宅租金管制”制度（Rent Control System）与“租金稳定”政策。1965 年，约翰逊政府颁布了《住房与城市发展法》，并建立了住房与城市发展部（UHD），推出了一项新的房租补贴计划，向租住非公共住房的低收入家庭提供房租补贴，补贴的额度为住房租金与租户收入 25% 之间的差额。该计划不涉及住房建设领域，而是将补贴一步到位地落实到租户身上。1968 年，该法增加了购房补贴计划和租房补贴计划，补贴标准由联邦住宅管理局（FHA）制定。1974 年，联邦政府颁布了《住房和社区发展法》（Housing and Community Development

① 惠博、张琦：《保障性住房研究——美国、新加坡的经验及其对中国的借鉴》，《武汉金融》2011 年第 5 期。

② 杨铭：《美国廉租房 REITs：新盈利模式突围》，《中国房地产报》2006 年第 3 期。

Act of 1974)，其中的第八条款就是著名的向低收入阶层提供存量住房租金补贴计划，即租金证明计划。1981 年，该计划变更为租房券计划。1986 年，联邦政府颁布了《税制改革法》，从税收方面对低收入出租房项目给予减税优惠，其资助在整个资助中所占比重最大。1987 年颁布的《无家可归者资助法》(Homeless Assistance Act of 1987)，1990 年颁布的《国家经济房法》(National Affordable Housing Act of 1990)，制定了相应的年度住房发展计划，各州政府根据年度住房计划的规定和美国住房与城市发展部的要求，制定各州的公共住房发展计划。①

第二节　英国住房租赁补贴政策的经验

英国的公共住房制度经历了复杂的演变过程，可以分三个时期来考察。第一个时期：政府介入住房市场时期（1920—1936）。英国中央政府主要通过补贴政策直接干预地方政府的住房政策，但在住房分配、管理和租金政策等方面仍以地方政府为主。第二个时期：公共住房政策调整时期(1936—1979)。在 20 世纪四五十年代，由于住房短缺，英国工党执政时坚持把建造和出租公有住房作为主要政策措施，地方政府投资兴建的住房占新增住房总量的 80%；在 20 世纪五六十年代保守党执政期间，中央政府和地方政府的职能发生变化，中央政府每年投资兴建 30 万套公共住房，并鼓励个人买房、建房，而地方政府则主要解决贫民窟问题。第三个时期：公共住房政策变革时期（1980—1997)，英国的住房政策发生了重大转折，政府持续支持住房私有化，以公共住房建设为主的政策转变为以增加住房供应为主的补充政策。总的来说，英国政府在充分重视市场机制配置资源的主导作用的同时，也重视政府部门在住房保障中的作用。作为一个福利取向型的福利国家，英国的住房租赁补贴政策具有其自身的特点。

一　补贴对象

英国的租赁性保障房有两种供给模式：市政住房与住房协会住房。市政住房归各地方政府所有，由其直接出资建造并管理；住房协会是从事建

① 马光红、胡晓龙、施建刚：《美国住房保障政策及实施策略研究》，《经济建筑》2006 年第 9 期。

设、改造和管理住房的非营利性团体、公司或托管组织的统称，住房协会的住房介于私营住房和市政住房之间，因接受了大量来自政府的公共资金投入与政策规制，住房协会的住房也有一部分属于住房保障体系，同市政住房一起被称为社会性或公共性租赁住房，与之相对应的是市场化的私营租赁房系统。可负担性原则是英国保障性住房发展的主旨。房租收入比是英国使用最广泛，也是衡量所有非市场化住房房租可负担性的基本手段和首要条件。按社区与地方政府对房租可负担性的规定，租住公租房及其他非市场化房屋的居民（家庭）房租支出不能超过总收入的25%，它与承租家庭的结构和规模无关，只以各自不同的收入水平及房屋的供给方（即来自所有的非市场化供给机制）为准。

二　补贴方法与标准

英国的住房补贴制度体现了补贴金额大，受益人数多的特征。英国政府在住房补贴上的支出每年维持在100多亿英镑的水平，年受益人户数达到三四百万之巨。政府对于不同的人群采取了不同的补贴方法：（1）为租用公房的居民直接提供了低廉的租金水平，房租的租金水平一般以“公平房租”为准，“公平房租”即租房市场供给与需求相平衡状态下的租金，当“公平”房租价格高于以往公房的福利性房租时，地方政府通过审核申请人的经济情况，判断其支付能力，在“公平”房租基础上打一定的折扣。（2）为租用私房居民提供现金津贴，私房的房租比公房的房租贵，从个人负担看，公房居民房租占收入的10%，而租用私房居民的房租占收入的20%。对租用私房的居民，“标准住房福利”提供了类似的待遇，由于私房租金不可能有折扣，因此政府采取了现金津贴的方式，津贴数额的计算与公房租户一样，按照当地公房“公平租金”以及家庭收入情况而定。（3）对于贫困家庭，英国在住房福利中设置了防止人们因住房支出而沦为贫困的机制，规定居民在享受了标准住房福利时，如果扣除自负房租后，其实际收入低于贫困线，则可进一步得到住房补贴。[①]

三　资金来源

英国在住房租赁补贴资金来源方面，存在明显的中央与地方两个渠

---

① 陈燕、林炳耀：《福利国家英国的住房政策》，《城市问题》2003年第2期。

道。一是中央财政的住房补贴和政府专项基金计划，中央财政的拨款是有明确政策规定，并有法律保证的，有固定的财政预算安排；二是地方政府的各类住房补贴和租金收入，租金收入是地方政府出租公房的直接收入，这在地方资金来源中占较大的比重。为了增加租金收入，1999 年，英国社会住房部门开始尝试采用记分制度来调整社会住房的租金水平，增强社会住房部门的自造血能力。成立住房协会，由于中央财政的住房建设和维修拨款受政府保障能力的限制，即使地方政府经批准筹措的建房资金，也要受政府财政赤字规模的限制。而住房协会则不受相应因素的制约，可以通过贷款解决资金短缺问题，因而更有利于加快住房的建设与筹措维修资金。目前，中央政府的住房保障预算资金，除了向地方政府拨付外，也直接向住房协会拨付。

四　相关法律法规

英国政府早在 19 世纪前期就开始关注低收入家庭的住房问题。在英国住房发展史上，平均每两年就出台一部住房法律法规，联邦政府住房管理部门能顺应经济社会发展的需要，及时调整和出台相应的住房法律法规，为相关住房政策的实施提供了法律依据与保障。1832 年，英国国会通过的《乔利拉法案》，首次提出政府应对贫困家庭提供住宅津贴的概念。1915 年通过了《租金上涨和抵押贷款法》，该法案提出了国家政府必须控制房屋租金价格高低的概念。1919 年，英国政府出台的《住房法》确定了以公营为核心的住房体系，对国家投资兴建的公房，以低于市场价格约 40% 的水平出租给居民，对私有住房出租的房租，由所在区议会和区政府确定房租水平。1924 年的《威特列法》（Wheatley Act 1924）又进一步增加了国家对用于出租并在控制租金范围内的住宅建设的津贴。1980 年出台了《住房法》，推出购房权利条款，鼓励租房居民购买租住公房，提高住房自有率。1996 年出台了《住房补贴、建设和更新法》，提出了住房改善和修理补贴制度的修正案，废除了强制补贴制度。2002 年出台了《房产共有权和租赁改革法》，建立了共有房产的等级制度，且赋予房产租客管理和公共管理的权利，撤销私人部门补贴和贷款条款，要求地方政府直接协助住房更新或通过如住房协会和私人部门融资。[①]

---

① ［英］戴维·莫林斯、艾伦·穆里：《英国住房政策》，中国建筑工业出版社 2012 年版。

第三节　德国住房租赁补贴政策的经验

第二次世界大战之后，德国 80% 左右的住房受损，住房极其短缺，政府通过无息或者低息贷款支持私人机构、企业大量建设只租不售、低租金的社会保障房，当时这类社会保障房总量大约为 600 万套，有效地解决了居民住房问题。社会保障房租金标准由政府核定，以成本租金为基础，参照周边市场租金水平制定，一般为市场平均租金的 80% 左右，租金管制期为 30 年。20 世纪 60 年代初期，德国经济从战后恢复重建平稳进入社会发展期，居民收入普遍增加，已有能力在市场上购建住房，加上经过大规模建设社会保障房，德国住房市场供需出现了基本平衡，而一些居民在收入提高后却无法退出社会保障房。[①] 因此，一方面政府允许这部分社会保障房将租金提高到市场租金水平，另一方面政府将住房保障方式逐渐转变为向低收入家庭发放租金补贴，并一直延续至今。德国租赁补贴政策已执行 50 多年，目前已成为解决低收入家庭住房问题的主要途径。德国住房租赁补贴的主要特点如下。

一　补贴对象

租金管制制度取消后，住房租金普遍上涨，给普通民众带来了巨大的经济压力，政府采取了新的房租补贴制度。德国法律规定，凡收入不足以租赁适当住房以及租赁社会出租房的家庭，都有权享受住房补贴，以保证每个家庭都能够有足够的住房支付能力。外来人口由于短期或工作不固定因素而只能租房的，也可申请住房租赁补贴。那些属于《住房补助金法》适用对象的人拥有获得住房补助金的法律请求权，但是住房补助金只有通过申请才能获得。虽然购买住房的家庭也可以申请补贴，但是 90% 以上的补贴由租房者获得。新的《住宅补贴法》规定，房租补贴数额由政府根据家庭人口、收入及房租支出情况予以确定，保证每个家庭都能够有足够的住房支付能力。[②]《住宅补贴法》规定，对低收入居民，其实际缴纳

---

① 陈怡芳、高峰、于江涛：《德国、瑞士低收入家庭住房保障考察报告》，《财政研究》2012 年第 3 期。

② 中国市长协会编：《德国城市规划建设管理》，中国城市出版社 1993 年版，第 78 页。

租金与可以承受租金的差额，由政府负担；其中，居民实际缴纳的租金要与家庭住房需要相结合，可以承受的租金一般按照家庭收入的25%确定。房租补贴的资金由联邦政府和州政府各承担50%。补贴期限为15年，15年以后随着家庭收入的增加，相应地逐年减少租金补贴。目前德国约有11%的家庭，其租金全部靠政府公共财政租金补贴。①

二　补贴方法及标准

（一）社会福利房

为解决低收入家庭的住房问题，德联邦及各州政府运用住房建设基金，实施社会福利房政策。房屋投资商在自有资金达到项目投资的15%以上时，可向政府申请免息或低息（利率仅0.5%）贷款，建造社会福利房。社会福利房建成后，必须定向出租给低收入家庭，房租标准由政府核定，一般为市场租金的一半水平。低收入家庭申请租住社会福利房的，必须符合一定的条件，经政府相关部门审核获准，与社会福利房经营商签约租房，依约缴付房租和营运费（水、电、气费及物业管理费），连续三个月不缴房租的，经营商有权终止合同。家庭特别困难、缴不起房租的，可以向政府申请住房补贴以缴纳房租。承租社会福利房的家庭，每年要向政府相关部门进行家庭收入申报，经审核收入超过承租社会福利房标准水平的，要按市场租金标准向经营商缴纳房租，其增加的部分房租，经营商要交给政府，用以补充住房建设基金。

（二）住房合作社

住房合作社起初是产业工人的住房自助组织，后逐步发展成为全社会的住房互助组织。每个社员的入社资金，初期仅为100马克，现在则需1万欧元。合作社依靠社员入社资金，可获取国家等量资金的资助，并可争取银行等量的低息贷款。房屋建成后分配给社员租住，社员按照入社的先后顺序，排队租房。合作社所收房租，用以偿还贷款本息以及组织房屋维修运营；在赢利时，利润被分配给入社股东。每个社员，既为租户，也为股东。经营好的合作社现在每年可获得4%—6%的分红。合作社是依照《合作社法》而设立的法人，发展初期是公益性质的组织，国家给予免税；后

---

①　蔡红新：《美国、德国面向低收入阶层的住房政策及对我们的启示》，《中国西部科技》2009年第27期。

期住房需求缓解，所建房屋可以对外出售，演变成房屋开发商，若其所建房屋租给社员的比例低于90%时，要依法纳税。住房合作社在德国第二次世界大战后的前二三十年里，是解决住房需求的骨干力量。现在全德共有600多家住房合作社，且成立了合作社协会，共建有750万套住房。

（三）住房互助储蓄信贷银行

德国住房金融十分发达，住房互助储蓄信贷银行（下简称住房银行）、抵押银行、各专业银行及投资公司、保险公司等均开展住房金融业务，其中住房银行在促进住房建设中最具特点，作用较大。住房银行是一种定向为储户购建住房服务的互助“契约储蓄系统”。任何居民按照合同规定，连续几年（一般需要4—6年）存入一定数额的定期储蓄存款，在存足一定金额时，即可取得住房贷款的权利，还本付息需要10—15年。其存贷款利率是挂钩约定的，保持2.5个百分点的利差，一般存款利率为1.5%，贷款利率为4%，都低于市场利率，且独立于市场之外封闭运行。当贷款需求超过信贷资金来源时，则按存款时间先后顺序或按存款额度多少规定的顺序分配贷款，先存多存早贷。当社员购房时，政府按其每年储蓄额的一定比例支付补贴，低收入家庭还可以免征个人所得税。储户不需要贷款时，取款自由，银行除支付约定的利息外，还给付一定的利息回报。[①]

三　资金来源

（一）政府资助

政府资助主要包括财政补贴、低息贷款、税收优惠或减免、提供低价或免费土地等。

1. 供给方资助

政府资助私人开发商建造社会住房，或鼓励个人建造自由住房。对私人开发商的补贴或优惠主要是提供低息或无息贷款。对自建房者，政府除提供低息或无息贷款外，还表现在：一是提供建房资金，一次预支，分期偿还；二是建立建筑储蓄，为住房建设提供互助基金。

2. 需求方资助

调整税收优惠和信贷优惠，鼓励个人拥有住房，具体包括对低收入家

① 孙令军：《德国住房保障和住房金融的借鉴与启示》，《国外房地产》2006年第9期。

庭提供优惠的长期低息购建房贷款或补助；对购建自用住房者，8 年内按月减免个人所得税；对减免税后还本付息仍有困难的低收入家庭，政府另外进行债务补贴。

（二）住房抵押

德国住房抵押贷款机构主要有专业抵押银行、消费信贷银行、投资公司、私人房屋建筑贷款协会、担保银行、社会住房信贷协会以及互助储金信贷社等。

发放无息或低息住房贷款。德国公营抵押银行和储蓄银行向低收入者、残疾人、多子女家庭提供购建住房的无息或低息住房贷款，偿还期为 35—40 年，低息贷款的年利率为 1%。

发放住房抵押组合贷款。德国住房抵押贷款市场十分发达，购房者可以申请不同组合的住房贷款，比如 20 年以上的长期贷款、5—10 年的中期贷款及 5 年以下的短期贷款组合；也可以申请一级抵押贷款、二级抵押贷款和浮动利率的短期抵押或无抵押贷款。

（三）社会住房协会资金

社会住房协会是一种互相帮助、共同建房的非营利组织，目的是解决成员的住房问题，其运作体现了国家、集体和个人相互协作的原则。德国政府向住房协会发放无息建房贷款，额度为建房费用的 60%—90%，同协会会员储蓄结合，为建房提供资金。其中，住房储蓄制度是为购建房筹集资金而形成的互助合作融资体系，主要特点有：一是先储蓄，后贷款；二是贷款利率固定，低息互动；三是政府实现储蓄奖励。此外，政府对住宅价格的有效调控，以及住宅价格相对稳定，保证储户的住房购买力不发生大的变化（贬值），也是住房储蓄制度得以发展的一个重要外部条件。

（四）私人金融部门

主要通过提供低价土地或低息贷款帮助建设社会住房。不过，多年的实践表明，买房或建房补贴帮助的实际上是买得起住房的中产阶级而非真正的穷人。

四　相关法律法规

为了促进住房租赁市场的发展，德国政府特别重视租赁市场的法制建设。正是建立了完备的法律制度，德国的住房保障乃至整个社会保障体系才能持续一个多世纪，并不断得到完善和发展。1950 年，德国在为低收入家庭提供公共福利住房方面出台了《住宅法》，1955 年再次立法。1965 年，德国联邦政府出台了《住房补贴法》，规定凡家庭收入不足以租赁适当住房的公民都可以向政府提出申请，经审查合格后获得住房补贴。补贴按照家庭人口、税后收入及租金水平计算发放，使补贴后家庭实际负担的住房支出相当于税后收入的 20%—25% 左右。1971 年，德国联邦政府出台了《租房法》，平衡承租人和出租人之间的利益，主要是为了保护承租人的利益，一方面对解除合同进行限制，另一方面对租金上涨进行限制。在房屋销售和租赁方面，德国《民法》规定了房屋销售、房屋租赁当事人的基本权利和义务，并通过《租金法》和《驱逐保护法》等进行了补充，核心在于保障房东与房客的权益，既保护房东合理收益权，也保护房客不被房东驱逐、房租不盲目上涨的权利。在住宅现代化方面，德国制定了《住宅现代化法》，规定了旧房改造的有关政策措施。①

第四节　中国香港住房租赁补贴政策的经验

中国香港土地资源稀缺，是世界上人口最稠密的地区之一，对住房的需求巨大。中国香港地区的住房租赁政策是通过公共租住房屋（公屋）制度实现的，公屋建设总量占保障性住房建设总量的 63%，香港的公屋制度经过五十余年的发展，取得了举世瞩目的成就。香港通过廉租房制度成功解决了地少人多的社会问题，不仅解决了本地区的住房问题，并且为经济发达的特大城市解决住房问题提供了成功典范。② 香港的住房租赁补贴主要以租金补贴为主、实物配租为辅，补贴重点从自建公营房屋的传统方法逐渐向直接提供财务资助的货币补贴方式转化。香港住房租赁补贴政策的主要特征如下。

① 魏东、季彦敏：《住有所居的德国经验》，《上海房地》2010 年第 6 期；纪瑞朴：《住房租赁市场管理的国际经验及启示》，《中国房地产金融》2011 年第 10 期；郑宇劼、张欢欢：《发达国家居民住房租赁市场的经验及借鉴——以德国、日本、美国为例》，《开放导报》2012 年第 2 期；张延群：《德国公租房政策对我国的启示》，《中国经贸导刊》2011 年第 14 期；陈怡芳、骆晓强、高峰：《德国、瑞士住房制度管理及对我国的启示》，《中国财政》2012 年第 9 期。

② 文刀：《香港住房保障体系值得学习借鉴》，《观察与思考》2009 年第 22 期。

一　补贴对象

香港住房租赁补贴对象是租住公屋的低收入者。2009 年，公屋申请的资格条件如下。

（一）申请年龄

一般家庭，年满 18 岁；高龄单身人士优先配屋计划，申请时须满 58 岁或以上，配屋时须年满 60 岁；共享颐年优先配屋计划，申请人及其他成员在登记时须年满 58 岁或以上，配屋时须年满 60 岁；家有长者优先配屋计划，年满 18 岁（有关的高龄人士须年满 60 岁或以上）；新市乐天伦优先配屋计划（有关的高龄人士须年满 60 岁或以上）。

（二）住户人数

一般家庭，最少两名有亲属关系的人士合伙共住，单身人士也可登记在另一独立名册上；高龄单身人士优先配屋计划，高龄单身人士会被编配入住长者住屋、经改建的单位或独立单位；共享颐年优先配屋计划，两名或更多长者，无论有亲属关系与否，获配单位后合伙共住；家有长者优先配屋计划，申请人家庭必须为不少于两人的家庭，其中包括最少一名年老亲属；新市乐天伦优先配屋计划，最少四人，申请人家庭必须为核心家庭，另加最少两名长者，他们必须为申请人或其配偶的父亲、母亲或依靠其供养的亲属。

（三）住户月收入

申请人住户收入不得超逾收入限额，其中单身月收入在 7400 美元以下，两口之家月收入不超过 11600 美元，三口之家月收入不超过 12900 美元，四口以上家庭月收入不超过 15800 美元，该限额每年都会根据通货膨胀率和社会经济情况调整，若超出限额，须缴额外租金甚至迁出公屋。

（四）拥有物业

申请人或其家庭成员在申请登记直至签订公务租约期间，不得：

（1）拥有香港住宅物业；

（2）签订购买香港住宅物业的协议；

（3）持有一个拥有香港住宅楼宇的公司一半以上的股权。

（五）居港年限

在配屋时，申请书内至少一半的家庭成员须在港住满 7 年并仍在香港居住。18 岁以下的子女，不论在何处出生，只要父母其中一人居港满 7

年，一律视作已符合7年居港年期规定。

二　补贴标准

（一）公屋租金确定

公共房屋的租金基本上是依据不同公屋之间的比对价值和租户的负担能力而确定的，公屋租金每两年根据通货膨胀率等因素调整一次。租户的负担能力是按“租金与收入比例中位数”来评估租房者整体负担能力，确保租金维持在合理的水平。[①] 参考租金是根据有关地区的位置和屋村的比对价值来厘定的，所谓比对价值是指房屋坐落的地区，以每平方米室内楼面面积计算，同一大厦的所有单位，不论层数和方向，每平方米室内楼面面积的租金都是统一的，楼宇设备、环境及交通设施等也会被考虑进来，租金由223元至3368元不等，整体平均约1315元。房租厘定后，最少三年才能调整一次；房租调整后，整体公屋居民的房租与收入比例不能超过10%。从2007年开始实施公屋住户收入调查，以收集精确的住户收入资料，制订未来公屋租金的调整机制。公屋的租金十分低廉，且租金包含管理费，一般只占家庭平均收入的8%左右，租金水平大约为同地区市场价的1/4，这其实相当于每收1港元租金，政府就要补贴3港元。根据不同居住情况，实施不同的低租金政策：人均建筑面积5.5平方米以下的，租金占家庭收入的15%；人均7平方米的，租金占家庭收入的18.5%。公屋平均租金水平相当于市场租金的30%。[②]

（二）租金减免政策

香港房委会在1992年9月1日实施租金援助（租援）计划，以宽减租金的方式，援助有暂时经济困难的租住房屋及中转房屋住户。现行政策规定，房委会在2002年10月31日修订租援计划，放宽长者及重建户申请租援的资格。另于2006年3月，进一步放宽非长者住户的申请资格，为确保住户负担租金的能力，房委会确定最低编配标准，规定以租金与入息比例中位数的最高值订租金，一般只占租户收入的5%—15%。同时，租援计划还针对特殊住户提供大幅租金减免的优惠政策，根据住户家庭的总收入情况可获减1/4或1/2的租金，因此，针对特殊住户的租金有时甚

---

① 王毅强：《香港住房政策的发展与启示》，《市场经济与价格》2010年第5期。

② 曾赛星：《香港公共房屋政策性分析》，《建筑管理现代化》2001年第2期。

至会低至家庭收入的2.5%。对待老年人的租金补贴标准，老年人租住公房或私房，租金由房委会和他们共同分担，房委会负责60%，老年人负责40%，另外由于租住私房而发生的定金和中介费等费用由房委会负责支付。对于一部分有严重疾病、残疾、痴呆等特困户，由社会福利署提出体恤安置个案，经房委会审查合格后，将免费入住公屋。另外在分配住房时，也会尽量考虑这部分人的特殊需要，在进行房屋改造、增加电门铃、停车费用等处予以照顾。

三　资金来源

在公屋建设初期，香港政府通过直接注资或提供土地的方式，资助公屋的发展，早期的公屋建设一直由香港政府赤字运行。直到1973年，新的香港房屋委员会（简称“房委会”）成立后，政府虽然继续维持对公共租住房屋的巨额财政担保承诺，但并不是直接对房委会提供资助，而是通过提供免费土地，以及由政府发展贷款基金提供贷款进行支持，发展贷款基金需在40年内分期偿还。此时，政府与房委会之间的财务关系主要是借贷关系。从1989年开始，房委会进行改组，成为自负盈亏的财政独立机构。政府与房委会达成财政安排计划：政府把“居者有其屋计划基金”与发展贷款基金作为改组后房委会的永久资本；政府同意于1988—1993年期间向房委会注入资本100亿港元；政府的永久资本以年息5%计息；居者有其屋计划屋苑和公屋非住宅部分的土地价值作为政府对房委会非住宅楼宇的股本投资，政府与房委会平均分配房委会经营公屋及居者有其屋屋苑内的商业设施所获得的净营运盈余，作为对政府该项投资的回报。这一财政安排显示了政府开始对公屋和公屋附属商业设施采取不同的处理方法，政府的贷款人角色转换为投资人角色。此时，尽管房委会成为自负盈亏的独立机构，但政府仍履行对公屋的财政承担。2006—2007年度，公共房屋支出约158亿港元，占特区政府整体支出的6%。除了政府资助以外，根据房屋条例，房委会还可以从公共房屋运作中取得收入，这部分收入包括房委会通过各项自置居所计划出售房屋，这是其最重要的盈利来源。同时，出租公屋附属商业楼宇也是房委会稳定的收入来源。也就是说，在政府提供一定的资金支持之后，廉租房的租金收益也是其主要的资金来源。目前，香港公屋建设的资金来源途径主要有两个：一是政府通过免费拨地、拨出资本和低息贷款提供资助。二是房委会通过出租公屋及其附属商业楼宇、出售居屋以获得维护及兴建公屋所需的资金。

四　相关法规与规划

经过五十余年的摸索、发展、完善，香港公营房屋制度取得了长足的进步和显著的成绩。这与香港地区制定了相当健全的住房法律体系，以及制定了科学合理的住房保障规划分不开。香港有关住房的主要法规有《房屋条例》《建筑条例》《业主与租客条例》等。另外，根据经济发展情况和不同时期、不同收入水平的需求，香港地区制定了一系列住房计划，从而建立了多层次的住房保障体系，实现了“居者有其屋”的理想。

（一）徙置区计划

1953 年圣诞节，石硖尾木屋区一场大火令 5 万人无家可归，为紧急安置灾民，香港当局的“徙置事务处”开始兴建“徙置屋”，由此香港当局开始发展公共房屋。

（二）廉租屋计划

1961 年，由于香港放宽了移民限制，香港人口增加到 300 万，为此香港当局开始兴建廉租屋，为月收入 400 港元以下的家庭提供居所。

（三）临时居屋计划

1964 年，香港当局又推出了“临时房屋区计划”，以安置那些不符合入住公屋资格、没有能力租住私人楼宇的居民。

（四）十年建屋计划

1972 年，当时的港督麦理浩爵士宣布实施一项“十年建屋计划”。1973—1983 年，这项计划解决了住在贫民窟和木屋的 150 万居民的住房问题。“十年建屋计划”包括市区人口扩散计划、居者有其屋计划和私人部门参建计划。

（五）长远房屋策略

20 世纪 80 年代香港大多数居民的基本住房问题已得到解决，此时的居民渴望拥有一套较体面的自有住宅，为适应这种变化，香港当局在 1987 年宣布了“长远房屋策略”。“长远房屋策略”主要由“私营部门优先策略”、“自置居所贷款计划”和“夹心阶层居屋计划”等构成。

（六）《香港长远房屋策略白皮书》

为回应社会的需求，香港当局在 1997 年 1 月发表了一份咨询文件，检讨和更新了长远房屋策略。1998 年 2 月，香港特区政府发表了《香港长远房屋策略白皮书》，内容建基于行政长官在其 1997 年 10 月 8 日首份施政报告中提出的三项目标。包括每年兴建不少于 85000 个公营及私营住宅单位；在 2007 年或之前提升自置居所家庭的比率至 70%；在 2005 年或之前轮候公屋的平均时间缩短至三年。[①]

第五节　租赁补贴政策改革的启示

一　采用多种形式的补贴制度，开拓多元化的住房租赁补贴融资渠道

通过以上综述可以看出，美国的租房券、英国多种形式的福利补贴项目、德国的住房补贴制度、中国香港的公屋制度在解决住房难题中发挥了很大作用。中国目前廉租住房政策主要采取以租金配租为主，实物配租、租金核减为辅的补贴制度，公租房制度还没有出台相关补贴方案。因此，为了快速有效地解决“夹心层”的住房短缺问题，公共租赁房制度设计应充分借鉴英、美、德、中国香港等国家与地区住房补贴制度的成功经验，并与中国廉租住房制度相结合，采取形式多样的补贴方法，帮助老、病、残疾人等住房困难群体获得更多的住房资助。[②] 公租房的补贴与公租房的建设管理应该是两个体系，对低收入人口的租房补贴应该由民政和社会保障部门负责，公租房的建设和管理主要应该按照市场经济的机制来运行。住房租赁补贴保障对象众多，完全需要由国家财政出资，政府财政负担沉重，这部分资金可以来自中央财政转移支付和地方政府部分土地出让收益，中央和地方政府应在年度预算中重点列出专项资金，保证每年住房租赁补贴资金的投入。在把握廉租住房资金需求特征的基础上，认真考量各种融资渠道的供给能力，摆脱单纯依靠政府的桎梏，应当创新财政支持方式，通过注入资本金、投资补助、贷款贴息、税费减免等，引导社会机构参与投资建设、运营、管理保障房，将公共资本与私营资本相结合，多渠道地创新融资机制，是加快廉租住房制度建设的必然选择。

---

① 刘佳燕、万旭东：《借鉴香港经验谈租赁型公共住房在我国的发展前景》，《北京规划建设》2007 年第 6 期；Housing Branch of Hong Kong, Homes for Hong Kong People the Way forward, *Hong Kong*, 1997: 5 –10.

② 左停、王丽丽：《世界各地公共房屋保障体系对我国公租房建设的启示》，《经济论坛》2010 年第 3 期。

二　建立完善的住房租赁补贴分配制度，与时俱进地调整住房租赁补贴政策

要建立完善的住房租赁补贴分配制度，必须做到以下几个方面：一是要明确住房租赁补贴部门的责任，确保住房租赁补贴制度的顺利落实；二是住房租赁补贴实行申报审查制度，符合条件的对象要经过申请，审查合格后才可获得相应的住房租赁补贴，建立个人信用档案和个人收入申报制度；三是住房租赁补贴审查过程要公开透明，充分发挥社会的监督作用，住房租赁补贴部门可以设立专门网站，公开申请人的详细资料，进行社会监督；四是在国家资金有限，不能做到“应补尽补”时，住房租赁补贴可以通过摇号等方式分配，做到分配过程公开透明、分配结果公平公正；五是对于申请内容不真实，骗领住房租赁补贴的人员，应该引入刑法处罚制度，以诈骗罪论处；六是采取直接向出租者发放住房租赁补贴充抵房租的方式，防止申领者将住房租赁补贴挪作他用，不能发挥应有的功能；七是建立住房租赁补贴对象动态控制制度，对住房租赁补贴对象实行年度审核，对于不再符合条件的对象，及时停止发放住房租赁补贴。在不同时期，应该根据国情与经济发展情况，不断调整住房租赁补贴政策与相关标准，做到与时俱进。在住房短缺比较严重的时期，公共租赁住房保障对象范围比较广泛但住房保障水平普遍较低，政府直接建房的方式有利于刺激住宅的供给，加快住房建设。随着地区经济的发展、居民整体住房状况的改善、住房市场供求趋于平衡等因素的变化，廉租住房保障对象的范围应逐渐收缩，但住房保障水平应相对提高，房租补贴的方式则更具有选择性，更有利于减少保障资金的支出，有利于市场本身作用的发挥。在完成大规模保障性安居工程建设任务后，应当根据各地保障房的需求情况、房源状况和财力状况，积极研究以租金补贴方式提供住房保障，提高住房保障的针对性和实效性。

三　对不同目标人群实行分类补贴标准，将住房保障和人才战略方案相结合

由于中低收入群体支付能力有着很大差异，住房租赁补贴应对低收入阶层进行再次划分，针对不同的阶层实施不同的廉租住房居住面积和补贴标准，做到不同居民居住的公平性。要用有限的公共财政实现社会效益的

最大化，同时还要充分发挥住房租赁补贴对城市人才结构的优化作用。住房租赁政策应严格规定准入和退出程序，并在保障体系内部根据居民家庭收入状况、家庭规模等设计不同的保障层次，以尽量体现公平。住房租赁补贴的分类标准主要有两种：一是住房租赁补贴的数额要保障不同收入和人口的家庭有能力租赁住房。国家应该建立完善的收入申报制度、收入评估制度和社会监督机制，详细核查满足条件人群的收入，然后对满足条件的家庭按人口数等标准进行分类，评估出满足该家庭生活基本需要的住房最小面积，按照家庭收入和市场租金的差价进行补贴。二是在制定住房租赁分类补贴标准时，要充分发挥分类补贴对人口流动的影响作用，引导人口的合理定向流动。对于城市发展所需要的专业人才，可以适当提高其住房租赁补贴，而对于农民工群体，因为农民工一般拥有自有住房，只是在城市工作时缺少临时性的住房，所以对农民工应引导其租赁小面积，或是宿舍性质的租赁住房，在核算房屋租赁价格时，应当按照小面积住房予以核算。各个城市可以按照自身发展对人才的需求，确定住房补贴分类的标准，吸引所需人才和企业的进入，引导人口的合理流动，优化城市人才结构，为城市的发展不断积累人力资本，将住房保障变成一个有着技术与人力导向的复合工程，促进城市的健康发展。

四　建立健全住房租赁市场管理法律体系，进一步规范住房租赁市场管理

目前，中国住房租赁市场管理法律体系尚不健全，中国住房保障工作在全面推进之后，迫切需要制度化和法制化，亟须制定符合中国国情的统一的公共住房政策法规，提高住房保障的法律地位和法律效力。从制度安排上明确各级政府的重要责任，从法律上规定保障性住房制度的保障对象、保障标准、保障水平、保障资金的来源、进入退出机制，并建立专门的管理机构。而美、英、德、中国香港的房地产管理法律覆盖了住房建设、住房保障、租金管理、住宅现代化等各方面，借鉴世界上具有代表性国家或地区住房的租赁经验，中国应当抓紧制定住房租赁市场的相关法律，进一步建立健全住房租赁市场管理法律体系，为政府加强住房租赁市场管理提供必要的法律依据。另外，中国对租赁住房的监管缺失，基本上处于放任自流状态，因此，“地下”租赁比较普遍，租赁双方关系不稳定，房东随意上调租金现象屡有发生。要解决上述问题：一是建立健全住

房租赁管理法律法规，明确租赁双方的权利和义务，规范租赁管理。二是加强住房租赁合同管理，保护房客和房东的合法权益。三是加强房屋租金管理，定期公布区域房租指导价格，明确租金最高涨幅，对于不合理的租金上涨应进行必要的干预。四是加强房屋中介机构的管理，加大对虚假信息和欺诈行为的处罚力度。加强住房租赁市场监管，不仅可以盘活闲置房源，增加市场住房供给，减轻对新建住房的需求，而且可以给房客带来稳定的预期，有利于形成合理的住房消费观念。同时，也要加强政策宣传，强调“住有所居”不等于“住有其屋”，正确引导住房合理消费，发挥租赁住房在房地产市场上的应有作用。

五　中央政府和地方政府应分工明确，设立专门组织负责管理

在中国当前的行政管理体制下，地方政府有时候并没有太大的自主权，越俎代庖、职能重叠现象时有发生，这直接导致了中国廉租住房的规划和政策执行效率不高，难以实现资源的最优配置。从住房保障对维护社会稳定、构建和谐社会等社会效应来看，该项事务应属于中央、省、市、县各级政府的共同事权。真正的高效率，需要中央政府给予地方政府一定的自主权、必要的法律保障和资金支持。同时为保证制度的推行，应建立对地方政府既有制度执行的绩效评价机制，同时设立专门的负责机构以避免行政交叉和相互推诿所导致的低效率。如在美国，联邦政府制定相应的年度住房发展计划，各州政府则根据年度住房计划的规定和美国房屋与城市发展部的要求，结合各州的实际，制定各州的公共住房发展计划；美国政府还设立了联邦平民建设总处，负责对公共住房的建设提供长期的补贴。在英国，各地方会结合本地经济发展的实际，制定地方性的住房保障法规，并针对住房保障的不同对象，提供多种住房保障方式。在中国香港，政府成立相应的房屋管理机构即房屋委员会负责居民的住房保障问题，并成立相关组织，形成严格的管理体系，有效地保障了各参与主体（政府与私营机构）权、责、利的分明，有效避免了政府项目在实施中，私营机构在设计、建设施工环节上偷工减料，降低房屋质量，出租出售对象与政府政策扶持目标不符，以及物业管理脏乱差等问题的发生。这些国家或地区的实践经验表明，只有进行明确的职能分工和专门的管理，才能形成高效率的廉租房运作模式。

六　保障机制融入市场机制，政府干预与市场调节有机结合

中国政府是构建廉租住房保障制度的主体，但这并不意味着在廉租住房领域完全否定市场机制。公共住房保障不是要政府破坏或取代市场机制的运行，而是在市场机制作用无法发挥或无法充分发挥的情况下引导市场，是对市场机制的补充和修正。当前在公共住房领域，中国政府主要以直接参与者的身份，作为住宅市场的内在因素直接参与住房的供应和分配。近年来，英、德、美等西方国家对原有住房保障体制进行了较大改革，目的就在于通过减少对市场机制本身作用的过多影响来消除市场信息扭曲的现象。借鉴各国和各地区经验，在住房保障中，充分发挥开发企业的积极性，把保障机制融入市场机制，政府强制规定各房屋开发项目，必须承建一定比例的廉租住房、经济适用住房、公共租赁住房，按政府规定的价格出售或出租。对承建的廉租住房、经济适用住房、公共租赁住房给予土地、规费、税收及低息贷款等优惠。廉租住房、经济适用住房和公共租赁住房在建成后，可以交给专业物业管理公司负责经营管理。中国在实践过程中要更多地发挥市场机制的作用，充分利用市场这只“无形的手”，将政府干预与市场调节有机结合。只有这样，才能使中国住房租赁政策实现效用最大化。

第七章　廉租住房租赁补贴政策改革研究

第一节　当前廉租住房补贴政策存在的主要问题

一　廉租住房补贴的准入标准有待完善

目前，廉租住房实物配租和租赁补贴的准入标准是以户口、收入和住房面积进行划定的，这种划定准入标准的方式须进一步完善。首先，这种方式并不能够准确反映所有受保障对象的实际住房可支付能力。如租住市场租赁房的低收入住户，由于并不拥有自有住房，所以并不能对这类群体的住房面积进行限定，只能以户口和收入条件进行简单识别。据抽样调查显示，在廉租住房保障对象中下岗、打零工和自由职业者等占到60%以上，很难对其收入进行准确界定。其次，现有准入标准没有包含资产方面的限定。随着社会经济的快速发展，对收入的界定发生了较大的变化。例如有些人的确没有住房，但是有门面房，有些人银行有存款但无固定工作或者工作不稳定等，这类人群仍拥有较强的住房可支付能力。

二　廉租住房保障资源的分配不公问题

目前，廉租住房的资格审核是由各部门各司其职，民政部门负责廉租住房申请家庭的收入认定情况，房管部门负责廉租住房申请家庭住房面积的认定情况，社区街道等基层组织负责廉租住房申请家庭的户籍认定情况和登记初审工作，彼此之间信息没有做到完全相互关联，居民的户籍、收入、住房信息系统各自独立且信息不完整，致使各基层单位在核实保障房申请资格时难度较大，只有依赖有关单位出具的证明材料，缺乏统一的信息审核平台，导致分配的公平、公正无法得到保障。根据此次调研数据，我们发现享受实物配租保障家庭的月均收入为884.3元，而享受租赁补贴保障家庭的月均收入仅为 756.9 元。这说明，现实中廉租住房保障资源的分配存在不公问题。

三　廉租住房补贴方式之间存在垂直公平性问题

住房保障中的补贴应遵循两项原则：一是补贴与收入的倒挂原则，即随着目标人群的收入增加，补贴额度应逐渐减少；二是补贴的非跃级原则，即收入相对较低的目标人群在获得补贴后的总效用应不高于收入相对较高目标人群在获得补贴后的总效用。然而，廉租住房实物配租的双困户家庭所获得的补贴额远高于享受廉租住房租赁补贴的家庭。根据此次调研数据，廉租住房的建筑面积均值为 47.5 平方米，廉租住房周围租金水平大致为 12.8 元/平方米，享受实物配租保障家庭缴纳的租金约为 63.1 元/月，那么实物配租家庭所获得的政府补贴额大约为 544.9 元。而租赁补贴家庭所获得的补贴额仅为 192.2 元/月，不及实物配租家庭获得补贴额的一半。

四　廉租住房实物配租保障的退出机制有待完善

廉租住房实物配租保障家庭属于收入极低的住房困难群体，该类群体即使获得少许租金补贴，也不具备支付租赁市场房的能力。但随着被保障家庭的收入状况变好，即住房支付能力增强，不再符合实物配租保障的标准，按照政策规定，应限期腾退，将这类群体所享有的廉租住房分配给其他需要实物配租保障的住房困难群体。根据此次政府问卷数据，发现享有廉租住房实物配租保障的家庭退出较少，自 2008 年以来，共计只有 89 户退出，其中绝大多数属于清理退出，主动退出的家庭只占极少的比例。从各地区来看，退出户数的绝对数相差不大，每个城市 30 户左右。与实物配租保障人数（20945 户）相比，退出户数显得微乎其微。可见，享有廉租住房实物配租保障的家庭随着收入的增高，并不愿意退出廉租住房。作为制度的维护者和管理者，政府也很难将这类群体强制清退，廉租住房实物配租的退出机制有待完善。

五　租赁补贴保障标准较低，缺少动态调整机制

目前，租赁补贴发放的标准依据保障家庭补贴面积和补贴标准来计算，受保障对象领取租赁补贴额的大小取决于其居住面积与保障面积的差

额和补贴标准的大小。以武汉市为例，租金补贴标准经过两次提标后，人均月补贴标准分低保家庭和低收入家庭两类，分别是低保家庭租金补贴标准为10元/月·平方米·人，其他低收入家庭租金补贴标准为7元/月·平方米·人。根据调研数据统计，武汉市租赁补贴保障家庭每月领取的补贴额均值为238.1元，而租赁补贴保障家庭周围租金水平大致为25.1元/平方米，假定受保障家庭将获得补贴额全用于改善居住条件，那么其居住面积也只能增加9平方米。另外，租赁补贴保障标准的调整速度和幅度远小于周围市场租金上涨的速度和幅度，造成一些低保、低收入困难家庭难以承受，只有到更偏远的城郊或是住房条件更差的区域承租住房，住房困难情况进一步加剧。

六　租赁补贴资金外溢严重，补贴效果不明显

根据此次调研数据分析，享有租赁补贴保障的家庭在保障前的房租支出为203.0元/月，在获得保障后，租赁补贴保障家庭每月领取的补贴额为192.2元，但其住房消费并没有相应增加，保障后的房租支出为223.6元/月，增幅仅为10.15%。另外，在居住面积方面，保障前人均居住面积为11.9平方米，保障后人均居住面积为12.9平方米，增幅仅为8.40%。这充分说明了廉租住房租赁补贴资金并没有真正实现专款专用，补贴资金被挪用现象比较普遍，使用效果差，变相成了“生活补贴”。

七　各部门之间协调性差，廉租住房政策执行效率低

廉租住房保障工作涉及部门多，通常需要各部门分工协作，但由于相关信息制度不健全，各部门的信息系统独立运营，各部门之间不能共享其信息资源，再加上缺乏相应的工作经费支持，各部门难以积极配合，联动性差。申请租赁补贴的家庭必须为低保或低收入家庭，而低保或低收入的认定需要通过社区居委会报送民政部门进行认定，由于缺少相应的工作经费，各部门配合不积极，再加上民政部门一年中只有几次认定时间，由此造成申请租赁补贴的手续比较复杂，政策执行效率低下。根据此次调研数据的统计分析，获得廉租住房保障的家庭从申请廉租住房保障到获得保障资格需要等待300多天，而从获得资格到享受廉租住房保障也需要等待近250天。这说明廉租住房政策的执行效率比较低。

第二节　廉租住房补贴政策改革的主要内容

一　改革的基本思路：实行廉租住房与公租房两房并轨

住房保障是保障居民的基本居住权，实现所有居民“有房住”，而不是“有住房”。目前，中国正处于城镇化加速推进阶段，住房困难群体日益增多，而政府财政负担能力有限。因此，中国住房保障体系设计的目标取向应为构建与政府财政负担能力相协调的、以公租房为主体的租赁式住房保障体系，满足居民多样化的基本住房需求，实现“住有所居”目标。按照住房保障制度改革目标，**廉租住房政策改革的基本思路是：实现廉租住房与公租房两房的并轨，避免现存多层次住房保障体系中夹心层问题的出现，防止廉租住房这一社会标签所产生的不利影响，避免人为地造成社会阶层的隔离**。具体而言，这两种补贴模式的廉租住房应整合到政府持有产权的公租房中。对于实物配租的廉租住房来说，由于实物配租的对象一般是家庭存在残障或无劳动能力人口等社会低保家庭，在新体系中政府对其可全额补贴，或受保障对象所缴纳的净租金仅具有象征性意义；而廉租住房租金补贴对象一般是无固定工作或工资收入低，遇到大病或大的不利事情则会导致其返贫的低收入家庭，在新体系中政府应在指定房源的基础上，依据其收入及市场指导租金，给予其合理补贴。显然，将廉租住房整合到公租房，既防止了廉租住房所产生的社会标签问题，也有利于调动保障家庭劳动供给的积极性，促进社会底层家庭积极向上流动；而政府持有公租房产权，有利于确保低收入弱势家庭的基本住房居住权。

长期以来，廉租住房和经适房以及近些年来新增的公租房与限价房等多层次供应模式使得中国住房保障需求的“夹心层”不断扩大，这种现象不仅仅存在于经适房、公租房与限价房之间，同样也存在于公租房和廉租住房之间。尽管分层的住房供应体系在实施初期确实为中国房地产市场的发展和住房保障事业的发展有着积极的促进作用，但随着居民收入状况和住房需求状况的变迁，在住房保障领域对于住房供应类型的过分细化，也产生了相应的问题。

从政府管理层面来说，随着住房需求群体的变迁，保障性住房供应分类管理造成了政府资源的浪费，致使其效率低下，不利于统一协调。保障性住房供应的分类一方面要求政府必须制定相应的住房管理办法，并配备相应的管理人员，在相应的政策推行过程中，政府必须投入大量的人力、物力、财力去对新政策的实施进行宣传、管理、推行，作为一项公共事业，这对于地方政府来说，都需要耗费较多的资源。另一方面，由于中国社会经济发展的区域化特征明显，各个地方的经济发展状况和城市间的住房需求状况差别也较大，因此，各个地方政府不得不根据地方情况制定相应的住房管理政策，地方政府的执行情况千差万别，差异较大。部分政策与当地的经济发展状况和居民住房需求相吻合，则会促进地方经济的发展并解决收入较低居民的住房问题，但同样也有部分地方政府并未很好地对低收入居民的住房问题加以妥善解决。在这种情况下，上级政府在实行统一的指导性意见上有一定的难度，地方政府也不能很好地加以贯彻执行。

从住房需求者的层面来说，作为住房保障体系中的直接受益者，分层供应体系直接导致了夹心层的扩大和部分居民对福利的依赖。此外，廉租住房的标签也给廉租住房的入住者带来了一定的烦恼。地方政府对于廉租住房实物配租的补贴额度较大，对进入的审核也较为严格，但退出机制在实际执行过程中面临着一定的难度。对于一个收入恰好在廉租住房实物保障之内的居民来说，廉租住房政策或许对于改善居民居住条件的作用巨大，但是对于一个收入略高于廉租住房保障线的居民来说，又不具备购买经适房的能力，这类收入较低的居民实际上未得到保障，而其收入水平又导致其无法入住廉租住房，其必然成为“夹心层”群体。同样，对于租赁补贴廉租住房保障对象，亦存在类似的问题。而对于入住廉租住房的用户来说，随着其收入水平的逐步提高，在其收入越过廉租住房准入标准时，执行退出措施的难度相对较大，这就造成了一定的福利依赖。而且，对于实物配租的廉租住房住户来说，在入住廉租住房同时，也使受保障居民拥有了一个社会标签，这一标签会使社会群众对其产生一定的认知偏见，会对廉租住房住户的工作和生活带来很大的困扰。

从社会整体福利层面来说，政策对于市场的过分干预，必然会造成资源配置效率的低下，致使整个社会福利蒙受损失。中国共产党十八届三中全会《中共中央关于全面深化改革若干重大问题的决定》也指出，“要紧紧围绕使市场在资源配置中起决定性作用深化经济体制改革”，因此合理发挥市场在保障房体系中的决定性作用为廉租住房政策改革提供了很好的指导思路。

二　保障方式改革方案：实物配租与租赁补贴变革为配物补租、住房券和社会房东补贴

配物补租是指政府向住房困难家庭提供指定房源（房源可以来源于社会，也可由政府新建等），先由房源提供者向租户收取市场租金（保障其基本利润，可适时适度进行控租），而后政府依据各家庭可支配收入，给予目标群体相应的租金补贴，实现该群体住有所居的目标。

住房券是一种限制性租赁补贴，是指政府向受保障对象发放货币性质的补助，并对补助资金的用途进行严格限制，具体实现形式为住房券。显然这类租赁补贴增加了受保障对象的可支配收入，但可支配收入的增加额并不能用来进行非住房消费，只能进行住房消费。当然，由于这种方式在很大程度上减少了受保障对象的住房消费支出，因而也会对其非住房消费支出产生正向影响。

社会房东补贴是指受保障对象在住房租赁市场中租住社会私人住房（一般由政府认定的、符合一定标准的体面住房），按照收入的一定比例向社会房东缴纳房租，社会房东的亏损通过政府补贴形式进行弥补，即政府向社会房东支付实际房租与市场租金的差额部分。这类租赁补贴改变了受保障对象所面临的住房相对价格，为受保障对象带来了较低的租金水平，从而刺激这类群体增加住房消费。在实施这类补贴的过程中，为了避免低收入群体住房消费过度，政府往往会对住房消费量的上限进行限制，对于超过限制量的保障对象，政府会取消对其补贴。**廉租住房保障方式变革的基本理由主要体现为以下几个方面：**

第一，配物补租有利于廉租住房相关政策逐步并轨于广义的公租房政策体系中，实现公租房与廉租住房政策的两房并轨。

第二，配物补租与实物配租、租金补贴相比，规避了原有保障模式存在的弊端，有利于理顺政府补贴的公平性问题，有利于充分利用住房存量，也有利于调动社会力量新建租赁性住房，并防止未来可能出现的福利陷阱。

具体而言，配物补租方式吸收了租金补贴的优点，也解决了租金补贴存在的部分问题。租金补贴模式与实物配租模式相比较，（1）无需政府重新投入土地及大量的资金，就能实现对目标群体住房保障的目的。（2）在住房保障财政支出既定的情况下，可以覆盖更多的目标群体，充分发挥

资金的保障效率。(3) 租金补贴较实物配租更便于管理；对获得实物配租的目标家庭来讲，巨大的租金利益会使得目标家庭在收入得到改善后不愿退出，退出机制缺乏，已成为廉租住房实物配租的硬伤，而租金补贴模式只要政府停止发放补贴资金，则收入改善后的目标家庭就直接退出了保障范围。显然，配物补租方式吸收了租金补贴的这些优点。租金补贴模式往往是以住房存量拥有符合政府规定及目标群体要求的适当住房为前提条件的，而这一条件尤其在中国各大中城市难以得到满足。因此，获得租金补贴的家庭常常将补贴挪作他用，用于补贴家庭生活开支，并没有改善其居住条件。而配物补租，作为一种指定社会房源的配给模式也改变了租金补贴这一明显的劣势。

配物补租方式吸收了实物配租的优点，也解决了实物配租所存在的缺点问题。一方面，如上所说，政府既定房源的实物配租，是符合政府要求和目标家庭需求的房源，不会产生租金补贴所出现的补贴资金外溢现象。另一方面，配物补租也解决了实物配租所存在的严重缺陷，如 (1) 实物配租中的住房需要政府投入大量土地和资金等各种资源，且保障人群数量有限。(2) 实物配租所产生的悬崖效应会对劳动力市场供给产生抑制效应，即目标家庭为了持久获得廉租住房保障，不愿向市场提供劳动；否则，其工资报酬的获得将使得该群体不再符合廉租住房保障的条件，而退出意味着家庭生活环境的恶化。(3) 实物配租的退出机制形同虚设。即使一些家庭已不再符合廉租住房配租条件，但该家庭也会通过各种方式继续占有廉租住房，在社会稳定高于一切的现实中，已制定的退出机制形同虚设。显然，配物补租通过调整补贴的额度，并不会导致目标群体生活条件的恶化，同时，补贴权掌握在政府手中，政府停止住房补贴，该群体便自动退出了住房保障范围。

当然，配物补租也存在一些缺点。如 (1) 租户无法自由选择住房。(2) 政府既需筹集房源，又须提供住房补贴，执行成本较实物配租和租金补贴更大。(3) 若政府直接建房，则与实物配租一样存在资金筹集的困难问题。

第三，将租赁补贴变革为住房券，有利于避免非限制性租赁补贴资金的外溢，使得受保障对象仅能用于改变住房居住水平，而不是改善生活状况。

住房券补贴增加了受保障对象的可支配收入，但可支配收入的增加额并不能用来进行非住房消费，只能进行住房消费。实质上，这类租赁补贴只是增强了受保障对象的住房消费能力，可以较好地避免补贴资金的外溢。通过实施限制性租赁补贴，与获得保障前相比，受保障对象会在不改变原有非住房消费量的前提下，增加住房消费量，从而改善自身的居住状况。

第四，将租赁补贴变为社会房东补贴，同样有利于防止非限制性租赁补贴资金的外溢，使得受保障对象仅能用其改变住房居住水平，而不是改善生活状况。

其具体实现方式可以包含两种情况：一是拥有私人租赁住房房源的房东自愿纳入政府公租房序列，由受保障对象支付市场房租（或准市场租金），政府给予受保障对象货币补贴，其实质是配物补租的另一种实现方式，其差异仅在于房源来自社会。显然，这种模式在“配物”环节中引入社会化房源之后，对于租户来说，看似无法选择住房，实际上，由于社会房源的分散性特征，在地理位置上将更加灵活广泛，在进行住房分配时候，也方便采取相对应的优化策略，综合考虑住房状况、工作地点等因素，对住房进行优化分配，进一步弱化了配物补租所存在的劣势。二是拥有私人租赁住房房源的房东自愿纳入政府公租房序列，由政府直接给予社会房东租金补贴，社会房东以较低租金租赁给政府保障的对象。在自愿纳入的社会房源比较充足的情况下，政府应重点使用第一种社会房东补贴模式。当然，在实施这类补贴的过程中，为了避免低收入群体住房消费过度，政府应对住房消费量的上限进行限制，对于超过限制量的保障对象，政府应取消对其的补贴。

各地应根据实际情况因地制宜地选择配物补租、住房券和社会房东补贴等方式。一般而言，不同的保障方式，各自具有不同的优势，但也存在相应的缺点，并无十全十美的保障方案。当房价增幅过高，社会存量房源相对较少，此时政府应加强保障房房源的供应，应以配物补租（或实物配租）为主。若社会房源比较充足，尤其是面积较小，符合住房保障要求，符合体面住房要求的房源比较充分时，房价也相对平稳，此时应提倡租赁补贴方式（包括住房券、社会房东补贴和非限制性租金补贴）。

具体而言，各种模式各有利弊，租金补贴模式进入和退出机制容易掌控，但能否真正起到住房保障功能，还有待考量；住房券补贴模式尽管避免了补贴支出的非住房消费问题，但在监管不严的情况下容易滋生住房券的私下买卖问题。实物配租模式能给申请者实实在在的住房，但其退出机制很难落实。配物补租尽管与实物配租一样能给予受保障对象实实在在的住房保障，但房源筹集建设所需资金规模巨大，各地在筹资方面存在重大差异，后期管理系统、管理人员配备也存在重大差异，因此各地选择保障模式应因地制宜，应比较分析廉租住房实物配租轮候家庭户数与项目建设计划户数，在不同阶段采取不同模式，分层分段推行廉租住房政策的改革，推进廉租住房政策切实保障需要保障的家庭。以武汉市为例，武汉市廉租住房租赁补贴家庭已基本上实现了应保尽保，轮候配租家庭的住房问题可能会在未来几年中逐步实现，而未来在公共租赁住房和廉租住房逐渐并轨的大环境下，在实物保障需求得到基本缓解后，受保障对象的规模和群体将会趋于稳定，此时，廉租住房保障模式可以从现行的实物配租与租赁补贴并重逐步转变到以配物补租和住房券补贴为主。

三　资金管理模式改革方案：实行租金收取与补贴支出“收支两条线”管理，促进补贴效率与管理效率的提高

与配物补租等改革模式相适应，应实行廉租住房租金收取与补贴发放两条线管理模式，促进补贴效率与管理效率的提高。

租金定价及其收取。租金定价环节，应由物价部门会同住房保障部门根据同地段、同结构、同类型房屋的市场租赁户抽样调查情况，分若干片区提出片区市场租金参考标准，并报上级政府批准后执行。在租金收取环节，确定住房租金应按月缴纳，由住房保障部门的独立处室负责收取，并缴入指定的租金账户。租金收入实行预决算管理，支出通过政府性基金预算安排，专项用于廉租住房及非住宅的维护管理等支出，如支付环境治理、绿化、卫生等物业服务费用和公用水电费，必要的日常管理经费开支等，以及按照一定程序，将一定比例转入廉租住房补贴管理系统。

租金补贴额度及其实施管理。租金补贴额度确定环节，补贴的条件及标准，由住房保障部门会同财政部门根据本市经济社会发展水平、市场租金水平和住房困难家庭的承受能力等因素确定，一般宜确定3—5个补贴等次，同时确定租金调整的周期时间，报市人民政府批准后公布执行。租赁补贴发放实施，实行申请审批制，确定审批的周期。租赁政府廉租住房家庭的租赁补贴以先申请补贴、后缴纳租金的方式进行，并按月度发放，未租赁政府拥有产权的廉租住房，受保障对象的租赁补贴以住房券形式按

月发放。租金补贴管理，财政拨付的补贴资金经住房保障部门核定后，委托商业银行实行专户管理。住房保障部门应建立个人住房补贴资金账户，补贴资金支取实行申请、审批制，补贴资金划入个人账户后，个人可查询账户余额，未经审批不能支取使用。承租广义公租房的家庭（个人），租赁补贴资金通过合同约定的方式，由委托银行直接划入住房保障事务管理中心的租金专户，用于抵缴租金，不足部分由承租人以现金方式缴纳。未承租政府控制的广义公租房的廉租住房保障对象，补贴支取按下列程序办理：一是无房家庭可凭租赁合同（协议）和所在社区出具的租房证明，向住房保障部门提出申请，经审批同意，被承租房屋所有权人可凭支取通知单支取承租人的租赁补贴资金，用于支付部分租金；二是有房但未达标家庭的租赁补贴实行个人专户管理，凭改造、维修、购买自住住房相关证明材料，可向住房保障部门申请支取；三是退出廉租住房保障范围又不再申请公租房的家庭，三年后可支取其个人补贴专户资金余额，用于改善住房状况。

四　改革的技术支撑：加强房源信息与保障人群信息系统的建设

随着住房保障工作的复杂化，传统的手工填报和计算的工作方式已经无法适应新模式下住房保障体系的运行需要，因此运用信息技术建立一个完善的信息管理系统是保障性住房资源能够公平、有效配置的必要工具。在以往的住房管理过程中，信息的不完善、不对称，是住房管理工作开展难度较大的重要原因，保障性住房工作的建设和推进离不开完善的信息系统作为支撑，不论是对房源信息的管理还是对申请人员信息的管理。廉租住房的租赁补贴工作同样涉及多个部门，通常需要各部门分工协作，在信息不对称的情况下，各部门的信息系统独立运营，各部门不能共享信息资源，难以形成有效的配合，联动性较差，运行效率极低，再加上申请租赁补贴之类的手续复杂，周期较长，居民的申请执行周期较长，容易造成民众积怨。在并轨后的体系中，信息系统的支撑已成必需。保障性住房最直接的目标就是实现房屋和人的合理匹配，让住房困难的人群住上合适的房子，因此人和房源的信息管理和匹配是并轨后保障性住房体系系统建立的核心。同样，住房信息系统也要对系统进行动态管理，以使系统信息准确。

五　改革的组织保障：设立住房保障机构与增加专职管理人员编制

作为一项关系国计民生的重大工程，廉租住房的改革离不开有力的组织保障，廉租住房工作的开展也需要上下统筹，部门之间联动协作。由于廉租住房工作原本就需要各个部门配合开展，且开展过程耗时费力，难度较大，这些都需要完善的组织结构作为工作开展的支撑。一方面，应进行住房保障机构与管理人员整合，以确保住房保障管理的可持续性，建议在住房保障与房屋管理机制下建立相对独立的住房保障管理机构，在此之下单独设立住房保障日常工作机构，信息审核管理机构、住房保障补贴机构、住房保障租金收取机构、住房保障建设机构等，同时增加住房保障住址管理人员编制。

另一方面，廉租住房补贴惠及面广，影响到很大一部分住房困难家庭的住房问题，为把此项惠民工作做得更好，必须建设一支特别懂业务、特别能吃苦、特别讲纪律的专业队伍。为保障各项工作的正常开展，加强各部门之间联动的积极性，提高办事效率，建议中央财政每年在拨付廉租住房补贴资金的同时，附带下拨 3%—5% 的工作经费，为全面落实此项惠民工程提供有力的财力支撑。有一定的工作经费做支撑，再加上有一支专业队伍，就能够建立住房保障的网格化管理制度。根据住房保障的特殊情况，比照社区和民政的网格化管理模式，建立具有地方特色的住房保障网格，每格配备一人进行专业管理，每格所有的住房保障事务均由一人承担，并对相应的工作负责。通过网格化管理，提升住房保障工作的效率。

六　改革的财政支持：补贴资金财政预算化，确保住房保障资金与住房保障的可持续性

中国住房保障所存在的问题，很多都根源于政府并没有把住房保障资金清晰地纳入公共财政体系，使其缺乏稳定的资金来源渠道。在廉租住房制度中，在其建立之初及其运行后的一段时间内，只有少数城市建立了制度性的财政资金供应计划，多数城市依靠住房公积金的增值收益和公房售房款的余额部分作为廉租住房资金来源的主渠道。而廉租住房采用的是近乎无偿使用的低租金制度，对作为住房供应者的国家或单位而言，必然是一种亏损运营，只投入（建设和维修）而少产出，住宅建设资金不能形成投资和回收的自我循环机制，导致廉租住房制度建设的推进缺乏资金支

持，进展缓慢，覆盖面小。中国现阶段廉租住房政策改革的首要问题之一，就是明确廉租住房建设及补贴的财政资金来源，在以廉租住房解决城镇低收入家庭住房问题的基础上上浮其标准。

近几年来，中国越来越重视廉租住房等保障性住房的建设工作，但就湖北省及其下属的地方政府实际工作的开展来看，难度较大，资金匮乏是重要原因之一，资金匮乏的原因在于用于发放补贴的资金和保障类住房建设资金的投入并未完全实现财政预算化。从国际经验来看，各国一般将住房保障定位为政府的重要职能，按照住房保障制度的性质和世界各国的普遍做法，筹集廉租住房建设资金的渠道主要有四个方面：政府拨款、低息贷款、发行专项债券和公房出租收益，其中政府拨款和政府担保或贴息的低息贷款是最主要的资金来源。如美国 20 世纪六七十年代通过联邦住房管理局保证的“利率减少到可以允许的最低程度”的贷款，加快了“低租金的公共住房”建设。英国政府扶持非营利组织兴建的普通住宅和对低收入者的租金补贴，近 30 年来每年都保持在占 GDP 的 2% 以上，占政府公共支出的 5% 左右。中国香港的公住房建设资金主要由两部分构成：一是政府通过拨付资金、低息贷款和免费拨地提供资助；二是房屋委员会通过出租公屋及附属商业楼宇、出售居屋获得维护及兴建公共房屋所需的资金。在这些形式多样的建设模式中，政府的财政支持是至关重要的。政府应通过安排一定的财政资金支持住房保障，运用多种政策手段给予低收入群体不同的保障支持力度，帮助低收入群体获得基本的住房，以实现“居者有其屋”。

目前，中国保障性住房财政资金主要有中央财政专项补助资金、省级财政配套资金及地方政府财政资金。中央财政资金主要包括中央预算内投资中安排的廉租住房补助资金及廉租住房建设专项补助资金、公租房建设的补贴资金、城市棚户区（旧城）改造补贴资金、工矿棚户区改造补贴资金。省级财政资金主要包括公共租赁住房建设配套资金和对棚户区以奖代补给予的资金。地方财政资金主要包括财政年度预算资金、住房公积金增值收益在扣除风险准备金和管理费用之后的余额、土地出让金净收益的 10%、经济适用住房上市交易向政府缴纳的土地收益等。保障性住房财政资金的使用是与其保障供给体系相对应的，其保障资金“各有其位”，专款专用，严格限定其各自的使用范围，相互之间不能“错位”。分散且“各归其位”的保障性住房财政资金使用政策，一方面使住房保障财政资金由于受政策的限制而闲置未用，难以发挥财政资金的杠杆作用；另一方面有限的住房保障财政资金难以发挥“乘数”效用，造成住房保障资金的严重短缺。黄石市在改革试点中，将所有财政资金集中使用，打破了原有的政策规定，取得了较好的效果。但是在现有的体制和财政资金管理框架下，其做法还难以在全国普遍实施。因此，必须将现有分散的保障性住房财政资金进行整合，充分发挥财政促进住房保障可持续发展的杠杆引导作用。基本设想是将现有中央财政安排的各类保障性住房建设专项补助资金、财政转移支付资金、省级及地方政府配套的资金、住房公积金增值收益、国有土地出让净收益的10%、保障住房出售的回笼资金进行整合，设立住房保障基金，形成稳定规范的、统一的住房保障财政资金。地方政府根据住房保障年度目标和财政能力，将保障住房的财政资金纳入市、区二级财政预算，实行预算管理，形成稳定规范的资金来源，建立有利于住房保障可持续发展的财政保障机制。

附件 1

武汉市廉租住房政策实施效果调研表（政府卷）

受住建部、湖北省住房保障局委托，对廉租住房租赁补贴的政策实施效果进行专项调研，请按表格要求填写。

1. 廉租住房实物配租与租赁补贴标准

年份	2008	2009	2010	2011	2012	2013
实物配租准入标准：面积	0	0	0	8	8	8
收入	低保	400	400	600	600	600
租赁补贴准入标准：面积	8	10	10	12	12	12
收入	低保	400	400	600	600	600
租赁补贴发放标准（元/平方米）	10／7	10／7	10／7	10／7	10／7	10／7
实物配租租金标准（元/平方米）	0.75／1.5	0.75／1.5	0.75／1.5	0.75／1.5	0.75／1.5	0.75／1.5

2. 廉租住房实物配租与租赁补贴发放实施情况

年份	2008	2009	2010	2011	2012	2013
实物配租申请户数（户）	1601	2092	11093	4008	1884	1487
实物配租保障户数（户）	1267	2025	2445	5105	10786	11001

续表

年份	2008	2009	2010	2011	2012	2013
租赁补贴申请户数（户）	788	1031	5463	1974	928	733
租赁补贴保障户数（户）	15334	27125	39385	34950	29301	25705
租赁补贴发放总额（元）	65657771.25	54802055.16	84370796.76	91365422.76	76944001.52	59402641.32

3. 廉租住房租赁补贴与实物配租退出情况

年份	2008	2009	2010	2011	2012	2013
实物配租退出户数（户）					30	3
其中：主动退出						2
其中：清理退出					30	1
其中：应退未退						0
其他						0
租赁补贴退出户数（户）	617	1559	4296	4892	8666	5815
其中：主动退出	0	0	0	0	0	0
其中：清理退出	123	312	1719	1712	2600	2062
其中：应退未退	0	0	0	0	0	0
其他	494	1247	2577	3180	6066	3753

4. 廉租住房投入成本及其结构情况

		政府建设	已有公房	社会筹集	其他
2013年	套数	2528			
	政府投入资金（万元）	52310.73	-		
2012年	套数	3150			
	政府投入资金（万元）	107951.76	-		

续表

		政府建设	已有公房	社会筹集	其他
2011 年	套数	5593			
	政府投入资金（万元）	88018.73	–		
2010 年	套数	10505			
	政府投入资金（万元）	70503.68	–		
2009 年	套数	7500			
	政府投入资金（万元）	52470.69	–		
2008 年	套数	1505			
	政府投入资金（万元）	15193.35	–		

说明：政府建设廉租住房资金是指政府投入总成本（包括土地、贷款及其利息、建设等）。社会筹集房源的政府资金支出是指收购社会住房用于廉租住房的资金总额。

5. 廉租住房实施条件的市场基本情况

年份	2008	2009	2010	2011	2012	2013 年 1—9 月
市场租价						
市场售价	4883.01	5265.91	6184.65	6414.72	6349.74	6789.54
人均收入	1392.70	1532.09	1733.86	1978.17	2255.08	

6. 市场租赁房源结构

	<30 平方米	30—50 平方米	50—80 平方米	>80 平方米
供给				
需求				

7. 财政资金基本情况

	资金来源（万元）			管理人员工资成本（元）		管理正常运行成本（元）		保障对象资金支出（元）	
	上级财政拨付资金	本级财政资金预算	其他资金来源	实际	缺口	实际	缺口	实际	缺口
2013 年	7128	149924.05						5940.26	
2012 年	6265	147483.23						8615.61	

续表

	资金来源（万元）			管理人员工资成本（元）		管理正常运行成本（元）		保障对象资金支出（元）	
	上级财政拨付资金	本级财政资预算	其他资金来源	实际	缺口	实际	缺口	实际	缺口
2011年	9505	96550						9847.86	
2010年	11584	73192						8437.08	
2009年	9736	41311						5480.21	
2008年	6046	31120						6565.78	

填报单位：武汉市住房保障和房屋管理局。填报日期：2013年10月28日。

宜昌市廉租住房政策实施
效果调研表（政府卷）

受住建部、湖北省住房保障局委托，对廉租住房租赁补贴的政策实施效果进行专项调研，请按表格要求填写。

1. 廉租住房实物配租与租赁补贴标准

年份	2008	2009	2010	2011	2012	2013
实物配租准入标准：面积	0	0	0	0	0	0
收入	低保	低保	低保	低保	低保	低保
租赁补贴准入标准：面积	8	10	10	10	10	10
收入	低保	400	500	600	700	700
租赁补贴发放标准（元/平方米）	7	6.4 /8	6.4 /8	6.4 /8	6.4 /8	6.4 /8
实物配租租金标准（元/平方米）	0.9	0.9	0.9	0.9	0.9	0.9

2. 廉租住房实物配租与租赁补贴发放实施情况

年份	2008	2009	2010	2011	2012	2013
实物配租申请户数（户）						
实物配租保障户数（户）	2092					344
租赁补贴申请户数（户）	876	2214	2728	4011	3963	4384
租赁补贴保障户数（户）	724	1921	2648	3961	3902	4332
租赁补贴发放总额（元）	1466455.29	3791361.91	4191145.59	5953903.03	6567072.22	4904000

3. 廉租住房租赁补贴与实物配租退出情况

年份	2008	2009	2010	2011	2012	2013
实物配租退出户数（户）			1	1	1	2
其中：主动退出						
其中：清理退出			1			
其中：应退未退				1	1	2
其他						
租赁补贴退出户数（户）	33	167	224	267	440	261
其中：主动退出						
其中：清理退出						
其中：应退未退						
其他						

4. 廉租住房投入成本及其结构情况

		政府建设	已有公房	社会筹集	其他
2013 年	套数	0			
	政府投入资金（万元）	0	–		
2012 年	套数	960			
	政府投入资金（万元）	16800	–		
2011 年	套数	1265			
	政府投入资金（万元）	22137.5	–		
2010 年	套数	1324			
	政府投入资金（万元）	19860	–		
2009 年	套数	1413			
	政府投入资金（万元）	17662.5	–		
2008 年	套数	–			
	政府投入资金（万元）	–	–		

说明：政府建设廉租住房资金是指政府投入总成本（包括土地、贷款及其利息、建设等）。社会筹集房源的政府资金支出是指收购社会住房用于廉租住房的资金总额。

5. 廉租住房实施条件的市场基本情况

	2008年	2009年	2010年	2011年	2012年	2013年
市场租价	8	8.5	12	14	18	20
市场售价	3094	3965	4929	5010	4674	5100
人均收入	11733	12843	15557	16451	18775	

6. 市场租赁房源结构

	<30平方米	30—50平方米	50—80平方米	>80平方米
供给				
需求				

7. 财政资金基本情况

	资金来源（万元）			管理人员工资成本（元）		管理正常运行成本（元）		保障对象资金支出（元）	
	上级财政拨付资金	本级财政资金预算	其他资金来源	实际	缺口	实际	缺口	实际	缺口
2013年									
2012年									
2011年									
2010年									
2009年									
2008年									

填报单位：宜昌市住房保障办。填报日期：2013年11月11日。

襄阳市廉租住房政策实施效果调研表（政府卷）

受住建部、湖北省住房保障局委托，对廉租住房租赁补贴的政策实施效果进行专项调研，请按表格要求填写。

1. 廉租住房实物配租与租赁补贴标准

年份	2008	2009	2010	2011	2012	2013
实物配租准入标准：面积（平方米）	12	12	13	13	13	13
收入（元）	330	330	405	495	570	570
租赁补贴准入标准：面积（平方米）	12	12	13	13	13	13
收入（元）	330	330	405	495	570	570
租赁补贴发放标准（元/平方米）	3.5	3.5	3.5	5/3.5	5/3.5	5/3.5
实物配租租金标准（元/平方米）	0.8	0.8	0.8	0.8/2.33	0.8/2.33	0.8/2.33

2. 廉租住房实物配租与租赁补贴发放实施情况

年份	2008	2009	2010	2011	2012	2013
实物配租申请户数（户）	2019	2236	2876	1048	1367	0
实物配租保障户数（户）	588	1729	4244	5162	5162	5162
租赁补贴申请户数（户）	5706	5636	2665	1449	1284	762
租赁补贴保障户数（户）	5739	10223	12398	11944	8758	7536
租赁补贴发放总额（元）	666.87	1186.47	1879.41	2138.10	1717.75	967.38

3. 廉租住房租赁补贴与实物配租退出情况

年份	2008	2009	2010	2011	2012	2013
实物配租退出户数（户）	0	0	2	6	0	18
其中：主动退出	0	0	0	2	0	0
其中：清理退出	0	0	2	4	6	18
其中：应退未退	0	0	0	0	0	0
其他	–	–	–	–	–	–
租赁补贴退出户数（户）	124	262	311	581	837	303
其中：主动退出	16	37	21	42	53	15
其中：清理退出	108	225	290	539	784	288
其中：应退未退	0	0	0	0	0	0
其他	–	–	–	–	–	–

4. 廉租住房投入成本及其结构情况

		政府建设	已有公房	社会筹集	其他
2013 年	套数	0	–	0	0
	政府投入资金（万元）	0	–	0	0
2012 年	套数	800	–	0	0
	政府投入资金（万元）	13623	–	0	0
2011 年	套数	918	–	0	0
	政府投入资金（万元）	9147. 63	–	0	0
2010 年	套数	2515	–	0	0
	政府投入资金（万元）	22596. 03	–	0	0
2009 年	套数	1141	–	0	0
	政府投入资金（万元）	8963. 68	–	0	0
2008 年	套数	588	–	0	0
	政府投入资金（万元）	4922. 18	–	0	0

说明：政府建设廉租住房资金是指政府投入总成本（包括土地、贷款及其利息、建设等）。社会筹集房源的政府资金支出是指收购社会住房用于廉租住房的资金总额。

5. 廉租住房实施条件的市场基本情况

年份	2008	2009	2010	2011	2012	2013
市场租价	7	8.5	10	12	13.5	15
市场售价	3021	3398	3918	4890	5101	5326
人均收入	12296	13409	14756	16845	19043	—

6. 市场租赁房源结构

	<30 平方米	30—50 平方米	50—80 平方米	>80 平方米
供给	12327	38721	26786	9672
需求	9632	41689	48329	7037

7. 财政资金基本情况

	资金来源（万元）			管理人员工资成本（元）		管理正常运行成本（元）		保障对象资金支出（元）	
	上级财政拨付资金	本级财政资金预算	其他资金来源	实际	缺口	实际	缺口	实际	缺口
2013 年	1535	5989	6692.58	160	160	76	76	967.38	0
2012 年	1600	5037	6986	210	210	192	192	1717.75	0
2011 年	1678	5100	2369.63	180	180	167	167	2138.10	0
2010 年	4946	17650.03	-	125	125	107	107	1879.41	0
2009 年	1620	7343.68	-	100	100	85	85	1186.47	0
2008 年	991	3931	-	75	75	40	40	666.87	0

填报单位：襄阳市住房保障和房屋管理局（数据均截至 2013 年 8 月底）。填报日期：2013 年 10 月。

黄石市廉租住房政策实施效果调研表(政府卷)

受住建部、湖北省住房保障局委托，对廉租住房租赁补贴的政策实施效果进行专项调研，请按表格要求填写。

1. 廉租住房实物配租与租赁补贴标准

年份	2008	2009	2010	2011	2012	2013
实物配租准入标准：面积（平方米）	0	0	0	0	0	0
收入（元）	180	450	560	600	680	680
租赁补贴准入标准：面积（平方米）	12	12	14	14	14	14
收入（元）	180	450	560	600	680	680
租赁补贴发放标准（元/平方米）	4.5	4.5	4.5	7.1	7.1	7.1
实物配租租金标准（元/平方米）	0.5	0.5	0.5	7.1	7.1	7.1

2. 廉租住房实物配租与租赁补贴发放实施情况

年份	2008	2009	2010	2011	2012	2013
实物配租申请户数（户）	152	324	514	341	485	360
实物配租保障户数（户）	152	324	514	341	304	0
租赁补贴申请户数（户）	2097	2625	5472	5924	5604	4300
租赁补贴保障户数（户）	2097	2625	5472	5924	5604	4300
租赁补贴发放总额（元）	2285795	2977270	5528739	7470000	10498000	8600000

3. 廉租住房租赁补贴与实物配租退出情况

年份	2008	2009	2010	2011	2012	2013
实物配租退出户数（户）						
其中：主动退出						
其中：清理退出						
其中：应退未退						
其他						
租赁补贴退出户数（户）		4	6	4	3	
其中：主动退出						
其中：清理退出		4	6	4	3	
其中：应退未退						
其他						

4. 廉租住房投入成本及其结构情况

		政府建设	已有公房	社会筹集	其他
2013 年	套数	0	3832		
	政府投入资金（万元）		–		
2012 年	套数	149	3832		
	政府投入资金（万元）	2250	–		
2011 年	套数	4404	3832		
	政府投入资金（万元）	37813	–		
2010 年	套数	506	3832		
	政府投入资金（万元）	3800	–		
2009 年	套数	2733	3832		
	政府投入资金（万元）	18964	–		
2008 年	套数	568	3832		
	政府投入资金（万元）	2435	–		

说明：政府建设廉租住房资金是指政府投入总成本（包括土地、贷款及其利息、建设等）。社会筹集房源的政府资金支出是指收购社会住房用于廉租住房的资金总额。

5. 廉租住房实施条件的市场基本情况

年份	2008	2009	2010	2011	2012	2013
市场租价	6	7	7	9	9	10
市场售价	2373	2861	3137	3560	3693	4198
人均收入	12734	13897	15460	17700	19410	

6. 市场租赁房源结构

	<30 平方米	30—50 平方米	50—80 平方米	>80 平方米
供给（%）	1	27	44	28
需求（%）	1	19	56	24

7. 财政资金基本情况

	资金来源（万元）			管理人员工资成本（元）		管理正常运行成本（元）		保障对象资金支出（元）	
	上级财政拨付资金	本级财政资金预算	其他资金来源	实际	缺口	实际	缺口	实际	缺口
2013 年	10580								
2012 年	27167.69								
2011 年	25959								
2010 年	8114								
2009 年	6134								
2008 年	2249								

填报单位：黄石市房产局。填报日期：2013 年 10 月 28 日。

麻城市廉租住房政策实施效果调研表(政府卷)

受住建部、湖北省住房保障局委托，对廉租住房租赁补贴的政策实施效果进行专项调研，请按表格要求填写。

1. 廉租住房实物配租与租赁补贴标准

年份	2008	2009	2010	2011	2012	2013
实物配租准入标准：面积（平方米）	10	12	13	13	13	13
收入（元）	100	300	300	300	300	300
租赁补贴准入标准：面积（平方米）	10	12	13	13	13	13
收入（元）	100	300	400	400	400	400
租赁补贴发放标准（元/平方米）	2.6	4.0	4.5	4.5	4.5	4.5
实物配租租金标准（元/平方米）	1.35	1.35	1.35	1.35	1.35	1.35

2. 廉租住房实物配租与租赁补贴发放实施情况

年份	2008	2009	2010	2011	2012	2013
实物配租申请户数（户）		235	898	865	986	
实物配租保障户数（户）		143	508		711	
租赁补贴申请户数（户）	618	3788	3949	3653	3762	
租赁补贴保障户数（户）	434	2849	2164	1895	2076	
租赁补贴发放总额（万元）	37.3	377	410	337	378	

3. 廉租住房租赁补贴与实物配租退出情况

年份	2008	2009	2010	2011	2012	2013
实物配租退出户数（户）			5	13	7	
其中：主动退出			5	11	7	
其中：清理退出				2		
其中：应退未退						
其他						
租赁补贴退出户数（户）	17	34	347	731	511	
其中：主动退出						
其中：清理退出						
其中：应退未退						
其他						

4. 廉租住房投入成本及其结构情况

		政府建设	已有公房	社会筹集	其他
2013 年	套数	200			
	政府投入资金（万元）	1360	–		
2012 年	套数	100			
	政府投入资金（万元）	730	–		
2011 年	套数	1226			
	政府投入资金（万元）	7233	–		
2010 年	套数				
	政府投入资金（万元）		–		
2009 年	套数	576			
	政府投入资金（万元）	2202	–		
2008 年	套数	142			
	政府投入资金（万元）	818	–		

说明：政府建设廉租住房资金是指政府投入总成本（包括土地、贷款及其利息、建设等）。社会筹集房源的政府资金支出是指收购社会住房用于廉租住房的资金总额。

5. 廉租住房实施条件的市场基本情况

年份	2008	2009	2010	2011	2012	2013
市场租价						
市场售价						
人均收入						

6. 市场租赁房源结构

	<30 平方米	30—50 平方米	50—80 平方米	>80 平方米
供给				
需求				

7. 财政资金基本情况

	资金来源（万元）			管理人员工资成本（元）		管理正常运行成本（元）		保障对象资金支出（元）	
	上级财政拨付资金	本级财政资金预算	其他资金来源	实际	缺口	实际	缺口	实际	缺口
2013 年									
2012 年									
2011 年									
2010 年									
2009 年									
2008 年									

填报单位：麻城市房地产管理局。填报日期：2013 年 11 月 8 日。

附件2（表样）

廉租住房政策实施效果
调查问卷(入户卷)

您好！受住建部、湖北省住房保障局委托进行问卷调查，希望得到您的大力支持，请按表中内容如实填报，以便为政府部门做好住房保障工作提供参考依据。

1. 户主姓名______性别____年龄____学历______职业______家庭人口数______。

2. 您家庭是否为低保家庭：A. 是；B. 否。家庭成员是否有特殊困难：A. 有；B. 无。何种困难：A. 老；B. 弱；C. 病；D. 残；E. 其他。

3. 您的家庭结构：A. 单身；B. 夫妻两人；C. 夫妻一小孩；D. 夫妻两小孩；E. 离异有小孩；F. 三代同堂；G. 其他。

4. 未保障前，您家庭平均每月总收入______ 元；家庭平均每月劳动（工资）收入______ 元；平均每月总消费支出______元。

5. 未保障前，您居住住房面积______平方米。住房的性质：A. 自有房；B. 市场租赁房；C. 公房；D. 借住房；E. 居住在亲友家；F. 其他。________

6. 未保障前，每月支付的房租费用______元；水、电、气支付费用______元；上班交通费用______ 元。

7. 您申请廉租住房保障，到您获得廉租住房保障资格的时间为______天；您获得廉租住房保障资格，到您实际享有廉租住房保障的时间为____天。

8. 您申请的保障方式是：______ ；实际保障方式是：______（请选择：A. 实物配租；B. 租赁补贴）。

9. 您第一次获得廉租住房或租赁补贴的年份是______ 年。

10. 您每月得到的住房租赁补贴______ 元；实际用于房租______ 元。

11. 保障后您现在的住房建筑面积______平方米；现有居住住房的性质：A. 廉租住房；B. 借住房；C. 公房；D. 市场租赁房；E. 居住于父母或子女家；F. 其他______。

12. 保障后您的家庭平均每月总收入______元；家庭平均每月劳动（工资）收入______元；每月总消费支出______元。

13. 保障后您家庭每月支付的房租费用______元；支付的水、电、气费用______元；上班交通费用______元。

14. 您家周边住房租价平均每月______元/平方米；您认为周边租赁房源多吗？A. 多；B. 不多。

15. 请用一句话概括您对住房保障的建议：____

参考文献

[美] 阿列克斯·施瓦兹：《美国住房政策》，中国社会科学出版社 2012 年版。

蔡红新：《美国、德国面向低收入阶层的住房政策及对我们的启示》，《中国西部科技》2009 年第 27 期。

陈燕、林炳耀：《福利国家英国的住房政策》，《城市问题》2003 年第 2 期。

陈怡芳、高峰、于江涛：《德国、瑞士低收入家庭住房保障考察报告》，《财政研究》2012 年第 3 期。

陈怡芳、骆晓强、高峰：《德国、瑞士住房制度管理及对我国的启示》，《中国财政》2012 年第 9 期。

褚超孚、贾生华：《试论“过滤”模型对于城镇住房市场分层供应体系的理论启示》，《商业经济与管理》2005 年第 5 期。

[英] 戴维·莫林斯、艾伦·穆里：《英国住房政策》，中国建筑工业出版社 2012 年版。

董藩、陈辉玲：《住房保障模式经济效应考查——基于住房过滤模型的思考》，《河北大学学报》（哲学社会科学版）2010 年第 2 期。

惠博、张琦：《保障性住房研究——美国、新加坡的经验及其对中国的借鉴》，《武汉金融》2011 年第 5 期。

纪瑞朴：《住房租赁市场管理的国际经验及启示》，《中国房地产金融》2011 年第 10 期。

贾康：《建立以公共财政为主的基本住房保障资金多元化来源渠道》，《中国发展观察》2007 年第 10 期。

刘佳燕、万旭东：《借鉴香港经验谈租赁型公共住房在我国的发展前景》，《北京规划建设》2007 年第 6 期。

刘友平、张丽娟：《住房过滤理论对建立中低收入住房保障制度的借鉴》，《经济体制改革》2008 年第 4 期。

马光红、胡晓龙、施建刚：《美国住房保障政策及实施策略研究》，《经济建筑》2006 年第 9 期。

孙令军：《德国住房保障和住房金融的借鉴与启示》，《国外房地产》2006 年第 9 期。

王毅强：《香港住房政策的发展与启示》，《市场经济与价格》2010 年第 5 期。

魏东、季彦敏：《住有所居的德国经验》，《上海房地产》2010 年第 6 期。

文刀：《香港住房保障体系值得学习借鉴》，《观察与思考》2009 年第 22 期。

杨铭：《美国廉租房 REITs：新盈利模式突围》，《中国房地产报》2006 年第 3 期。

杨之光、郑煜琦：《基于住房过滤模型的我国住房保障补贴政策研究》，《财政研究》2010 年第 7 期。

曾赛星：《香港公共房屋政策性分析》，《建筑管理现代化》2001 年第 2 期。

张昕、张宇祥：《典型国家和地区住房保障政策的经验与启示》，《宏观经济研究》2008 年第 3 期。

张延群：《德国公租房政策对我国的启示》，《中国经贸导刊》2011 年第 14 期。

张翼：《低收入群体的住房保障与信贷支持——基于住房过滤理论的分析》，《城市发展研究》2009 年第 5 期。

郑宇劼、张欢欢：《发达国家居民住房租赁市场的经验及借鉴——以德国、日本、美国为例》，《开放导报》2012 年第 2 期。

中国市长协会编：《德国城市规划建设管理》，中国城市出版社 1993 年版，第 78 页。

左停、王丽丽：《世界各地公共房屋保障体系对我国公租房建设的启示》，《经济论坛》2010 年第 3 期。

后　　记

本书获得国家社会科学基金重大项目“我国住房保障问题与改革创新研究”（11&ZD039）、住建部住房保障司“廉租住房租赁补贴政策实施效果研究”的资助。本课题组以湖北省实施住房保障有代表性的市、县——武汉、宜昌、襄阳、黄石、麻城和兴山为调研地区，以廉租住房保障家庭为对象，入户调研了6060户廉租户家庭，从住房消费、非住房消费、居住水平和就业等方面展开分析；以这些地区的廉租住房政策实施者——政府（具体执行者——房管局）为对象，从资金使用效率、退出效率、政策执行成本方面对廉租住房补贴政策的实施效果进行评价。本课题组在调研过程中，得到了湖北省住房保障局及调研城市房地产管理部门的大力支持和指导，这保证了本书研究更符合实际，希望为中国住房保障制度改革提供有力的决策支撑。

本书分工及撰写人员是：第一章邓宏乾，第二章邓宏乾、贾傅麟，第三章邓宏乾、贾傅麟，第四章邓宏乾、贾傅麟、陈峰，第五章邓宏乾、贾傅麟、陈峰、王曼云，第六章陈峰、汪婷、陈璐，第七章陈峰、邓宏乾、贾傅麟。研究生方菲雅、王曼云、邓惠芬、王昱博、吴莹参与了本书调研、数据统计分析工作。湖北省住房改革研究会丰友元同志、曾龙同志等在课题调研、课题研究过程中给予了大力指导和帮助，并提出了宝贵的建议，在此深表感谢！